U0455628

权威·前沿·原创

皮书系列为
"十二五""十三五"国家重点图书出版规划项目

中关村企业蓝皮书

BLUE BOOK OF
ZHONGGUANCUN COMPANIES

中关村上市公司竞争力报告
（2019）

THE COMPETITIVENESS REPORT OF ZHONGGUANCUN
LISTED COMPANIES (2019)

中关村上市公司协会
主　编　郭伟琼
副主编　陈　红　葛　琰

社会科学文献出版社
SOCIAL SCIENCES ACADEMIC PRESS（CHINA）

图书在版编目（CIP）数据

中关村上市公司竞争力报告.2019／中关村上市公
司协会主编.－－北京：社会科学文献出版社，2019.11
（中关村企业蓝皮书）
ISBN 978－7－5201－5675－2

Ⅰ.①中…　Ⅱ.①中…　Ⅲ.①高技术企业－上市公司
－竞争力－研究报告－北京－2019　Ⅳ.①F279.244.4

中国版本图书馆 CIP 数据核字（2019）第 213964 号

中关村企业蓝皮书
中关村上市公司竞争力报告（2019）

中关村上市公司协会
主　　编／郭伟琼
副 主 编／陈　红　葛　琰

出 版 人／谢寿光
责任编辑／薛铭洁
文稿编辑／王丽丽

出　　版／社会科学文献出版社·皮书出版分社（010）59367127
　　　　　地址：北京市北三环中路甲29号院华龙大厦　邮编：100029
　　　　　网址：www.ssap.com.cn
发　　行／市场营销中心（010）59367081　59367083
印　　装／天津千鹤文化传播有限公司

规　　格／开　本：787mm×1092mm　1/16
　　　　　印　张：21　字　数：312千字
版　　次／2019年11月第1版　2019年11月第1次印刷
书　　号／ISBN 978－7－5201－5675－2
定　　价／128.00元

本书如有印装质量问题，请与读者服务中心（010－59367028）联系

《中关村上市公司竞争力报告（2019）》
编 委 会

主编简介

　　郭伟琼　中关村上市公司协会秘书长，美国加州大学圣塔芭芭拉分校传播学硕士，哈佛大学肯尼迪政府学院 EMBA。先后创立了三家公司，现任中关村上市公司协会秘书长。2017 年当选北京市台商协会理事。从 2009 年起义务担任雁行中国基金会主席，帮助农村贫困大学生通过组织锻炼更好地融入社会。著有《中关村模式：科技 + 资本双引擎驱动》。

摘　要

2018 年，在中美经贸战、国内经济承受较大下行压力、A 股市场行情迅速走低的大环境下，中关村境内外上市公司的市值均受到一定程度的影响。即便如此，中关村上市公司的盈利能力及其他经营结果依然保持正向增长，创新投入与创新产出也节节攀升。可以看出，中关村上市公司在经营水平和技术水平方面均具有一定的实力和巨大的成长潜力。2018 年中关村上市公司的整体发展状况具体如下。

上市公司数量增速放缓，新增境外上市公司数量反超境内。据中关村科技园区管理委员会统计，截至 2018 年 12 月 31 日，中关村上市公司达到 330 家，比 2017 年的 320 家增长 3.13%。本报告排除其中的已退市、年报未发布等特殊状况公司，仅以 2019 年 7 月 10 日以前公开发布 2018 年年报的 324 家公司作为研究对象。324 家中关村上市公司分布在全球各主要资本市场。其中，境内上市公司 228 家，境外上市公司 96 家。2018 年，中关村新增上市公司数量有所下降，新增境外上市公司数量反超境内。2018 年，中关村新增上市公司 16 家（境内 6 家，境外 10 家），较 2017 年的 25 家新增量减少 9 家。和 2018 年全国新增上市公司的上市地选择大趋势一致，2018 年选择在 A 股上市的中关村企业数量减少，更多中关村公司选择在境外上市。

资本市场表现欠佳，总市值受到一定程度影响。2018 年以来，受国内国际形势影响，整体 A 股及中关村资本市场表现欠佳。截至 2018 年 12 月 31 日，中关村上市公司总市值为 45836 亿元，较 2017 年的 54589 亿元下降 16%。其中，2018 年新增中关村上市公司贡献的总市值为 6418 亿元，占全部总市值的 14%。2017 年、2018 年连续两年持续经营的 305 家中关村上市公司总市值由2017年的54434亿元降低到2018年的38064亿元，降幅达到30.07%。从市值变化情况来看，有263家连续两年持续经营的上市公司总市值出现不同程度的下降。

营业收入稳定增长，盈利能力持续提升。2018年，中关村上市公司总营业收入为55471亿元，同比上升39%。连续两年持续经营的中关村上市公司中，2018年营业收入实现正增长的企业有234家，占持续经营企业总数的77%。2017年、2018年连续两年营业收入实现正增长的企业有219家，占持续经营企业总数的72%。近五年来，中关村上市公司净利润呈现稳步上升趋势，盈利企业数量占比均超过80%，企业整体盈利能力较强。2018年，中关村上市公司净利润总额为2037亿元，同比上涨21.39%。其中，有262家公司实现盈利，占中关村上市公司总量的80.86%，其净利润总额为2680亿元。连续两年持续经营的305家中关村上市公司净利润总额为1806亿元，同比增长6.55%。

创新投入与产出持续攀升，创新意识不断增强。2018年中关村上市公司创新能力不断增强，创新投入和创新产出双双创新高。在研发费用投入方面，2018年，294家披露研发费用的中关村上市公司研发费用总额为1611.86亿元，同比增长32.12%。从研发强度来看，2018年中关村上市公司平均研发强度为3.39%，与2017年平均研发强度基本持平。294家披露研发费用的中关村上市公司中，研发强度在10%及以上的企业有74家，占比25.17%；研发强度处在5%~10%的企业有77家，占比26.19%。研发产出方面，2018年，152家中关村境内上市公司进行了专利申请，专利申请量合计9388件，同比增长6.00%；2018年，共151家中关村境内上市公司获得了专利授权，专利授权量合计达到5488件，同比增长0.98%；截至2018年12月31日，共171家中关村境内上市公司拥有有效发明专利，有效发明专利合计达到15533件，同比增长20.52%，平均每家企业拥有90.84件有效发明专利；2018年，有19家中关村境内上市公司进行了PCT专利申请，申请量为1883件，同比增长11.09%。

现金及其等价物分布不均，投融资活跃度有所下降。2018年，中关村上市公司现金及现金等价物为 11471 亿元，同比上涨 31%。305 家持续经营的企业现金及其等价物为 9498 亿元，同比上涨 9%。228 家中关村境内上市公司的现金及现金等价物为 6985 亿元，从这部分公司的企业属性来看，144 家（占比 63.16%）民营企业拥有现金及现金等价物余额为 1083.39 亿元（占比 15.51%），平均每家民营企业拥有 7.52 亿元的现金及其等价物；而 69 家（占比 30.27%）国有企业拥有现金及现金等价物余额 5794.08 亿元（占比 82.95%），平均每家中央国有企业拥有 93.47 亿元现金及其等价物，平均每家地方国有企业拥有 54.92 亿元现金及其等价物。2018 年，中关村上市公司经营活动产生的现金流量净额为 3067 亿元，同比上涨 9.38%；305 家持续经营企业的融资活动产生的现金流量净额为 958 亿元，同比下降 58%；305 家持续经营企业的投资活动产生的现金流量净额为 3693 亿元，同比下降 19%。

整体来看，中关村上市公司在国际环境变化较大和经济下行压力加大的外部条件下，仍然保持了稳健的增长。尽管面临资金短缺、资本市场融资渠道收紧等一系列问题，但中关村上市公司仍然在加强研发投入，提升自身技术水平与科技实力，保证了企业的发展潜力。未来，中关村上市公司这一群体必将凭借其科技水平优势，在全球化竞争中成为强有力的参与者。

关键词： 中关村上市公司　经营情况　创新能力　竞争力

目　录

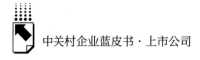
Ⅲ 评价篇

Ⅳ 专题篇

Ⅴ 附录

皮书数据库阅读**使用指南**

总 报 告

General Report

B.1

2018年中关村上市公司发展报告

郭伟琼*

摘　要：　2018 年，中关村上市公司整体经营状况稳健，受宏观经济影响，资本市场出现较大幅度波动。具体表现在：上市公司数量增速放缓，市值下降带动估值下滑；营业收入稳定增长，盈利能力持续提升；偿债能力适中，财务风险整体可控；创新投入与产出双双提升，专利国际化布局进一步提升。面对上述状况，本文提出：应促进中关村上市公司与资本市场投资人的互动交流，引导市场关注高科技企业发展；北京市应重视对重点行业的减税降费，助力形成产业链的区域聚集效应；拓宽民营企业的融资渠道，解决中关村民营上市公司融资难问题。

* 郭伟琼，中关村上市公司协会秘书长，美国加州大学圣塔芭芭拉分校传播学硕士，哈佛大学肯尼迪政府学院 EMBA，北京市台商协会理事。

关键词： 中关村上市公司　市场表现　经营状况

一　2018年中关村上市公司发展特点及竞争力分析

（一）上市公司数量增速放缓，新增境外上市公司数量反超境内

1. 资本市场分布状况

据中关村科技园区管理委员会统计，截至 2018 年 12 月 31 日，中关村上市公司数量累计达到 330 家，比 2017 年的 320 家增长 3.13%。本文排除其中的已退市、年报未发布等特殊状况公司，仅以 2019 年 7 月 10 日以前公开发布 2018 年年报的 324 家公司作为研究对象。

324 家中关村上市公司分布在全球各主要资本市场。其中，境内上市公司 228 家，境外上市公司 96 家。在境内上市的公司分布情况为上海证券交易所 73 家（主板 73 家）、深圳证券交易所 155 家（主板 14 家、中小板 46 家、创业板 95 家）；在境外上市的公司分布情况为纽约证券交易所 17 家（主板 17 家）、纳斯达克交易所 23 家（主板 23 家）、香港交易所 56 家（主板 48 家、创业板 8 家）（见图 1）。

2. 新增上市公司状况

2018 年，中关村新增上市公司数量有所下降，且新增境外上市公司数量反超境内。2018 年，中关村新增上市公司 16 家，较 2017 年的 25 家新增量减少 9 家，同比下降 36%。和 2018 年全国新增上市公司的上市地选择大趋势一致①，2018 年选择在 A 股上市的中关村企业数量减少，更多中关村公司选择在境外上市。2018 年，中关村新增境内上市公司从 2017 年的 20 家

---

① 根据 Wind 统计，2018 年全国新增境内外上市公司共计 250 家，比 2017 年的 520 家下降 52%。从新增上市公司所选上市地来看，2018 年全国新增境内上市公司从 2017 年的 438 家下降至 105 家，港股新增上市公司从 2017 年的 58 家上升至 111 家，美股新增上市公司从 2017 年的 24 家上升至 34 家。

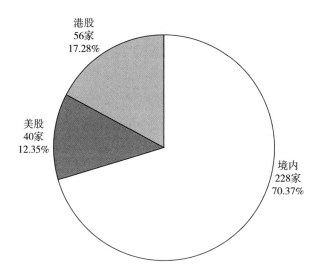

图1 2018年中关村上市公司资本市场分布状况

资料来源：Wind，中关村上市公司协会整理。

下降至6家，新增港股上市公司从2017年的1家上升至6家，新增美股上市公司与2017年保持一致，仍为4家（见图2）。

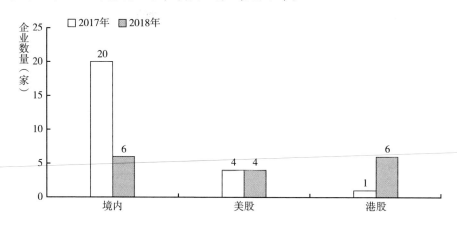

图2 2017～2018年中关村新增上市公司数量分布状况

资料来源：Wind，中关村上市公司协会整理。

总体来看，2018年，无论是A股还是中关村，新增上市公司数量都明显减少，且新增境外上市公司数量均超过境内。出现这种现象系上市门槛"内紧外松",主要表现如下。(1) 2017 年 10 月以来,A 股 IPO 审核驱紧,新增上市公司数量、过会率均创近五年最低水平。2018 年,A 股首发 IPO 申请企业共有 193 家,审核通过 111 家,首发通过率为 57. 51% ,远低于 2014～2017 年的 A 股首发过会率[①];与之类似,2018 年中关村企业申请在 A 股上市的企业数量为 21 家,审核通过 7 家,首发过会率为 33. 33% ,也远低于往年 70% 以上的过会率。(2) 境外资本市场正在加大改革力度,吸引大批新经济企业上市。如 2018 年 2 月,香港交易所发布《上市规则修订咨询文件》,允许满足一定条件的"同股不同权"新经济企业以及无收入的生物科技公司赴港上市,也正是这一文件,吸引了中关村互联网企业小米集团和美团点评在 2018 年登陆港股市场。此外,美股资本市场对成长中的企业也比较宽容,允许尚未盈利的互联网、生物医药、教育等新经济企业上市,2018 年中关村成功登陆美股资本市场的 4 家公司中,有 3 家处于亏损状态[②]。

与全国情况类似,2018 年,中关村上市公司数量增速放缓、新增境外上市公司数量反超境内,除上述境内外制度的影响因素外,中关村企业的特性及定位也成为主要的影响因素。中关村作为我国科技型企业的发源地,聚集了大批优秀的互联网、高科技公司,而这些企业前期研发投入高、回报慢、不确定性及资本需求量大导致企业因不符合境内 IPO 条件而转向海外寻求资本援助。

3. 中关村上市公司行业分布状况

鉴于中关村上市公司分布在全球各主要资本市场,呈现国际化特征,所以本文采用了符合国际标准的 Wind 行业分类标准[③]。

---

① 2014～2017 年 A 股首发过会率分别为 89. 34% 、90. 94% 、90. 15% 、76. 92% 。

② 2018 年美股新上市公司中,尚德机构 (STG. N) 2018 年亏损 9. 27 亿元;优信 (UXIN. O) 亏损 15. 38 亿元;爱奇艺 (IQ. O) 亏损 90. 61 亿元。

③ Wind 行业分类标准的最大特色为全面借鉴了权威的国际标准 GICS (Global Industries Classification Standard) 行业分类标准,参照 GICS 四级行业体系,根据中国实际情况进行了微调,最终建立了既符合国际标准又适用于中国市场的行业分类标准,包含 11 个一级行业指标(能源、材料、工业、可选消费、日常消费、医疗保健、金融、信息技术、电信服务、公用事业、房地产),24 个二级行业指标,69 个三级行业指标,161 个四级行业指标。

表 1 2018 年中关村新增上市公司情况一览

单位：万元

序号	证券代码	证券简称	上市地点	上市板块	上市日期	Wind 行业	总市值（2018 年底）	营业收入（2018 年）	净利润（2018 年）	研发费用（2018 年）
1	601068.SH	中铝国际	上海	主板	2018－08－31	工业	1407401	4903098	51020	48300
2	603590.SH	康辰药业	上海	主板	2018－08－27	医疗保健	513600	292019	26393	8025
3	603871.SH	嘉友国际	上海	主板	2018－02－06	工业	386960	214045	26983	1531
4	603516.SH	淳中科技	上海	主板	2018－02－02	信息技术	302399	80870	8482	4717
5	002933.SZ	新兴装备	深圳	中小板	2018－08－28	工业	471982	155360	14133	2252
6	300674.SZ	宇信科技	深圳	创业板	2018－11－07	信息技术	1050026	324380	19736	18413
7	STG.N	尚德机构	纽交所	主板	2018－03－23	可选消费	358079	373914	－92695	7602
8	TC.O	团车	纳斯达克	主板	2018－11－20	可选消费	335047	72593	7870	1926
9	UXIN.O	优信	纳斯达克	主板	2018－06－27	可选消费	979151	734939	－153829	32943
10	IQ.O	爱奇艺	纳斯达克	主板	2018－03－29	信息技术	7400236	4475970	－906123	199465
11	1675.HK	亚信科技	港交所	主板	2018－12－19	信息技术	636668	799738	20423	58468
12	1761.HK	宝宝树集团	港交所	主板	2018－11－27	可选消费	1016384	366094	52623	12523
13	3690.HK	美团点评	港交所	主板	2018－09－20	可选消费	21127826	12066151	－11549270	707190
14	1810.HK	小米集团	港交所	主板	2018－07－09	信息技术	26746302	14522795	1347775	577683
15	6100.HK	有才天下猎聘	港交所	主板	2018－06－29	工业	1297219	362358	274	13843
16	2377.HK	博奇环保	港交所	主板	2018－03－16	工业	154985	353025	39282	1062

资料来源：Wind，中关村上市公司协会整理。

中关村上市公司行业分布范围广泛、重点突出，符合中关村高新技术产业园的定位。根据 Wind 行业分类，2018 年，中关村上市公司主要分布于信息技术、工业、可选消费和医疗保健四大行业，兼顾材料、公用事业、能源、日常消费、房地产、金融及电信服务业等 7 大行业。信息技术一直以来就是中关村的典型名片，经过多年不断的转型发展，大量中关村上市公司聚集在技术硬件与设备、软件与服务等领域，形成了以创新推动的聚集经济；与此同时，大量科研院所的聚集也推动了中关村地区高新工业的发展，形成一批以航空航天与国防、电气设备、环境保护技术等为代表的高新工业。作为我国经济最为活跃的区域之一，以互联网零售、媒体广告、教育服务等为代表的可选消费行业不断成长，一批以医疗保健设备和生物技术为代表的生物医药高新技术行业企业也陆续涌现，共同推动着中关村经济的发展。

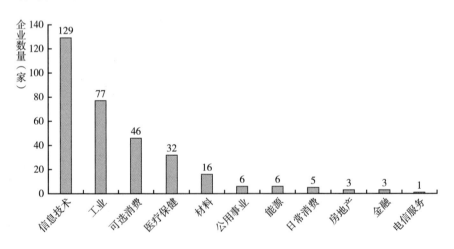

图 3　2018 年中关村上市公司行业分布状况

资料来源：Wind，中关村上市公司协会整理。

（二）资本市场表现欠佳，总市值受到一定程度影响

1. 中关村股票系列指数状况

为了更好地表征中关村板块的资本市场表现，2014 年初中关村上市公

司协会与深圳证券交易所发起合作，联合开发中关村系列股票指数。中关村指数定位于代表中国科技创新水平的标杆指数，采取与国际接轨的指数编制方案和逐步开放的方式，先布局 A 股上市公司，再布局境外上市公司，未来将进一步开发中关村主题指数及挂牌企业相关指数。其中，中关村 A 股综合指数和中关村 50 指数于 2015 年 2 月 5 日正式发布；中关村民企 60 指数于 2017 年 1 月 10 日发布。三只指数均以中关村国家自主创新示范区内注册的所有 A 股上市公司为样本股，是反映中关村整体发展水平的综合指数。中关村 50 指数定位于表征中关村示范区内可投资的市值规模大、流动性好的上市公司的市场表现，突出指数的可投资功能。中关村 60 指数以深市 A 股中在中关村园区范围内注册的民营企业为样本空间，是反映深市中关村民营上市公司表现的标尺。

根据测算，2008 年 12 月 31 日到 2018 年 12 月 31 日，中关村系列指数表现优于沪深 300、恒生指数，但与标普 500 相比稍有差距。具体来看中关村 A 指、中关村 50、中关村 60 三只指数累计收益率分别为 110.38%、90.25%、178.07%。相比同期沪深 300，累计超额收益率分别达到 44.75%、24.62%、112.44%；相比同期恒生指数，累计超额收益率分别达到 30.74%、10.61%、98.43%；与中关村系列指数大幅领先沪深 300 和恒生指数不同的是，中关村 50 和中关村 60 的累计超额收益率高于同期标普 500 近 90 个百分点和 178 个百分点，中关村 A 指的累计收益率则低于标普 500 近 67 个百分点。

2. 总市值状况

2018 年以来，受国内国际形势影响，整体 A 股及中关村资本市场表现欠佳。一方面，随着信托资金降杠杆政策、管资降杠杆及沪深交易所联合中国证券登记结算有限责任公司发布的《股票质押式回购交易及登记结算业务办法（2018 年修订）》三大金融降杠杆政策的出台，A 股上市公司的股价、成交量、市值均受到不同程度的影响；另一方面，中美经贸摩擦不断升级，美联储加息步伐行进，直接导致市场情绪紧张，加速了股市下跌，中关村美股上市公司的市值也受到一定程度影响。

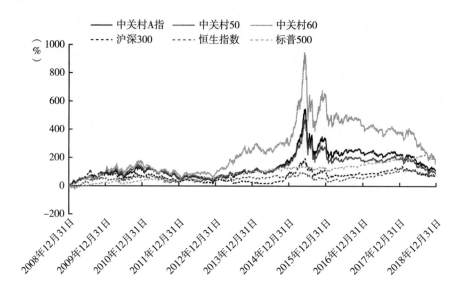

图4 中关村指数与各资本市场指数累计收益率趋势情况

资料来源：Wind，中关村上市公司协会整理。

截至 2018 年 12 月 31 日，全国 A 股上市公司总市值由 2017 年的 614500 亿元下降到 2018 年的 477904 亿元，降幅达到 22.23%。中关村上市公司的总市值也有所下降。截至 2018 年 12 月 31 日，中关村上市公司总市值为 45836 亿元，较 2017 年的 54589 亿元下降 16%（见图5）。其中，2018 年新增中关村上市公司贡献的总市值为 6418 亿元，占全部总市值的 14%。2017 年、2018 年连续两年持续经营的中关村上市公司总市值由 2017 年的 54434 亿元降低到 2018 年的 38064 亿元，降幅达到 30.07%。

从市值变化幅度来看，超八成连续两年持续经营的上市公司总市值出现不同程度的下降。具体来看，在连续两年持续经营的 305 家企业中，有 263 家公司总市值出现下滑，占比 86.23%；有 41 家企业总市值上升，占比 13.44%；1 家①上市公司因连续两年停牌而总市值没有发生变化。

---

① 信威集团（600485.SH）因 2016 年 12 月 26 日起连续两年停牌而总市值没有发生变化。

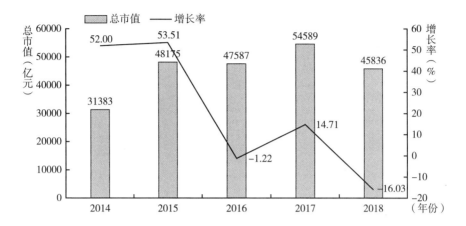

图5　2014～2018年中关村上市公司市值变化情况

资料来源：Wind，中关村上市公司协会整理。

从资本市场角度来看，境内和美股的中关村上市公司总市值都呈现不同程度下降，而港股中关村上市公司总市值则出现大幅上涨。在A股上市的中关村上市公司的总市值占总体的比例由2017年的60%下降到2018年的53%，同样，美股的占比由30%降低到26%，港股的占比由10%增加到21%。2018年底，境内中关村上市公司的总市值由2017年的32589亿元降低到2018年的24151亿元，下跌8438亿元，降幅为25.89%；美股中关村上市公司的总市值由2017年的16478亿元人民币下降至2018年的11997亿元人民币，下跌4481亿元人民币，降幅为27.19%。与境内、美股中关村上市公司市值表现低迷的情况有所不同，2018年小米集团（1810.HK）和美团点评（3690.HK）两家中关村企业先后登陆港交所，成为港交所上市的第一批同股不同权公司，同时也使得中关村港股上市公司总市值由2017年底的5521亿元人民币上升到9547亿元人民币，上涨4026亿元人民币，增幅为72.92%。

根据Wind一级行业分类，无论是行业总市值还是各行业平均市值都出现不同程度的下降。行业总市值方面，多数行业总市值下降幅度在10%～30%；且多数行业平均市值的下降幅度高于整体平均市值的下降幅度。具体来看，超一半的行业总市值下降幅度超过整体总市值下降幅度；超70%的行业平均市值下降幅度超过整体平均市值下降幅度。

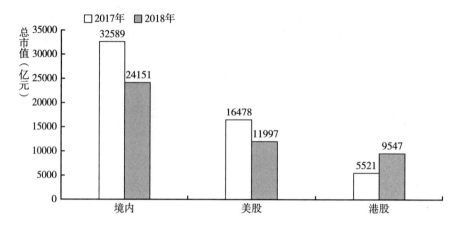

图 6 2017~2018 年中关村各资本市场上市公司市值变化情况

资料来源：Wind，中关村上市公司协会整理。

从对中关村具有突出贡献的四大支柱性行业的市值来看，包括信息技术、工业、可选消费、医疗保健在内的四大支柱性行业的总市值达到42220亿元，占整体总市值的90%以上，呈现明显的产业集群效应。具体来看，受经济下行因素及经贸摩擦升级的影响，除医疗保健行业外，其他三大支柱性行业的总市值降幅均低于整体总市值降幅，说明中关村支柱性行业发展虽有下滑，但均在可控范围之内；就平均总市值而言，信息技术行业和工业行业的平均市值下降幅度低于整体下降幅度，而可选消费和医疗保健行业的平均市值下降幅度高于整体下降幅度（见表2）。

表 2 2017~2018 年各行业总市值及平均市值变化情况

单位：亿元，%

行业	总市值				平均市值		
	2017 年	2018 年	同比增长	2018 年行业 总市值占比	2017 年	2018 年	同比增长
信息技术	24085	20827	-13.53	45.44	190	161	-15.26
工　业	11777	10286	-12.66	22.44	161	134	-16.77
可选消费	9868	8504	-13.82	18.55	241	185	-23.24

续表

行业	总市值				平均市值		
	2017年	2018年	同比增长	2018年行业总市值占比	2017年	2018年	同比增长
医疗保健	3414	2603	−23.76	5.68	110	81	−26.36
材　料	2369	1714	−27.65	3.74	148	107	−27.70
公用事业	701	617	−11.98	1.35	117	103	−11.97
金　融	777	541	−30.37	1.18	389	180	−53.73
日常消费	571	397	−30.47	0.87	114	79	−30.70
能　源	415	206	−50.36	0.45	59	34	−42.37
房地产	102	100	−1.96	0.22	102	33	−67.65
电信服务	510	40	−92.16	0.09	255	40	−84.31
整　体	54589	45836	−16.03	—	175	141	−19.43

注：2018年整体总市值数值为四舍五入后数值。

资料来源：Wind，中关村上市公司协会整理。

（三）估值状况

2018年，中关村上市公司整体市净率[①]为1.51，较2017年下降35.74%。中关村境内上市公司市净率为1.35，同比下降40.79%；中关村境外上市公司市净率为1.73，同比下降29.39%。在境外上市公司中，中关村美股上市公司市净率同比下降44.21%，而港股上市公司市净率同比上涨19.61%。

2018年，中关村上市公司整体市销率[②]为0.83，同比下降39.42%。其中，中关村境内上市公司市销率为0.78，同比下降47.65%；中关村境外上市公司市销率为0.89，同比下降27.05%。在境外上市公司中，美股上市公司市销率同比下降43.77%，而港股上市公司市销率同比上涨23.91%。

---

① 市净率＝总市值/总净资产（即所有者权益）。

② 市销率＝总市值/总营业收入。

2018 年，中关村上市公司整体市盈率①为 14.18，同比下降 37.83%。其中，境内中关村上市公司市盈率为 15.77，同比下降 38.42%；境外中关村上市公司市盈率为 12.44，同比下降 34.42%。在境外上市公司中，美股上市公司市盈率同比下降 44.63%，港股上市公司市盈率下降 2.59%（见表3）。

表3　2017～2018 年中关村上市公司估值水平状况

市场板块	市净率（整体）		市销率（整体）		市盈率（剔除亏损企业）	
	2017 年	2018 年	2017 年	2018 年	2017 年	2018 年
境　内	2.28	1.35	1.49	0.78	25.61	15.77
境　外	2.45	1.73	1.22	0.89	18.97	12.44
——美股	4.66	2.60	2.81	1.58	33.25	18.41
——港股	1.02	1.22	0.46	0.57	9.25	9.01
整体状况	2.35	1.51	1.37	0.83	22.81	14.18

资料来源：Wind，中关村上市公司协会整理。

根据 Wind 一级行业划分标准，对各行业中关村上市公司的市净率、市销率、市盈率三项估值指标进行分析，可以看出，2018 年，除电信服务行业外，各行业市净率和市销率均出现不同程度的下降；在市盈率方面，除电信服务、日常消费和医疗保健行业外，其他行业市盈率均出现不同程度下降。

表4　2017～2018 年中关村上市公司 Wind 一级行业估值水平状况

行业板块	市净率（整体）		市销率（整体）		市盈率（整体）		市盈率（剔除亏损企业）	
	2017 年	2018 年	2017 年	2018 年	2017 年	2018 年	2017 年	2018 年
材　料	1.16	0.64	0.98	0.47	16.38	7.30	16.21	6.97
电信服务	1.88	2.03	1.44	4.33	14.42	54.10	14.42	54.10
房地产	1.17	0.75	0.56	0.35	10.04	7.51	10.04	7.51

① 市盈率（剔除亏损企业）＝盈利企业市值之和/盈利企业净利润之和。

行业板块	市净率（整体）		市销率（整体）		市盈率（整体）		市盈率（剔除亏损企业）	
	2017 年	2018 年	2017 年	2018 年	2017 年	2018 年	2017 年	2018 年
工　　业	1.67	0.97	0.77	0.43	17.81	11.75	17.37	10.90
公用事业	0.86	0.71	1.84	1.48	11.28	8.70	11.28	8.70
金　　融	0.97	0.62	0.24	0.15	16.69	7.14	16.01	6.38
可选消费	3.39	2.11	1.33	0.91	46.26	− 8.36	25.41	12.35
能　　源	1.70	0.89	2.93	1.53	54.32	26.65	17.48	13.93
日常消费	1.81	1.27	1.54	1.02	38.71	52.72	36.03	43.71
信息技术	3.17	2.22	2.68	1.67	72.05	40.59	31.30	20.64
医疗保健	3.01	1.98	3.16	2.10	23.08	26.10	19.64	16.38
整体状况	2.35	1.51	1.37	0.83	32.53	51.98	22.81	17.10

资料来源：Wind，中关村上市公司协会整理。

（四）营业收入稳定增长，盈利能力持续提升

1. 营业收入情况

2018 年，中关村上市公司总营业收入为 55471 亿元，同比上升 39%。2017～2018 年持续经营企业有 305 家，持续经营企业 2017 年营业收入为 39807 亿元，2018 年营业收入为 45242 亿元，同比增长 13.65%。在过去一年我国宏观经济增速放缓的大环境下，中关村上市公司总营业收入依然保持较高水平的增速，表明中关村科技创新型上市公司整体发展态势较好，具有持续增长的发展优势。

从各资本市场营业收入占比来看，境内上市公司为中关村上市公司的营收主体，其次为港股公司、美股公司；在增长幅度方面，境内上市公司的营收增幅最大，其次为港股公司、美股公司。其中，境内上市公司营业收入为 31137 亿元，占中关村上市公司总营收的 56%，同比增长 42%；美股上市公司营业收入为 7596 亿元，占中关村上市公司总营收的 14%，同比增长 30%；港

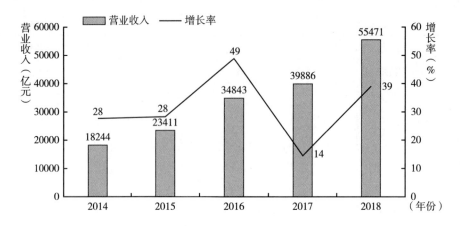

图7 2014～2018年中关村上市公司营业收入及增长率变化情况

资料来源：Wind，中关村上市公司协会整理。

股公司营收为16738亿元，占中关村上市公司总营收的30%，港股公司营收同比增长38%。

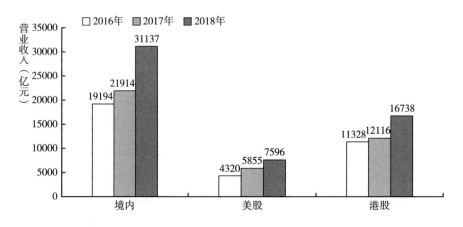

图8 2016～2018年中关村上市公司各板块营收变化

资料来源：Wind，中关村上市公司协会整理。

从成长性来看，连续两年持续经营的中关村上市公司中，2018年营业收入实现正增长的企业有234家，占持续经营企业总数的77%。2017年、2018年连续两年营业收入实现正增长的企业有219家，占持续经营企业总数的72%。该组数据表明，七成以上的中关村上市公司连续两年保持营业收入的正增长，具有较高的成长性。

2. 净利润与总体盈亏情况

近五年来，中关村上市公司净利润呈现稳步上升趋势，盈利企业数量占比均超过80%，企业整体盈利能力较强。2018年，有262家公司实现盈利，占中关村上市公司总量的81%，其净利润总额为2680亿元；62家公司处于亏损状态，占中关村上市公司总量的19%，亏损总额为1798亿元。2018年，中关村上市公司净利润总额①为2037亿元，同比上涨21.39%。连续两年持续经营的305家中关村上市公司净利润总额为1806亿元，同比增长6.55%。在2018年整体经济不景气的状况下，中关村上市公司的净利润仍然能保持大幅增长态势，体现出中关村科技创新型企业较强的韧性和成长潜力。近五年来，中关村上市公司的净利率相对稳定，基本维持在4%左右。

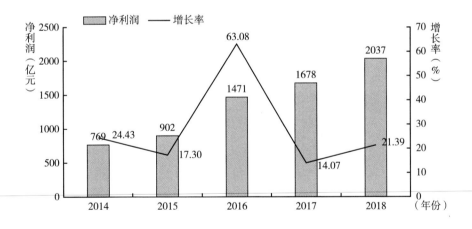

图9 2014～2018年中关村上市公司净利润和增长率

资料来源：Wind，中关村上市公司协会整理。

---

① 此处净利润总额为剔除美团点评后的净利润总额。美团点评（3690.HK）2018年亏损额1155亿元，主要是上市后优先股公允价值变现（1046亿元）所致，为保证数据的准确性，本文后续净利润有关数据全部剔除美团点评。

表5　2014～2018 年中关村上市公司盈亏情况统计

年份	盈利企业		亏损企业		合计
	数量（家）	占比（％）	数量（家）	占比（％）	数量（家）
2014 年	183	84.72	33	15.28	216
2015 年	201	84.45	37	15.55	238
2016 年	247	85.76	41	14.24	288
2017 年	263	84.29	49	15.71	312
2018 年	262	80.86	62	19.14	324

资料来源：Wind，中关村上市公司协会整理。

　　从不同资本市场 2017 年、2018 年持续经营的上市公司的净利润变化情况来看，2018 年中关村境内上市公司的净利润有所下滑，而美股和港股上市公司的净利润均有不同程度的上涨。其中，境内上市公司的净利润总额为803.39 亿元，比 2017 年减少 142.89 亿元，同比下降 15.10%；美股公司的净利润总额为 358.44 亿元，比 2017 年增加 97 亿元，同比上升 37.10%；港股公司的净利润总额为 643.90 亿元，比 2017 年增加 156.82 亿元，同比上升 32.20%。进一步分析其原因，境内上市公司净利润总额的下降主要是受商誉减值影响。2018 年 11 月 16 日，证监会发布了《会计监管风险提示第 8号——商誉减值》，明确要求企业定期或及时进行商誉减值测试。为了应对监管层要求，一次性大幅计提商誉减值准备，已然成为相关公司的共识。2018 年，持续经营的中关村上市公司一共有 82 家计提商誉减值损失，比2017 年增加了 30 家；中关村上市公司商誉减值总金额为 180.63 亿元，比2017 年增加了 143.22 亿元，同比上升 383%。

　　从成长性来看，中关村上市公司 2017 年、2018 年持续经营企业连续两年实现盈利企业有 231 家，占中关村上市公司 2017 年、2018 年持续经营企业总数的 76%，这部分企业经营状况稳健，盈利能力较强，成长潜力大。在 231家连续两年盈利的企业中，平均净利润在 100 亿元及以上的中关村上市公司有5 家，平均净利润 50 亿～100 亿元的中关村上市公司有 2 家，平均净利润 10亿～50 亿元的中关村上市公司有 35 家，平均净利润低于 10 亿元的有 189 家。

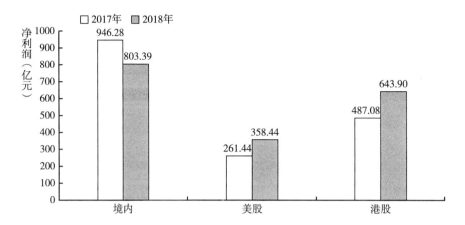

图10　2017～2018年持续经营的中关村上市公司各资本市场净利润变化状况

资料来源：Wind，中关村上市公司协会整理。

（五）财务风险整体可控，营运能力相对提升

1. 长期偿债能力分析

截至2018年12月31日，中关村上市公司的总资产规模为85605亿元，同比增长34.20%；总负债规模为54966亿元，同比增长36.09%；总资产负债率为64.21%，比2017年上涨0.89个百分点，略高于40%～60%的合理范围。

从中关村上市公司资产负债率的分布情况来看，资产负债率在40%以下的企业有159家，占比为49.08%；资产负债率在40%～60%的企业有94家，占比为29.01%；资产负债率在60%～80%的企业有58家，占比为17.90%；资产负债率在80%及以上的企业有13家，占比为4.01%。据此可看出，接近一半（占比49.08%）的中关村上市公司资产负债率低于40%，这部分企业财务风险较小，长期偿债能力较强，与此同时也反映出这部分企业杠杆率较低，对投资行为比较谨慎；29.01%的中关村上市公司资产负债率处于合理范围内；另外还有21.91%的中关村上市公司资产负债率在60%以上，这些企业的资金总额中，大部分资金来源于债务方面，企业所有者的资金投入较少，财务风险相对较高，长期偿债能力较弱，特别是资

产负债率在80%及以上的13家企业，其资金链断裂、不能及时偿债甚至企业破产的风险较高。整体来看，近八成的中关村上市公司资本结构相对稳健，财务风险整体可控。

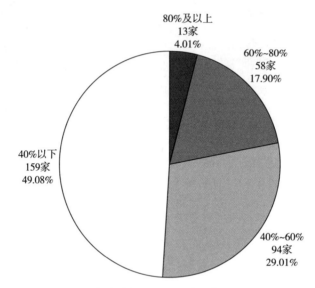

图11 2018年中关村上市公司资产负债率分布情况

注：采用上组限不在内原则，如60%~80%包含60%，不包含80%，下同。
资料来源：Wind，中关村上市公司协会整理。

2. 短期偿债能力分析

2018年，中关村上市公司短期偿债能力适中，但现金利用效率稍显不足。具体来看，2018年，中关村上市公司总体流动比率为1.18，远低于合理的流动比率值2；总体速动比率为0.95，低于合理速动比率值1；总体现金比率为0.71，高于合理的现金比率值0.5。此组数据表明，中关村上市企业短期偿债能力在合理范围内，短期债务风险较低。值得注意的是，中关村上市公司流动比率和速动比率的表现不一致，流动比率表现较差，而速动比率表现相对较好，主要系中关村上市企业多为科技型企业，存货相对较少，所以，速动比率和现金比率能够更好地衡量中关村上市公司的短期偿债能力。

3. 营运能力分析

本文通过劳动效率、存货周转率、应收账款周转率、总资产周转率四个指标来反映中关村上市公司的营运能力。2018 年，中关村上市公司的平均劳动效率为 211 万元/人，高于 A 股的平均劳动效率 190 万元/人。此外，中关村上市公司的平均存货周转率、平均应收账款周转率及平均总资产周转率均较 2017 年均有所提高。具体来看，2018 年，中关村上市公司的平均存货周转率为 4.54，高于 2017 年的平均存货周转率 4.06，且高于 2018 年全部 A 股的平均存货周转率 2.78；平均应收账款周转率为 5.67，高于 2017 年的平均应收账款周转率 4.73，低于 2018 年全部 A 股的平均应收账款周转率 8.17；平均总资产周转率为 0.69，略高于 2017 年的平均总资产周转率 0.66，同时高于 2018 年全部 A 股的平均总资产周转率 0.66；该组数据表明，2018 年，中关村上市公司整体营运能力较 2017 年有所提升，但平均应收账款周转率略有不足，应收账款回款存在风险。

表6　中关村上市公司营运状况与 A 股上市公司营运状况比较

	平均劳动效率(万元/人)	平均存货周转率	平均应收账款周转率	平均总资产周转率
中关村上市公司	211	4.54	5.67	0.69
A 股上市公司	190	2.78	8.17	0.66

资料来源：Wind，中关村上市公司协会整理。

（六）创新投入与产出持续攀升，创新意识不断增强

1. 创新投入

2018 年中关村上市公司创新能力不断增强，创新投入和创新产出双双创新高。比较中关村上市公司连续五年的数据，五年来中关村上市公司的研发费用和研发强度出现持续稳定的增长，且 2018 年较 2017 年研发费用投入出现较大增长。在研发费用投入方面，2018 年，294 家披露研发费用的中关村上市公司研发费用总额为 1611.86 亿元，同比增长 32.12%。从行业分布来看，研发强度进入前 30 名的企业主要集中在信息技术行业（22 家），其余分散在医疗保健行业（2 家）、工业行业（3 家）、可选消费行业（2 家）、日常消费行业（1 家）。2018 年中关村上市公司中，信息技术、工业和可选消费三类行业

占有绝大部分研发费用，分别是 783.87 亿元、469.50 亿元、257.18 亿元。这三大行业的研发费用合计为 1510.55 亿元，占总研发费用的 93.71%。从各行业的平均研发费用来看，工业、可选消费、信息技术三大行业的平均研发费用远远高于其他行业。

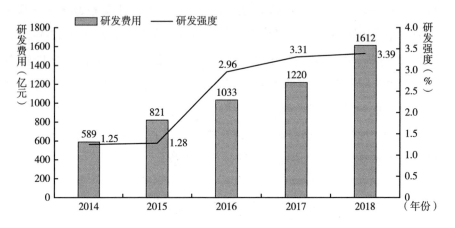

图 12 2014～2018 年中关村上市公司研发投入变化情况

资料来源：Wind，中关村上市公司协会整理。

从研发强度来看，2018 年中关村上市公司平均研发强度 3.39%，与 2017 年相比平均研发强度基本持平。294 家披露研发费用的中关村上市公司中，研发强度 10% 及以上的企业有 74 家，占比 25.17%；研发强度处在 5%～10% 的企业有 77 家，占比 26.19%；研发强度处在 2%～5% 的企业有 85 家，占比 28.91%；研发强度处在 2% 以下的企业有 58 家，占比 19.73%。可以看出，中关村上市公司整体保持较高的研发投入力度，其中有近三成的上市公司研发投入力度达到国际较高的水平。

2. 创新产出

（1）专利申请量

研发产出方面，2018 年，152 家中关村境内上市公司进行了专利申请，专利申请量合计 9388 件，同比增长 6.00%；有 16 家企业专利申请量高于平均值。其中共 132 家企业申请了 6994 件发明专利（占专利申请量的 74.50%），

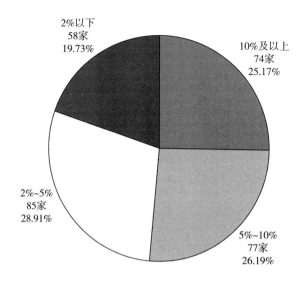

图13 2018年中关村上市公司研发强度分布状况

资料来源：Wind，中关村上市公司协会整理。

平均每家企业申请了52.98件发明专利。该组数据表明2018年中关村境内上市公司谋求专利保护的积极性持续上升。

（2）专利授权量

企业专利授权量指由专利行政部门授予专利权的件数，是发明、实用新型、外观设计三种专利当年授权数之和。企业专利授权数量是测量企业在技术研发、技术创新方面的能力、水平和质量的重要指标。2018年，共151家中关村境内上市公司获得了专利授权，专利授权量合计达到5488件，同比增长0.98%。其中，共40家企业获得了349件发明专利授权（占专利授权总量的6.36%），平均每家企业获得8.725件发明专利。

（3）有效发明专利数量

截至2018年12月31日，共171家中关村境内上市公司拥有有效发明专利，有效发明专利合计达到15533件，同比增长20.52%，平均每家企业拥有90.84件有效发明专利。2018年中关村境内上市公司持有的有效发明专利数量持续增长，创新价值不断攀升。

（4）PCT 专利申请量

2018 年，有 19 家中关村境内上市公司进行了 PCT 专利申请，申请量为 1883 件，同比增长 11.09%。从中关村境内上市公司近 5 年 PCT 专利申请量来看，中关村境内上市公司的 PCT 专利申请处于稳定增长中。19 家拥有 PCT 专利申请的企业中，京东方拥有 1805 件，占总量的 95.86%，可见中关村上市公司目前 PCT 专利申请高度集中，除京东方外，其他企业申请量不足，知识产权的国际化布局有待进一步提高。

（七）现金及其等价物分布不均，投融资活跃度有所下降

2018 年，中关村上市公司现金及现金等价物为 11471 亿元，同比上涨 31%。305 家持续经营的企业现金及其等价物为 9498 亿元，同比上涨 9%。该数据表明，中关村上市公司现金及其等价物的大幅上涨除了新上市公司的增量贡献外，持续经营企业的现金及其等价物也处于不断上升态势。综合近五年中关村上市公司的现金及现金等价物走势变化看，中关村上市公司现金及现金等价物稳定增长，已累积形成一定规模。

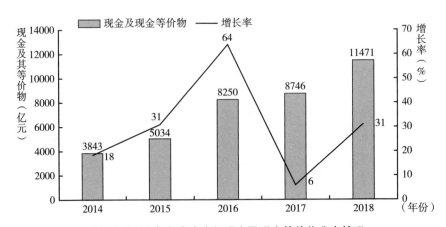

图 14　2018 年各资本市场现金及现金等价物分布情况

资料来源：Wind，中关村上市公司协会整理。

从资本市场角度来看，中关村境内上市公司的现金及现金等价物占比最大，数额达到 6985 亿元，占中关村上市公司现金及现金等价物的 61%。

本文针对不同属性的中关村境内上市公司所拥有的现金及其等价物进行了进一步分析。从企业属性来看，144家（占比63.16%）民营企业拥有现金及现金等价物余额为1083.39亿元（占比15.51%），平均每家民营企业拥有7.52亿元的现金及其等价物；而69家（占比30.27%）国有企业拥有现金及现金等价物余额5794.08亿元（占比82.95%），平均每家中央国有企业拥有93.47亿元现金及其等价物，平均每家地方国有企业拥有54.92亿元现金及其等价物；其余属性的企业（包含公众企业、其他企业、外资企业和集体企业）则拥有不到2%的现金及其等价物。通过本组数据，可发现，虽然中关村境内上市公司拥有接近7000亿的现金及其等价物，但八成以上都集中在国有企业手中，民营企业所拥有的现金及其等价物依然有限。

此外，针对2018年中关村上市公司的现金流量净额变动情况进行分析发现，2018年中关村上市公司经营活动、融资活动、投资活动现金流量虽然都有一定幅度的上升，但增额主要来自新上市公司的增量部分，除经营活动产生的现金流量净额这一指标外，持续经营企业的融资和投资活动产生的现金流量净额都有所下降。具体来看，2018年，中关村上市公司经营活动产生的现金流量净额为3067亿元，同比上涨9.38%，对比305家持续经营企业的经营活动产生的现金流量净额数据，中关村上市公司持续经营的企业2018年经营活动产生的现金流量净额为3101亿元，同比上涨11%，该数据表明，除了新添加上市公司所贡献的经营性现金流量净额以外，持续经营企业的经营活动产生的现金流量净额也稳步上升；2018年，中关村上市公司运用股权融资、债券融资、股权质押等多种融资渠道，实现净融资额2335亿元，同比增长3.18%，对比305家持续经营企业的融资活动产生的现金流量净额数据，中关村上市公司持续经营的企业2018年融资活动产生的现金流量净额为958亿元，同比下降58%，本组数据可看出，2018年中关村上市公司融资额的上升主要靠新增上市公司所带来的融资净额的增量，持续经营企业2018年的融资净额大幅下降；2018年，中关村上市公司投资活动产生的现金流量净额为4783亿元，同比增加4.58%，对比305家持续经营企业的投资活动产生的现金流量净额数据，中关村上市公司持续经营的企业2018年投资活动产生的现金流量净额为3693亿元，同比下降19%，本组数据可看出，2018年中关村上市公司投资额的小幅上涨也主要靠新增上市公司所带来的投资净额的增加，持续经营企业2018年的投资净额也呈现下降趋势。

表7　305家连续两年持续经营的中关村上市公司现金流量净额变化情况

单位：亿元

年份	2017年	2018年	同比增幅（%）
经营活动产生的现金流量净额	2800	3101	11
融资活动产生的现金流量净额	2265	958	−58
投资活动产生的现金流量净额	4566	3693	−19

资料来源：Wind，中关村上市公司协会整理。

（八）所得税增速放缓，各行业税负差距较大

近几年，中关村上市公司缴纳的企业所得税持续上涨，但上涨幅度却逐年下降，在2018年增速突破历史最低点。具体来看，2018年，企业所得税达到669亿元，同比上涨18.83%，远低于过去连续三年40%以上的增幅。305家持续经营企业缴纳所得税总额由2017年的562亿元上涨到2018年的607亿元，上涨45亿元，涨幅为8%。

分行业来看，工业行业贡献的企业所得税最高，为223亿元，占比33.33%，其次，信息技术和可选消费所贡献的企业所得税也超百亿元。就行业平均所得税来看，一半行业的平均所得税超过中关村上市公司平均所得税，其中行业平均所得税最高的是材料行业，为6.1亿元（见表8）。

从企业实际税费负担[①]情况看，2018年，中关村境内上市公司所承受的

---

① 企业实际税费负担＝当期支付的各项税费－当期收到税费返还＋当期应交税费－上期应交税费。此外，鉴于境外实际税费负担较难获取，本文仅分析境内上市公司的实际税费负担。

表8　2018年中关村上市公司行业所得税情况

单位：亿元

行业	所得税	平均所得税	行业	所得税	平均所得税
材　料	97.66	6.10	可选消费	109.14	2.37
电信服务	0.15	0.15	能　源	5.19	0.87
房地产	15.82	5.27	日常消费	3.8	0.76
工　业	222.62	2.89	信息技术	156.43	1.21
公用事业	14.66	2.44	医疗保健	29.47	0.92
金　融	14.03	4.68	整体状况	668.96	2.06

资料来源：Wind，中关村上市公司协会整理。

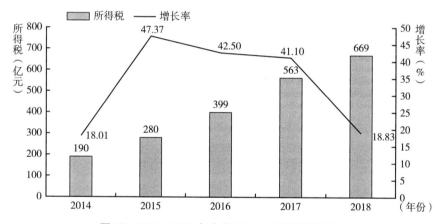

图15　2014～2018年中关村上市公司所得税状况

资料来源：Wind，中关村上市公司协会整理。

实际税费负担为1245.61亿元，实际税费负担占营业收入的比例为4%。其中，连续两年持续经营的境内上市公司，其实际税费负担占营业收入的比重由2017年的3.78%上升到2018年的4.00%，上升0.22个百分点。

分行业来看，工业企业所承受的实际税费负担为876.92亿元，占比70.40%，远超其他行业。就行业平均实际税费负担而言，工业、材料、房地产业、日常消费行业的平均实际税费负担超出中关村境内上市公司所承受的平均税费负担，其中工业企业所承受的平均实际税费负担是整体平均值的近3倍。就实际税费负担占营业收入的比重而言，房地产行业和能源行业分列前两位，而信息技术的实际税费负担占营业收入的比重最小（见表9）。此组数据说明，传统行业实际税费负担相对较大，新兴技术行业因国家政策扶持力度较大而实际税费负担较小。

表9　2018年中关村境内上市公司行业实际税费负担

行业	实际税费负担（亿元）	平均实际税费负担（亿元）	实际税费负担占营业收入比重（%）
材　　料	115.53	7.22	7.99
电信服务	0.44	0.44	4.74
房　地　产	12.09	4.03	54.09
工　　业	876.92	11.39	3.90
公用事业	4.45	0.74	6.46
金　　融	0.21	0.07	2.38
可选消费	47.55	1.03	2.63
能　　源	15.64	2.61	17.25
日常消费	28.5	5.70	7.29
信息技术	56.86	0.44	1.54
医疗保健	87.42	2.73	7.83
整体状况	1245.61	3.84	4.00

资料来源：Wind，中关村上市公司协会整理。

从连续两年持续经营企业所属行业来看，相较于2017年行业实际税费负担占营收的比重而言，2018年，房地产、金融、可选消费、日常消费及信息技术行业实际税费负担占营业收入的比重均有所下降，这得益于国家营造的减税降费的大环境，说明减税降费政策切实为企业减轻了负担。但还有些行业实际税费负担占营收的比重却在加重，主要表现在材料行业、电信服务业、工业、公用事业、能源及医疗保健行业（见表10）。

（九）员工人数持续上涨，人均营收超两百万元

2018年，中关村上市公司员工人数持续上涨。具体来看，2018年，中关村上市公司员工人数达到262.7万人，同比上涨28.02%。对持续经营企

**表10 连续两年持续经营的境内上市公司实际税费
负担占营业收入比重的变化情况**

单位:%

行业:	2017 实际税费负担 占营业收入的比重	2018 实际税费负担 占营业收入的比重	变化情况
材　料	7.32	8.34	+
电信服务	3.85	5.19	+
房地产	48.16	37.62	−
工　业	3.63	3.95	+
公用事业	6.60	7.14	+
金　融	11.43	3.11	−
可选消费	2.82	2.70	−
能　源	13.63	17.58	+
日常消费	7.66	6.90	−
信息技术	1.72	1.10	−
医疗保健	7.32	7.75	+
整　体	3.78	4.00	+

资料来源:Wind,中关村上市公司协会整理。

业的员工人数进行分析,该部分企业员工人数由 2017 年的 202.6 万人上涨
到 2018 年的 219.4 万人,增加 16.8 万人,同比上涨 8.29%。

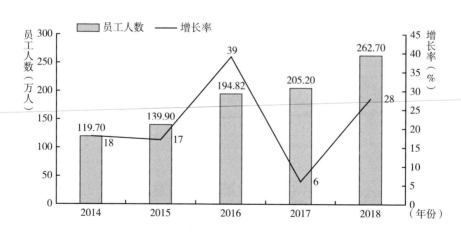

图16　2014~2018 年中关村上市公司员工人数状况

资料来源:Wind,中关村上市公司协会整理。

分行业来看，材料、工业、可选消费及信息技术行业的员工人数超过20万人，这四个行业的员工总人数为237万人，占比超90%。就行业平均员工人数来看，材料、工业、金融、可选消费和日常消费五个行业的平均员工人数均超过万人，最高为金融业的25454人。

在人均产出方面，2018年，中关村上市公司人均营收、人均净利和人均所得税分别为211.14万元/人、3.36万元/人、2.55万元/人。其中，房地产业在人均营收、人均净利及人均缴纳所得税方面均领先于其他行业，分别为1202.69万元/人、55.74万元/人、66.06万元/人。值得注意的是，可选消费人均净利为负是受美团点评2018年较大规模净亏损的影响（见表11）。

表11 2018年中关村上市公司人力资源状况

行业	员工总数（人）	平均员工数（人）	人均营收（万元/人）	人均净利润（万元/人）	人均缴纳所得税（万元/人）
材 料	254301	15894	143.08	9.23	3.84
电信服务	1132	1132	82.04	6.57	1.29
房 地 产	2395	798	1202.69	55.74	66.06
工 业	987775	12828	242.14	8.86	2.25
公用事业	16309	2718	255.01	43.50	8.99
金 融	76362	25454	473.79	9.93	1.84
可选消费	523467	11380	178.98	−19.43	2.08
能 源	17582	2930	76.65	4.40	2.95
日常消费	59175	11835	66.04	1.27	0.64
信息技术	607556	4710	204.87	8.45	2.57
医疗保健	81145	2536	153.02	12.29	3.63
整体状况	2627199	8109	211.14	3.36	2.55

资料来源：Wind，中关村上市公司协会整理。

二 针对中关村上市公司的发展建议

1. 正向引导市场投资情绪，促进中关村上市公司市值提升

2018年，在中美经贸战、国内经济承受较大下行压力、A股市场行情

迅速走低的大环境下，中关村境内外上市公司的市值均受到较大影响。分板块来看，在A股上市的中关村上市公司总市值由2017年的32589亿元降低到2018年的24151亿元，下跌8438亿元，降幅为25.89%，与之相似，在美股上市的中关村上市公司的总市值由16478亿元下降至11997亿元，下降27.19%。

然而，中关村上市公司的盈利能力及其他经营结果依然保持正向增长，2018年中关村上市公司总营业收入为55471亿元，同比增长39%，其中，2017年、2018年连续两年在资本市场存续的企业在2018年的营业收入为45242亿元，同比增长13.65%；八成中关村上市公司实现盈利，2017年、2018年连续两年在资本市场存续的企业在2018年的净利润总额由1695亿元增长到1806亿元，增幅为6.55%。创新投入与产出也节节攀升，在研发投入方面，2018年，294家披露研发费用的中关村上市公司研发费用总额为1611.86亿元，同比增长32.12%。研发产出方面，中关村境内上市公司的专利申请量合计9388件，同比增长6.00%；专利授权量合计达到5488件，同比增长0.98%；有效发明专利合计达到15533件，同比增长20.52%；19家中关村境内上市公司进行了PCT专利申请，申请量为1883件，同比增长11.09%。

以上数据显示，中关村上市公司在经营水平和技术水平方面均具有一定的实力和巨大的成长潜力。而在宏观环境及市场投资情绪的影响下，其在资本市场的价值并未完全反映企业的实际价值，进而也限制了中关村上市公司借助资本市场力量获得资金支持，以进行更加深远的投资布局的可能性。

因此，建议机关政府部门鼓励市场投资者形成价值投资意识，减少投机行为，对于经营绩效稳定增长、已初具规模的科技型企业给予长期关注与投资，对于发展前景广阔、尚处于成长阶段的科技企业，适度减少对其经营业绩的要求，着重关注其未来价值。据此以实现资本市场对于资金的有效配置，减少劣币驱逐良币现象的发生，以帮助优质企业借助资本市场高效融资。

建议相关部门推动中关村科技型上市公司在资本市场及投资人中的品牌建设，通过组织合格投资者实地参访中关村上市公司、与上市公司高层深度交谈等活动形式，加深合格投资者对中关村上市公司技术水平、未来布局的了解，促进合格投资者对部分优质中关村上市公司的价值发现。同时推动中关村境内外上市公司与境外投资者的互动交流，一方面引导境外合格机构投资者关注和投资优质中关村A股上市公司，以增加投资人的丰富度，提升上市公司在资本市场的评价；另一方面促进境外投资者对中关村境外上市公司的了解，如借助中关村品牌名片，组织集体海外路演，或给予境外上市公司各类海外展示活动补助等形式，增加中关村境外上市公司面向境外投资人的深度展示机会，削减境外投资人因对上市公司商业模式的认知偏差导致估值偏低的可能性。

2. 企业税费负担依然较重，减税降费力度仍需加大

近年来，为企业减税降费一直是国务院重点推进的工作之一。通过2013~2017年的"营改增"和2018年的减税降费，已减轻企业税收和社保缴费负担4万余亿元。然而，由于已有的税费负担基数较大，减税降费的效果目前对中关村上市公司来说不太明显，企业实际承担的税费负担依然较重。

2018年，在减税降费各项政策逐步实施的背景下，中关村上市公司所得税增幅有所放缓，同比上涨18.83%，但增长幅度仍然处于较高水平。同时，305家2017年、2018年连续两年在资本市场存续的企业所缴纳的所得税总额也上涨8%，且这一涨幅高于这些企业在2018年所获净利润的增长幅度。从实际税费负担来看，2018年，中关村境内上市公司所承受的实际税费负担达到1246亿元，超出企业所得税近一半，尤其是工业企业承担了较高的税费压力，其所承受的平均实际税费负担是整体均值的近3倍。以上从数据层面反映出中关村上市公司目前仍然承担着较重的税费负担，减税降费的力度有待加强。

目前在国家层面已提出了较大力度的减费降税目标——全年减轻企业税收和社保缴费负担近2万亿元。根据2019年的《政府工作报告》，2019年将"实施更大规模的减税"和"普惠性减税与结构性减税并举，重点降低制造业和小微企业税收负担"，具体措施包括：一是大幅降低制造业、交通

运输业、建筑业的增值税税率，"确保主要行业税负明显降低"；二是对生产、生活性服务业增加税收抵扣，"确保所有行业税负只减不增"；三是明确了增值税改革的方向——"推进税率三档并两档、税制简化"；四是加快已出台的"小微企业普惠性减税政策落实"，这是结构性减税政策的主要方向。可以看出，部分行业的中关村上市公司将从中获益，减税降费规模的进一步扩大也将为更多中关村上市公司带来切实的优惠。

尽管国家层面已充分强调为企业"减税降费"，但相较于深圳、武汉、杭州等地，北京市针对企业的税收优惠力度仍需进一步加强。高科技行业的行业特性决定了企业技术投入需求大，在企业发展前期，不仅需要股东的长期投入，也需要政府在资金方面的补助，因而，税收优惠对于高科技型企业的发展具有正向意义。同时，我国许多高科技及新兴行业正处于早期发展阶段，形成行业区域聚集将成为未来发展的必然结果。在此阶段，如地方政府能够利用当地资源、税收优惠等给予某一行业企业大力支持，将有效吸引该行业内企业在此发展，从而形成当地的重要产业，为当地经济结构转型提供条件。中关村基于优越的科研环境已聚集大量"新经济"上市公司，建议北京市政府等相关部门充分把握目前在高科技产业的领先地位，设定重点发展行业，为该产业链内的企业提供有力的税收优惠及资金支持，以吸引该行业企业在京发展，形成该行业的聚集效应。

3. 民营企业资金缺乏，需扩宽融资渠道

2018 年，受宏观经济"去杠杆"的影响，中关村民营上市公司出现了较为严重的资金缺乏问题，加之 A 股市场股票价格的动荡，使许多境内民营上市公司承担着股权质押平仓风险，同时通过资本市场募集资金的难度增加，进一步加重了中关村民营上市公司资金困难的问题。

从数据来看，2018 年，中关村上市公司现金及现金等价物余额为 11471 亿元，增幅为 31%，经营活动产生的现金流量净额为 3067 亿元，同比上涨 9.38%；融资活动产生的现金流量净额为 2335 亿元，较 2017 年增长 3.18%；投资活动现金流量净额为 4783 亿元，同比增长 4.58%。可以看出中关村上市公司整体在现金流量方面相对稳定，但民营企业却出现较大变化。2018年中关村境内民营上市公司净融资额和净投资额都出现不同程度的下降。从现金及其等价物的分布来看,大量现金集中在少数企业手中,18家上市公司拥有整体65%的现金及其等价物,而现金及其等价物低于10亿的上市公司有201家。定向增发、发行债券等通过资本市场获取长期资金的通道所获得的融资规模也进一步下降,中关村民营企业的融资渠道进一步收窄。

据此,建议鼓励国有资金以战略投资形式参与民营企业经营,为民营企业的发展提供资金与资源的保障;建议拓宽民营企业融资渠道,在民营企业银行信贷成本高、获批难的情况下,鼓励通过担保、发行外债等灵活方式降低民营企业借款费用;建议组织系列中关村上市公司与银行对接活动,充分降低市场信息不对称,使上市公司能高效挑选符合自己需求的银行进行合作,提升融资效率。

参考文献

徐烁:《2018年境内中企美国IPO市场现状和发展趋势 新经济公司被看好》,前瞻产业研究院,2019。

基岩研究院、清科研究中心:《2018年中概股研究报告》,2019。

尹中立:《股灾再现不仅与金融去杠杆政策有关》,金融界,http：//finance. jrj. com. cn/2018/02/09/23124093132. shtml,2018年2月9日。

经营能力篇

Business Capacity Reports

B.2

2018年中关村上市公司盈利能力报告

中关村上市公司协会研究部

摘　要： 本章对中关村上市公司的盈利能力进行分析，从营业收入、毛利润、净利润、总资产收益率、净资产收益率5个主要指标描述和分析了中关村上市公司的总体盈利能力状况，并从资本市场和行业等多个维度加以深入研究，以全面、细致反映企业盈利能力。报告显示，2018年中关村上市公司的营业收入、毛利润、净利润依然保持较高的增速，盈利能力仍较为强劲；与此同时，中关村上市公司的总资产收益率和净资产收益率指标稳中有降，整体资产利用能力有待进一步提升。

关键词： 中关村上市公司　盈利能力　资产利用能力

一 营业收入状况

（一）营业收入整体状况

2018 年，中关村上市公司总营业收入为 55471 亿元，比 2017 年上涨了 15585 亿元，同比增幅为 39%。中关村上市公司营业收入的大幅增长除了 2018 年新上市、新入统的公司贡献的营收增长额以外，持续经营的上市公司经营业绩[①]也稳定增长，贡献了 35% 的增长额。在过去一年我国宏观经济增速放缓的大环境下，中关村上市公司的总营业收入依然保持较高水平的增速，表明中关村上市公司整体发展态势较好，具有持续增长的发展优势（见图 1）。

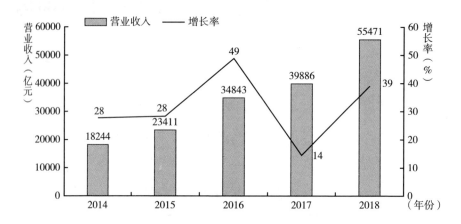

图 1　2014～2018 年中关村上市公司营业收入及增长率变化情况

资料来源：Wind，中关村上市公司协会整理。

从各资本市场营业收入占比来看，境内上市公司为中关村上市公司的营收主体，其次为港股公司、美股公司；在增长幅度方面，境内上市公司的营

[①] 2017～2018 年连续两年持续经营的 305 家中关村上市公司 2018 年营业收入规模达到 45242 亿元，较 2017 年的 39807 亿元增长 5435 亿元，同比增幅为 13.65%。

收增幅最大，其次为港股公司、美股公司。其中，境内上市公司营业收入为31137亿元，占中关村总营收的56%，同比增长42%；美股上市公司营业收入为7596亿元，占中关村总营收的14%，同比增长29%；港股公司营收为16738亿元，占中关村上市公司总营收的30%，同比增长38%（见图2、图3）。

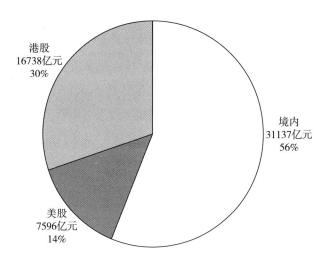

港股
16738亿元
30%

美股
7596亿元
14%

境内
31137亿元
56%

图2 2018年中关村上市公司营业收入构成

资料来源：Wind，中关村上市公司协会整理。

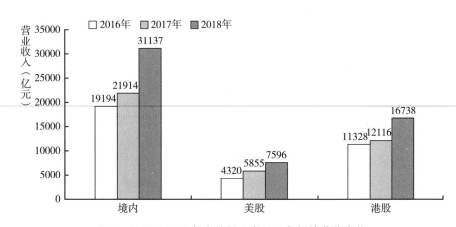

图3 2016～2018年中关村上市公司各板块营收变化

资料来源：Wind，中关村上市公司协会整理。

海外营业收入是衡量企业国际化程度的一个重要指标，是企业综合实力的重要体现。海外营业收入越高，说明企业在海外市场越具有竞争优势，企业综合战略越强。由于境内外资本市场上市公司年报的披露准则不同，本文仅对228家境内上市公司的海外营业收入状况进行分析。2018年，有135家中关村境内上市公司披露了海外营业收入，共计3346亿元，占2018年中关村境内上市公司营业收入总额的10.75%。和2017年相比，中关村披露海外营业收入的境内上市公司家数同比增长2.22%，海外营业收入规模同比下降4.86%，海外营业收入占境内上市公司营业收入的比重下降至10.75%。整体来看，近五年来中关村境内上市公司海外营业收入整体呈不断上升趋势，中关村境内上市公司的国际化程度也在不断提升，2018年以来由于受中美国际形势影响，中关村境内上市公司海外营业收入比重首次出现下滑（见图4）。

图4　2014～2018年中关村上市公司海外营收变化

资料来源：Wind，中关村上市公司协会整理。

从成长性来看，305家连续两年持续经营的中关村上市公司中，2018年营业收入实现正增长的企业有234家，占持续经营企业总数的77%。在234家营收实现正增长的企业中，营业收入增长率在100%及以上的企业有7家，占比3%；营业收入增长率在50%～100%的企业有23家，占比10%；营业收入增长率在0～50%的企业有204家，占比87%。2017年、2018年连续两年营业收入实现正增长的企业有219家，占持续经营企业总数的

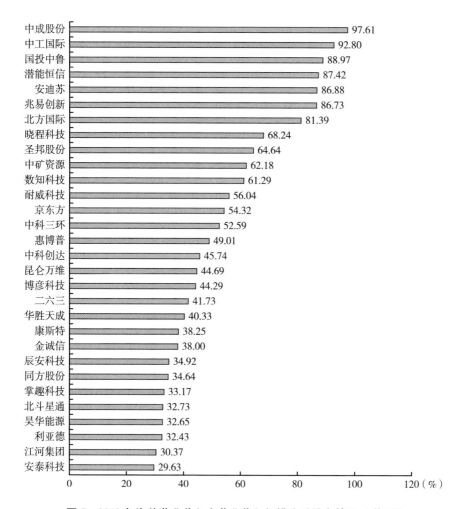

图5 2018年海外营业收入占营业收入规模比重排名情况（前30）

资料来源：Wind，中关村上市公司协会整理。

72%。该组数据表明，七成以上的中关村上市公司连续两年保持营业收入的正增长，具有较高的成长性。

从营业收入规模来看，324家中关村上市公司中，营业收入达到千亿元及以上的企业有10家，占中关村上市公司总数的3.09%，其营业收入总计为37714亿元，占总营业收入的67.99%；营业收入为500亿元~1000亿元的企业有5家，占中关村上市公司总数的1.54%，其营业收入总计为3641

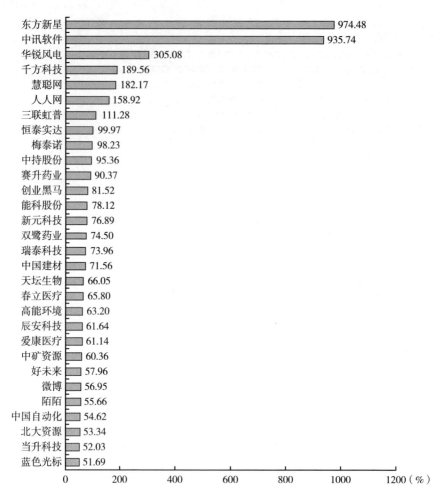

图6　2018年中关村上市公司营业收入同比增幅排名情况（前30）

资料来源：Wind，中关村上市公司协会整理。

亿元，占总营业收入的6.56%；营业收入为100亿元~500亿元的企业有44家，占中关村上市公司总数的13.58%，其营业收入总计为8376亿元，占总营业收入的15.10%；营业收入为50亿元~100亿元的企业有30家，占中关村上市公司总数的9.26%，其营业收入总计为2090亿元，占总营业收入的3.77%；营业收入为10亿元~50亿元的企业有133家，占中关村上市公司总数的41.05%，其营业收入总计为3127亿元，占总营业收入的5.64%；

表1 2017～2018两年营收连续增长且复合增长率不低于50%的中关村上市公司

序号	证券代码	证券简称	上市地点	上市板块	行业	2018年营业收入（元）	2018年同比增幅（%）	2016～2018年复合增长率（%）
1	002755.SZ	东方新星	深圳	中小企业板	医疗保健	3931881726.83	974.48	369.52
2	0299.HK	中讯软件	香港联交所	主板	房地产	1658117375.20	935.74	248.28
3	RENN.N	人人网	纽约证券交易所	主板	信息技术	3419232513.60	158.92	223.92
4	JT.N	简普科技	纽约证券交易所	主板	金融	2011842000.00	39.15	137.59
5	300038.SZ	梅泰诺	深圳	创业板	信息技术	5454088588.48	98.23	135.40
6	2280.HK	慧聪网	香港联交所	主板	信息技术	1044741800.00	182.17	132.48
7	300684.SZ	中石科技	深圳	创业板	信息技术	763154249.66	33.78	96.12
8	MOMO.O	陌陌	纳斯达克	创业板	信息技术	13408421000.00	55.66	90.18
9	300309.SZ	吉艾科技	深圳	创业板	金融	862485289.73	15.56	90.16
10	SVA.O	科兴生物	纳斯达克	主板	医疗保健	1576133880.00	38.35	78.06
11	002373.SZ	千方科技	深圳	中小企业板	信息技术	7251295291.37	189.56	75.85
12	8225.HK	中国医疗集团	香港联交所	创业板	医疗保健	59606000.00	1.91	71.30
13	COE.N	无忧英语	纽约证券交易所	主板	可选消费	1145517000.00	35.09	65.49
14	WB.O	微博	纳斯达克	主板	信息技术	11794532737.60	56.95	61.88
15	300383.SZ	光环新网	深圳	创业板	信息技术	6023164541.28	47.73	61.21
16	603903.SH	中持股份	上海	主板	工业	1034035918.46	95.36	58.98
17	300513.SZ	恒泰实达	深圳	创业板	信息技术	1090924384.54	99.97	58.88
18	300384.SZ	三联虹普	上海	创业板	工业	619540154.33	111.28	58.26
19	300073.SZ	当升科技	深圳	创业板	材料	3280669416.62	52.03	56.79
20	TAL.N	好未来	纽约证券交易所	主板	可选消费	17146619258.40	57.96	56.75
21	300472.SZ	新元科技	深圳	创业板	工业	535724014.45	76.89	56.37
22	002738.SZ	中矿资源	深圳	中小企业板	工业	867147620.51	60.36	55.34
23	603588.SH	高能环境	上海	主板	工业	3762250270.71	63.20	55.07
24	600031.SH	三一重工	上海	主板	工业	55821504000.00	45.61	54.85
25	1858.HK	春立医疗	香港联交所	主板	医疗保健	497927159.92	65.80	54.75
26	300223.SZ	北京君正	深圳	创业板	信息技术	259670111.20	40.77	52.48
27	300485.SZ	赛升药业	深圳	创业板	医疗保健	1427750943.80	90.37	52.21

资料来源：Wind、中关村上市公司协会整理。

营业收入为10亿元以下的有102家，占中关村上市公司总数的31.48%，其营业收入总计为523亿元，占总营业收入的0.94%。该组数据显示，中关村上市公司内部营业收入存在较大差异，占比约3%的千亿及以上营收规模的企业拥有近70%的营业收入，占比70%左右的50亿元及以下营收规模的企业拥有不到7%的营业收入（见图7）。

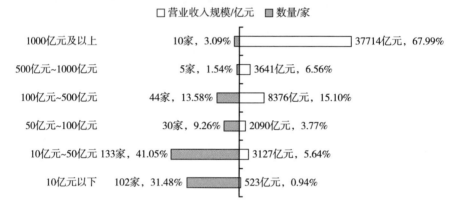

图7　2018年中关村上市公司营业收入规模分布

资料来源：Wind，中关村上市公司协会整理。

（二）营业收入行业分布情况

根据Wind一级行业分类标准，2018年中关村上市公司中，工业、信息技术和可选消费成为中关村上市公司创收的三大支柱行业，营业收入额分别达到23918亿元、12447亿元和9369亿元，占据全部上市公司营业收入的82.44%。从各行业平均营业收入的角度来看，中关村上市公司中，金融（1206亿元）、工业（311亿元）、材料（227亿元）、可选消费（204亿元）四个行业的平均营业收入高于中关村上市公司整体平均营收（171亿元）（见图8、图9）。

（三）营业收入排名状况

2018年，营业收入排名前30的中关村上市公司营业收入总额达45876

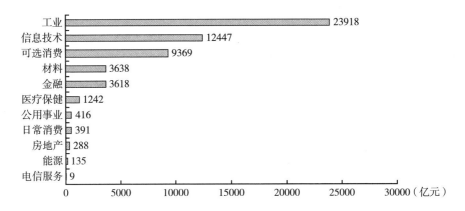

图8　2018年中关村上市公司不同行业营收情况

资料来源：Wind，中关村上市公司协会整理。

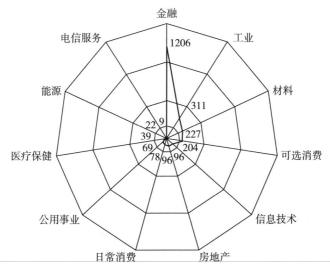

—— 各行业平均营业收入（亿元）　—— 整体平均营业收入（亿元）

图9　2018年中关村上市公司各行业平均营收情况

资料来源：Wind，中关村上市公司协会整理。

亿元，占中关村上市公司总营业收入的83％，与2017年相比，排名前30的企业营收规模占比无明显变化。其中，千亿元及以上营业收入规模的上市公司共有10家，相较于2017年增加了3家千亿营收规模的企业，分别是中国铁建、小米集团和百度。与 2017 年相比，除了中国铁建、小米集团、美团点评与爱奇艺替代了三聚环保、迪信通、天地科技和江河集团进入前 30 名之外，其余 26 家排名前 30 的公司并无特别大的变化，表明中关村上市公司整体尤其是头部领军企业发展情况相对稳定（见图 10）。从行业来看，营业收入排名前 30 的企业主要集中在信息技术（9 家）、工业（8 家）和可选消费（6 家）三个行业。

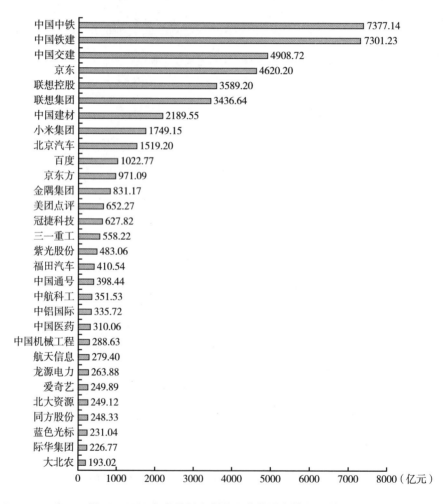

图 10　2018 年中关村上市公司营收排名情况（前 30）

资料来源：Wind，中关村上市公司协会整理。

二 毛利润状况

（一）毛利润、毛利率整体状况

连续五年来，中关村上市公司毛利润持续稳步上升。2018年，中关村上市公司毛利润总额为10451亿元，同比增长30%；企业平均毛利润为32.26亿元，同比上涨22%。其中，持续经营的305家企业毛利润合计为9261亿元，同比上涨16%，持续经营企业维持着较高的毛利润增长率。

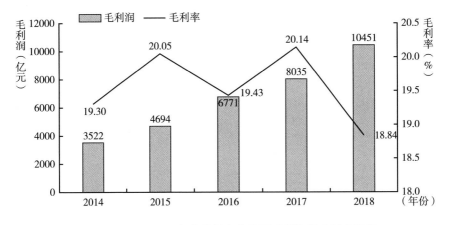

图11　2014~2018年中关村上市公司毛利润及毛利率情况

资料来源：Wind，中关村上市公司协会整理。

在毛利润占比方面，境内上市公司毛利润占中关村上市公司毛利润总额比例最大，其次为港股、美股公司；港股公司毛利润同比增幅最大，其次为境内、美股公司。其中，境内上市公司毛利润总额为5170亿元，占中关村上市公司毛利润总额为49.47%，同比上涨29.80%；美股公司毛利润总额为2181亿元，占比20.87%，同比上涨26.07%；港股公司毛利润总额为3100亿元，占比29.66%，同比上涨33.51%（见图12、图13）。

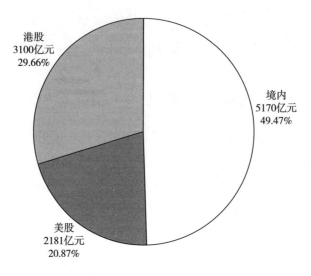

图12 2018年中关村上市公司毛利润构成

资料来源：Wind，中关村上市公司协会整理。

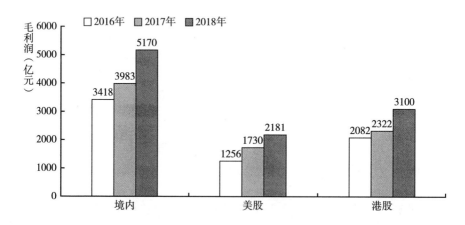

图13 2016～2018年中关村各资本市场上市公司毛利润状况

资料来源：Wind，中关村上市公司协会整理。

在各资本市场毛利率方面，中关村美股上市公司连续五年的平均毛利率显著高于其他资本市场，中关村境内和港股上市公司之间的毛利率差别不大，这一差异主要与美股聚集了大量毛利率普遍较高的互联网公司有关。2018 年，中关村境内、美股和港股上市公司的毛利率相较于2017 年均有小幅度的下滑，各板块内公司保持平稳发展的趋势（见图14）。

图 14　2014～2018 年中关村各资本市场上市公司毛利率状况

资料来源：Wind，中关村上市公司协会整理。

（二）毛利润、毛利率行业分布状况

从行业角度来看，和营业收入的分布情况类似，2018 年中关村上市公司中，信息技术、工业、可选消费和材料四大行业毛利润最高，分别为3173 亿元、3136 亿元、1792 亿元和 1041 亿元，四大行业总体毛利润为9142 亿元，占中关村总体毛利润（10451 亿元）的 87.47%。从各行业平均毛利润来看，金融（191 亿元）、材料（65 亿元）、工业（41 亿元）和可选消费（39 亿元）四大行业的平均毛利润高于整体平均毛利润（32 亿元）。从各行业平均毛利率来看，电信服务（53.82%）、医疗保健（40.43%）、能源（31.70%）、材料（28.61%）、日常消费（27.38%）、信息技术（25.49%）和可选消费（19.13%）行业的平均毛利率高于整体平均毛利率（18.84%）。

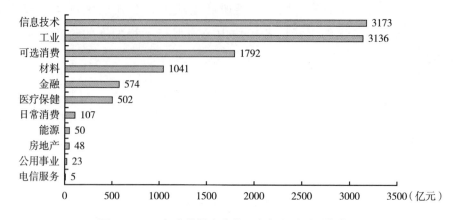

图15　2018年中关村上市公司各行业总毛利润状况

资料来源：Wind，中关村上市公司协会整理。

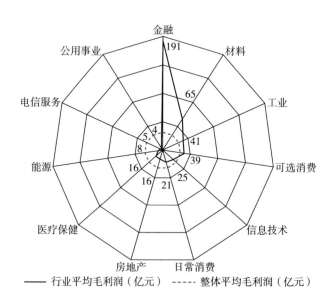

图16　2018年中关村上市公司各行业平均毛利润状况

资料来源：Wind，中关村上市公司协会整理。

（三）毛利润和毛利率排名状况

2018年，毛利润排名前30的中关村上市公司的毛利润总额为7521亿

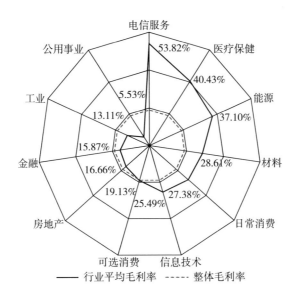

图17　2018年中关村上市公司各行业平均毛利率状况

资料来源：Wind，中关村上市公司协会整理。

元，占中关村上市公司毛利润总额的72%。其中，毛利润达到100亿元以上的企业有17家。其中中国铁建、小米集团、美团点评、中国医药和陌陌代替了龙源电力、福田汽车、同方股份、搜狐和东方园林进入毛利润排名前30位，其他并无特别变化，总体排名相对稳定。从行业分布来看，毛利润较高企业主要集中在信息技术（13家）、工业（7家）和可选消费（5家）。

2018年，位列前30的中关村上市公司的毛利率均在70%以上，毛利率达到90%以上的企业有5家，分别是康辰药业（95.10%）、广联达（93.42%）、畅捷通（93.01%）、奥赛康（92.94%）和舒泰神（90.72%）。从行业细分来看，毛利率排名靠前的企业主要集中在信息技术（15家）和医疗保健行业（11家），这两大行业的技术门槛相对较高，有一定的技术专利要求，行业核心竞争力较高，所以其毛利率通常较高（见图18、图19）。

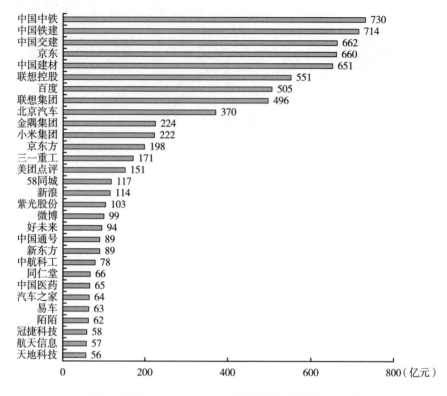

图18　2018年中关村上市公司毛利润排名情况（前30）

资料来源：Wind，中关村上市公司协会整理。

三　净利润状况

（一）净利润整体状况

近五年来，中关村上市公司净利润呈现稳步上升趋势，盈利企业数量占比均超过80%，企业整体盈利能力较强。2018年，中关村上市公司中有262家实现盈利，占中关村上市公司总量的81%，其净利润总额为2680亿元；62家公司处于亏损状态，占中关村上市公司总量的19%，亏损总额为1798亿元。62家亏损上市公司中，仅美团点评（3690.HK）一家就亏损

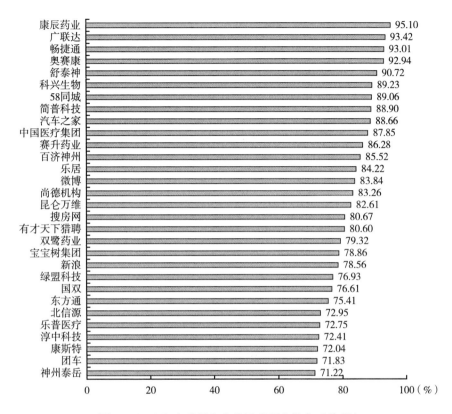

图 19　2018 年中关村上市公司毛利率排名（前 30）

资料来源：Wind，中关村上市公司协会整理。

1155 亿元①，占全部亏损额的 64%。为客观反映 2018 年中关村上市公司整体普遍的盈利状况，本文后续内容对于净利润的分析剔除了美团点评的净利润这一特殊极值。剔除美团点评后，中关村上市公司净利润规模达 2037 亿元，同比上涨 21.39%。连续两年持续经营的 305 家中关村上市公司净利润总额为 1806 亿元，同比增长 6.55%。在 2018 年整体经济不景气的状况下，中关村上市公司的净利润仍然能保持稳定大幅增长态势，体现出中关村科技

① 美团点评（3690. HK）2018 年亏损额为 1155 亿元，主要是上市后导致的优先股公允价值变现（1046 亿元）所致，并非实际亏损；此外，公司补贴给骑手的费用及多元化投资等因素也在一定程度上导致其目前的亏损状态。

创新型企业较强的韧性和成长潜力。

近五年来，中关村上市公司的净利率相对稳定，维持在4%左右。2018年，中关村上市公司的净利润的增长率低于营业收入的增长率，导致其净利率略微下降至3.67%（见图20、表2）。

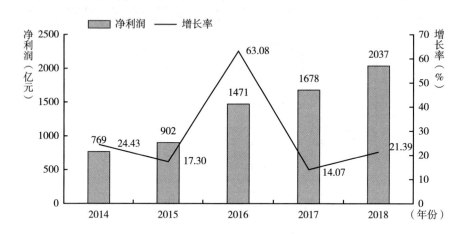

图20　2014～2018年中关村上市公司净利润及其增长率状况

资料来源：Wind，中关村上市公司协会整理。

表2　2014～2018年中关村上市公司盈亏情况统计

单位：家，%

年份	盈利企业		亏损企业		合计
	数量	占比	数量	占比	数量
2014	183	84.72	33	15.28	216
2015	201	84.45	37	15.55	238
2016	247	85.76	41	14.24	288
2017	263	84.29	49	15.71	312
2018	262	80.86	62	19.14	324

资料来源：Wind，中关村上市公司协会整理。

从不同资本市场连续两年持续经营的中关村上市公司净利润变化情况来看，2018年中关村境内上市公司的净利润有所下滑，而美股和港股上市公司的净利润均有不同程度的上涨。其中，境内上市公司的净利润总额为

803.39 亿元，比 2017 年减少 142.89 亿元，同比下降 15.10%；美股上市公司的净利润总额为 358.44 亿元，比 2017 年增加 97 亿元，同比上升 37.10%；港股上市公司的净利润总额为 643.90 亿元，比 2017 年增加 156.82 亿元，同比上升 32.20%。进一步分析原因，发现 2018 年中关村境内上市公司净利润总额的下降受商誉减值的影响较大，2018 年 11 月 16 日，证监会发布了《会计监管风险提示第 8 号——商誉减值》，明确要求企业定期或及时进行商誉减值测试。为应对监管层要求，一次性大幅计提商誉减值准备，已然成为相关公司的共识。2018 年，持续经营的中关村上市公司一共有 82 家计提商誉减值损失（较 2017 年增加了 30 家），商誉减值总金额为 180.63 亿元（较 2017 年商誉减值金额上涨 143.22 亿元），同比上涨 26%（见图 21）。

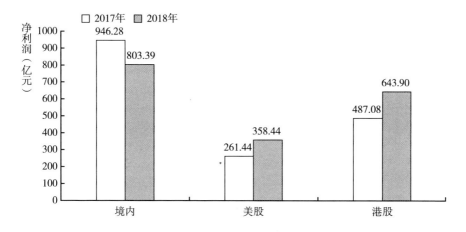

图 21　2017～2018 年持续经营的中关村上市公司各资本市场净利润变化状况

资料来源：Wind，中关村上市公司协会整理。

从成长性来看，中关村上市公司中 2017、2018 年连续两年实现盈利的企业有 231 家，占两年持续经营企业总数的 76%，这部分企业经营状况稳健，盈利能力较强，成长潜力大。在 231 家连续两年盈利的企业中，平均净利润在 100 亿元及以上的中关村上市公司有 5 家，平均净利润为 50 亿～100 亿元的中关村上市公司有 2 家，平均净利润为 10 亿～50 亿元的中关村上市公司有 35 家，平均净利润低于 10 亿元的 189 家。

（三）净利润行业分布情况

分行业来看，2018年中关村上市公司中，工业行业上市公司净利润之和最高，为875.16亿元，同比上涨32%；其次为信息技术行业，净利润总额为513.12亿元，同比上涨54%，材料行业净利润总额为234.76亿元，同比上涨62%。从各行业平均净利润来看，中关村上市公司整体平均净利润为6.31亿元，金融（25.27亿元）、材料（14.67亿元）、公用事业（11.82亿元）、工业（11.37亿元）这四大行业平均净利润高于整体平均值。从行业人均净利润来看，中关村上市公司整体人均净利润为7.93万元/人，排名前三行业分别为房地产（55.63万元/人）、公用事业（43.52万元/人）和医疗保健（12.30万元/人）。从行业平均净利率来看，中关村上市公司整体净利率为3.72%，公用事业行业平均净利率最高，为17.06%（见图22、图23、图24、图25）。

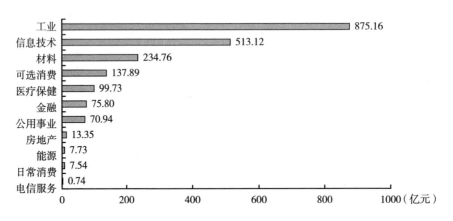

图22　2018年中关村上市公司不同行业净利润情况

资料来源：Wind，中关村上市公司协会整理。

（三）2018年中关村上市公司净利润和净利率排名（前30）

2018年，净利润排名前30的中关村上市公司净利润总和为1963亿元，同比上涨了39%。其中，净利润百亿元以上的企业有7家，按规模由大到

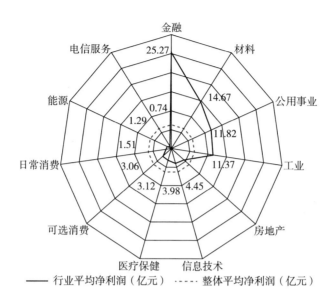

图23　2018年中关村上市公司不同行业平均净利润情况

资料来源：Wind，中关村上市公司协会整理。

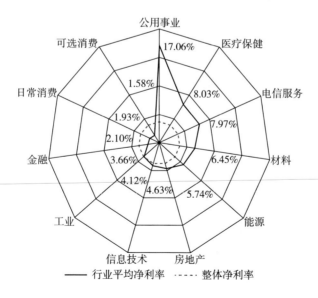

图24　2018年中关村上市公司不同行业平均净利率情况

资料来源：Wind，中关村上市公司协会整理。

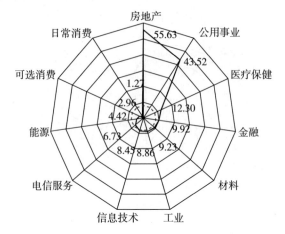

图25　2018年中关村上市公司不同行业人均净利润情况

资料来源：Wind，中关村上市公司协会整理。

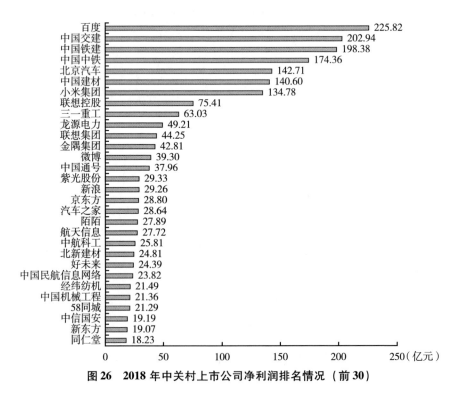

图26　2018年中关村上市公司净利润排名情况（前30）

资料来源：Wind，中关村上市公司协会整理。

小分别是百度、中国交建、中国铁建、中国中铁、北京汽车、中国建材和小米集团。其中，中国交建、中国铁建和中国中铁三家上市公司在营业收入、毛利润和净利润三个指标均处于前五位。与2017年相比，中国铁建、小米集团、联想集团、好未来、58同城和中信国安替代金山软件、金卫医疗、三聚环保、碧水源、东方园林和蓝星新材进入净利润排名前30榜单。

2018年，净利率排名前30①的中关村上市公司净利率均在24%以上。

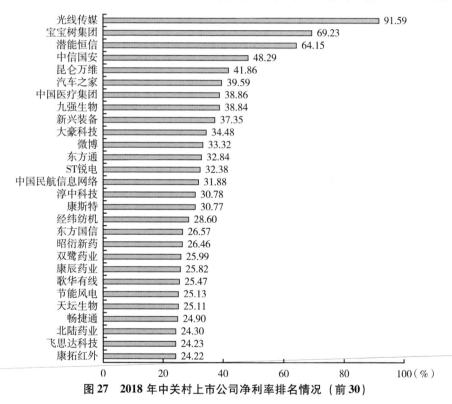

图27　2018年中关村上市公司净利率排名情况（前30）

注：为了使图形更直观，作图时没有加入ATA公司、普华和顺两家属于极值的公司，仅包括其余28家。

资料来源：Wind，中关村上市公司协会整理。

---

① 净利率排名前30的企业当中，排名第1的ATA公司（ATAI. O）和排名第2的普华和顺（1358. HK）分别因出售附属公司和处置资产获得了超高水平的投资收益而使净利率超过100%，分别为63544.49%、536.11%。

按照行业划分，净利率排名前30中关村上市公司中，信息技术10家，医疗保健8家，可选消费5家，工业5家，公用事业1家，能源1家。

四 总资产收益率和净资产收益率状况

（一）总资产收益率

总资产收益率（ROA）[①] 是衡量每单位资产创造多少净利润的指标，表明财务资源的投入产出比。这一指标越高，表明企业资产利用效果越好，说明企业在增加收入和节约资金等方面取得了良好的效果，否则相反。2018年，中关村上市公司的总资产收益率为2.56%，和2017年相比下降了0.21个百分点。连续五年来看，中关村上市公司的总资产收益率呈现稳中有降的态势，企业资产的利用效率有待进一步提升（见图28）。

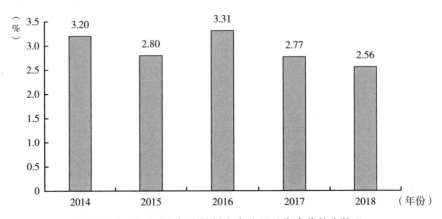

图28 2014～2018年中关村上市公司总资产收益率状况

资料来源：Wind，中关村上市公司协会整理。

从资本市场的角度来看，2018年中关村港股上市公司的总资产收益率有明显提升，港股上市公司的资产利用效率优于美股和境内上市公司。2018年，

---

① 总资产收益率（ROA）＝净利润/平均总资产×100%。

中关村境内上市公司的总资产收益率为2.05%，比上一年下降0.57个百分点；美股上市公司的总资产收益率为2.70%，比上一年下降0.96个百分点；港股上市公司的总资产收益率为3.65%，比上一年上升0.89个百分点（见图29）。

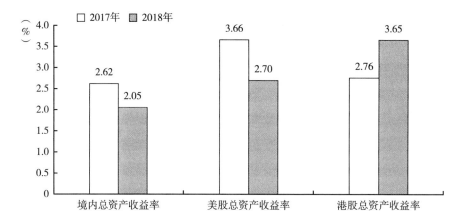

图29 2017～2018年中关村上市公司各资本市场ROA状况

资料来源：Wind，中关村上市公司协会整理。

从行业角度来看，2018年中关村医疗保健行业上市公司总资产收益率最高，达到5.42%，医疗保健行业的资产利用效率显著优于其他行业；其次是电信服务行业，达到3.03%；材料、公共事业和信息技术行业的总资产收益率也高于整体平均总资产收益率（见图30）。

（二）净资产收益率

净资产收益率（ROE）[1] 是衡量每单位归属母公司的股东权益创造多少归属母公司净利润的指标，反映股东权益的收益水平，用来衡量公司运用自有资本的效率。这一指标越高，表明公司自有资本获得净收益的能力越强。2018年，中关村上市公司的净资产收益率为7.72%，跟2017年基本持平（见图31）。

从资本市场的角度来看，跟总资产收益率的情况一致，中关村港股上市

---

① 净资产收益率（ROE）＝归属母公司的净利润/平均归属母公司的股东权益×100%。

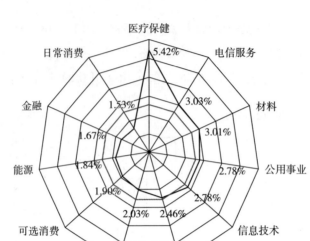

图30 2018年中关村上市公司各行业 ROA 与整体 ROA 对比情况

资料来源：Wind，中关村上市公司协会整理。

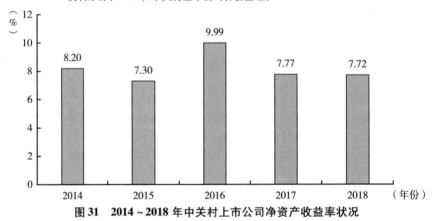

图31 2014~2018年中关村上市公司净资产收益率状况

资料来源：Wind，中关村上市公司协会整理。

公司的净资产收益率表现优于境内和美股上市公司，港股上市公司自有资本获得净收益的能力相对较强。2018年，中关村境内上市公司的净资产收益率为6.15%，比上一年下降1.36个百分点；中关村美股上市公司的净资产收益率为7.02%，比上一年下降0.79个百分点；中关村港股上市公司的净资产收益率为14.23%，比上一年上升5.66个百分点（见图32）。

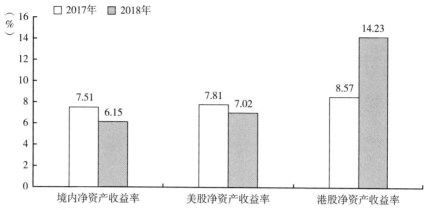

图32 2017～2018年中关村上市公司各资本市场ROE状况

资料来源：Wind，中关村上市公司协会整理。

从行业角度来看，2018年中关村房地产行业上市公司净资产收益率最高，达到11.29%；材料、工业和公用事业行业净资产收益率也高于整体平均净资产收益率，分别达到9.63%、9.59%和8.05%。房地产、材料、工业和公用事业行业的自有资本获得净收益的能力相对较强（见图33）。

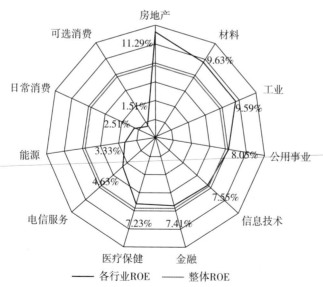

图33 2018年中关村上市公司各行业ROE与整体ROE对比情况

资料来源：Wind，中关村上市公司协会。

B.3

2018年中关村上市公司
偿债能力研究报告

中关村上市公司协会研究部

摘　要： 本章主要分析了中关村上市公司的偿债能力。偿债能力分析包括长期偿债能力分析和短期偿债能力分析两部分，本文从总资产、总负债、固定资产比率、资产负债率等方面分析中关村上市公司的长期偿债能力；从流动比率、速动比率和现金比率等角度分析短期偿债能力。报告结果显示，中关村上市公司的长期偿债能力和短期偿债能力相对较强，但未充分利用杠杆，一定程度上影响了企业的盈利能力。

关键词： 中关村上市公司　长期偿债能力　短期偿债能力

一　长期偿债能力分析

（一）总资产状况

2018年12月31日，中关村上市公司的总资产规模为85605.26亿元，同比增幅为34%，平均总资产为264.21亿元。其中，境内上市公司的总资产为51802.43亿元，占比60.51%；美股上市公司的总资产为9349.77亿元，占比10.92%；港股上市公司的总资产为24453.06亿元，占比28.57%。中关村上市公司中，境内上市公司的平均总资产为227.20亿元，美股上市公司的平均总资产为233.74亿元，港股上市公司的平均总资产为436.66亿元。

2018年，总资产排名前30的中关村上市公司如图1所示，进入总资产排名前30的基准值为390.09亿元。前30名中，工业企业11家，信息技术企业9家，可选消费企业4家，材料企业和公用事业企业各2家，金融企业和房地产企业各1家。有14家企业的总资产超过1000亿元，排名前三的均为工业企业，分别是中国交建、中国中铁、中国铁建，总资产分别为9604.76亿元、9426.76亿元、9176.71亿元，远远高于排名第四的联想控股。总资产前30的企业主要包括大型中央国有企业，如中国交建、中国中铁、中国铁建等；互联网巨头，如百度、京东、小米集团、美团点评等；以及增长潜力较强的工业类民营企业，如三一重工、碧水源、东方园林等。

从资产结构上看，中关村上市公司的总体固定资产比率[①]为12.94%。其中，境内上市公司的固定资产比率为10.38%，美股上市公司的固定资产比率为8.15%，港股上市公司的固定资产比率为20.20%。从各上市公司固定资产比率的分布情况来看，固定资产比率在1%以下的企业有32家，占比为9.88%；固定资产比率在1%~10%的企业有166家，占比为51.23%；固定资产比率在10%~20%的企业有73家，占比为22.53%；固定资产比率在20%~50%的企业有46家，占比为14.20%；固定资产比率在50%及以上的企业有7家，占比为2.16%（见图2）。总体来看，61.11%的中关村上市公司固定资产比率低于10%，这说明中关村上市公司普遍厂房和生产设备等固定资产较少，生产资料多以智力资本为主，轻资产特征明显。

从流动资产上看，中关村上市公司的总流动资产为48648.89亿元。其中，境内上市公司的总流动资产为31066.78亿元，占比63.86%；美股上市公司的总流动资产为5170.04亿元，占比10.63%；港股上市公司的总流动资产为12412.07亿元，占比25.51%。中关村上市公司的总流动资产占总资产的比例为56.83%，境内上市公司的流动资产占境内上年公司资产的比为59.97%，

---

① 固定资产比率＝固定资产/资产总额×100%

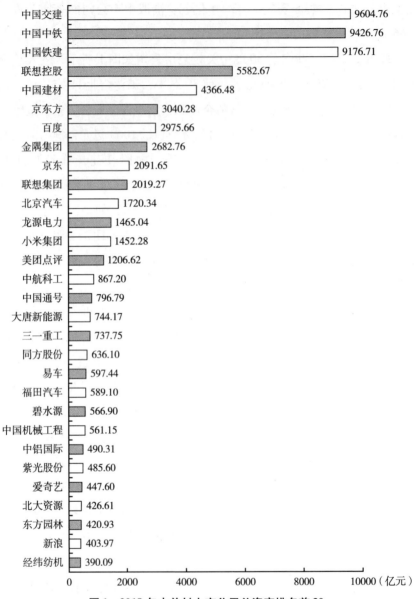

图1 2018年中关村上市公司总资产排名前30

资料来源：Wind，中关村上市公司协会整理。

美股上市公司的总流动资产占美股上市公司资产的比为55.30%，港股上市公司的总流动资产占港股上市公司资产的比为50.76%。

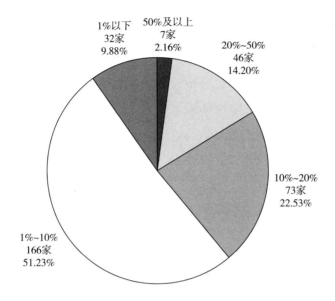

图2 中关村上市公司固定资产比率分布情况

资料来源：Wind，中关村上市公司协会整理。

（二）总负债状况

2018年12月31日，中关村上市公司的总负债规模为54965.88亿元，平均总负债为169.65亿元。其中，境内上市公司的总负债为33843.38亿元，占比61.57%；美股上市公司的总负债为4533.64亿元，占比8.25%；港股上市公司的总负债为16588.86亿元，占比30.18%。境内上市公司的平均总负债为148.44亿元，美股上市公司的平均总负债为113.34亿元，港股上市公司的平均总负债为296.23亿元。

2018年中关村上市公司的总流动负债为41305.85亿元。其中，境内上市公司的总流动负债为25672.50亿元，占比为62.15%；美股公司的总流动负债为3200.03亿元，占比为7.75%；港股公司的总流动负债为12433.33亿元，占比为30.10%。

从负债结构来看，中关村上市公司负债以流动负债为主，平均流动负债率①为75.15%。根据经验数据，流动负债率在30%～70%为合理范围，而中关村上市公司整体流动负债率较高，表明其短期偿债风险相对较高。从上市公司流动负债率分布来看，仅节能风电（601016.SH）②一家上市公司流动负债率低于30%，与企业所从事的行业需长期投资的特性相吻合；流动负债率处于30%至50%的企业共20家，占比6.17%；流动负债率处于50%至70%的企业共40家，占比12.35%；而有263家中关村上市公司流动负债率在70%及以上，占比81.17%（见图3）。可见，中关村上市公司主要以流动负债作为债务资金来源，如企业存在流动比率小于1，即流动资产少于流动负债时，将表明企业存在用短期资金支持长期资产的问题，可能会进一步增加企业的短期偿债风险。

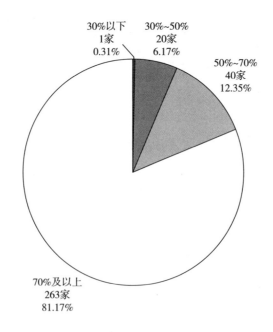

图3　2018年中关村上市公司流动负债率分布情况

资料来源：Wind，中关村上市公司协会整理。

---

① 流动负债率 = 流动负债/总负债 × 100%。
② 节能风电是一家从事风力发电项目开发、投资管理、建设施工、运营维护的专业化公司，是中国节能唯一风电开发运营平台。

（三）资产负债率状况

2018 年底，中关村上市公司总体资产负债率为 64.21%，比 2017 年上涨 0.89 个百分点，略高于 40%~60% 的合理范围。具体来看，中关村境内上市公司的总体资产负债率为 65.33%，比中关村上市公司的整体资产负债率高 1.12 个百分点；美股公司的总体资产负债率为 48.49%，比中关村上市公司整体资产负债率低 15.72 个百分点；港股公司的总体资产负债率为 67.84%，比中关村上市公司整体资产负债率高 3.63 个百分点。美股资产负债率明显低于其他两个资本市场，这与在美股上市的公司的行业属性及所处发展阶段相关。中关村在美上市的公司以互联网企业居多，多数处于成长期，在此阶段的企业由于经营风险较大，需要较低的财务风险，所以以股权投资为主，故总资产周转率也相对较低。

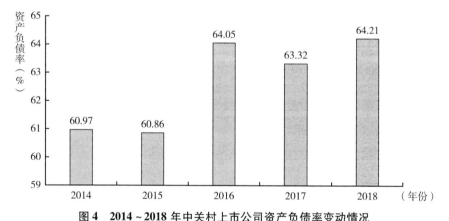

图 4　2014~2018 年中关村上市公司资产负债率变动情况

资料来源：Wind，中关村上市公司协会整理。

从各上市公司资产负债率的分布情况来看，资产负债率在 40% 以下的企业有 159 家，占比为 49.08%；资产负债率在 40%~60% 的企业有 94 家，占比为 29.01%；资产负债率在 60%~80% 的企业有 58 家，占比为 17.90%；资产负债率在 80% 及以上的企业有 13 家，占比为 4.01%（见图 5）。一般认为，企业的资产负债率的合理范围是 40%~60%，中关村上市公司中约有 1/3 的企业资产负债率在此范围内。

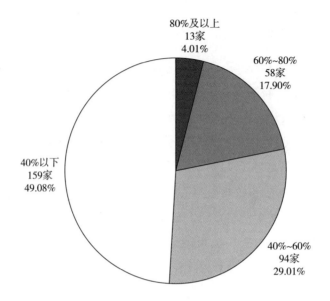

图5　2018年中关村上市公司资产负债率分布情况

资料来源：Wind，中关村上市公司协会整理。

　　总体来看，大部分中关村上市公司的资产负债率在正常的范围内，长期偿债能力较强。根据数据，接近一半（占比49.08%）的中关村上市公司资产负债率低于40%，这说明这些企业财务风险较小，长期偿债能力较强，经营较为稳健，与此同时也反映出这部分企业杠杆率较低，对投资行为比较谨慎。21.91%的中关村上市公司资产负债率在60%以上，这些企业的资金总额中，大部分资金来源于债务方面，企业所有者的资金投入较少，财务风险相对较高，长期偿债能力较弱，特别是资产负债率在80%及以上的13家企业，其资金链断裂、不能及时偿债甚至企业破产的风险较高。

二　短期偿债能力分析

（一）整体流动比率状况

　　2018年，中关村上市公司总体流动比率为1.18，跟A股上市公司的总体流动比率（1.21）基本保持一致。一般认为合理的流动比率为2，中关村上市公司的流动负债整体偏高，导致流动比率相对较低，这说明中关村上市公司的资金流动性相对较差。在中关村上市公司中，境内上市公司的总流动比率为1.21，美股公司的总流动比率为1.62，港股公司的总流动比率为1.00。相比之下，美股公司的总流动比率最高，港股公司的总流动比率最低，这表明美股公司的短期偿债能力强于港股公司。

2018年，中关村上市公司的流动比率分布情况如图6所示，流动比率在1.0以下的企业有35家，占比为10.80%，这些企业流动资产低于流动负债，存在短债长投现象，短期偿债能力明显不足；流动比率在1.0～1.5的企业有72家，占比为22.22%；流动比率在1.5～2.0的企业有77家，占比为23.77%，这些企业短期资金与经营效率得到了较好的平衡；流动比率在2.0及以上的企业有140家，占比为43.21%，这部分企业的资金流动性较好，但存在资产利用效率不高的情况。

总体来看，中关村上市公司的总体流动比率为1.18，整体流动比率较低，资金流动性一般，有30%左右的企业流动比率低于1.5，资金流动性较差。

（二）整体速动比率状况

2018年，中关村上市公司总体速动比率为0.95，全国A股公司总体速动比率为0.79。一般认为合理的速动比率为1，中关村上市公司速动比率高于全国A股，且接近合理水平，表明中关村上市公司速动资产与短期负债的配比适中，短期偿债能力优于整体A股上市公司。在中关村上市公司中，境内上市公司的总体速动比率为0.94，美股公司的总体速动比率为1.47，港股公司的总体速动比率为0.85。美股公司的总体速动比率最高，且大于1，表明美股公司的短期偿债能力较强；境内上市公司和港股的总体速动比率接近1，表明境内上市公司和港股公司的短期偿债能力较为合理。

2018年，中关村上市公司的速动比率分布情况如图7所示，速动比率在0.5以下的企业有12家，占比为3.70%；速动比率在0.5～1.0的企业有

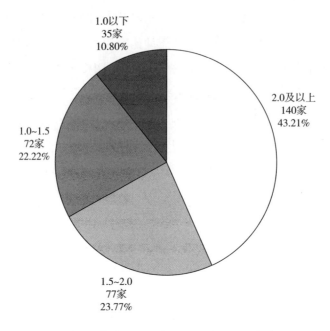

图6 2018年中关村上市公司流动比率分布情况

资料来源：Wind，中关村上市公司协会整理。

61 家，占比为 18.83%；速动比率在 1.0 ~ 2.0 的企业有 143 家，占比为 44.14%；速动比率在 2.0 及以上的企业有 108 家，占比为 33.33%。

整体来看，中关村上市公司流动比率与速动比率相差较小，虽然流动比率处于较低水平，但速动比率接近最优状态，这一差距主要源于中关村上市公司普遍存货较少。所以结合流动比率和速动比率的情况来看，中关村上市公司的短期偿债能力相对适中。

（三）整体现金比率状况

2018 年，中关村上市公司总体现金比率为 0.71，一般认为合理的现金比率为 0.5，该数据表明，中关村上市公司利用现金资产偿还债务的能力相对较强，但可能存在现金性资产利用效率偏低的情况。在中关村上市公司中，境内上市公司的总体现金比率为 0.69，美股公司的总体现金比率为 1.33，港股公司的总体现金比率为 0.60。美股公司的总体现金比率最高，且大于 1，表明

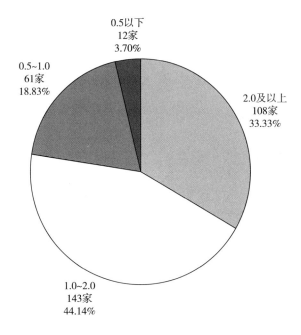

图7　2018年中关村上市公司速动比率分布情况

资料来源：Wind，中关村上市公司协会整理。

美股公司的短期偿债能力较强；境内上市公司和港股的总体现金比率接近0.5，表明境内上市公司和港股公司的短期偿债能力较为合理。因此，中关村上市公司的流动资产中可以立即变现用于偿还流动负债的能力高于A股公司。

具体来看，2018年中关村上市公司现金比率在0.5以下的企业有60家，占比18.52%；现金比率在0.5~1.0的企业有97家，占比为29.94%；现金比率在1~5的企业有146家，占比为45.06%；现金比率在5~10的企业有18家，占比为5.55%；现金比率在10及以上的企业有3家，占比为0.93%（见图8）。

总体来看，中关村上市公司的总体现金比率0.71，超过80%的企业的现金比率都高于0.5，说明企业有较好的偿债能力。

（四）各行业短期偿债能力分析

2018年中关村上市公司，流动比率排名前三的行业分别是医疗保健、电

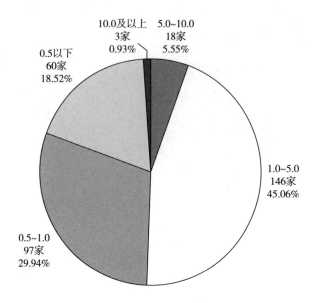

图8 2018年中关村上市公司现金比率分布情况

资料来源：Wind，中关村上市公司协会整理。

信服务和能源，分别为2.39、1.74、1.74；速动比率排名前三的行业分别是医疗保健、电信服务和能源，分别为1.91、1.74、1.54；现金比率排名前三的行业分别是电信服务、医疗保健和信息技术，分别为1.50、1.35、1.07（见表1）。

表1 2018年各行业中关村上市公司偿债状况分析

行业类型	流动比率	速动比率	现金比率
医疗保健	2.39	1.91	1.35
电信服务	1.74	1.73	1.49
能　　源	1.74	1.54	0.99
信息技术	1.59	1.39	1.07
房地产	1.35	1.07	1.03
可选消费	1.28	1.02	0.82
日常消费	1.26	0.75	0.53
工　　业	1.12	0.90	0.67
材　　料	1.00	0.62	0.39
金　　融	0.74	0.66	0.51
公用事业	0.57	0.53	0.23
整体平均	1.18	0.95	0.71

　　根据数据，医疗保健、电信服务、能源、信息技术、房地产、可选消费、可选消费这七个行业的流动比率均高于平均水平，但与一般经验所认为的"2"这个合理值相比较，仅医疗保健行业处于此水平之上；同样，医疗保健、电信服务、能源、信息技术、房地产、可选消费六个行业速动比率、现金比率均高于整体平均水平，同时速动比率高于一般经验认为的"1"这一合理值。

B.4
2018年中关村上市公司
营运状况研究报告

中关村上市公司协会研究部

摘　要： 本文主要分析了中关村上市公司的营运能力。营运能力分析
包括4个指标：劳动效率、存货周转率、应收账款回款率、
总资产周转率。报告结果显示，2018年中关村上市公司整体
营运能力较2017年有所提升，但应收账款周转率略有不足，
应收账款收回存在一定风险。

关键词： 中关村上市公司　营运状况　周转率

一　整体营运情况

营运能力，指的是企业的经营运行能力，即企业通过运用现有的各
项资产来获取利润的能力。对企业营运能力的研究，实际上就是对企业
在资产管理方面所表现的效率的研究，从某种意义上讲，整个财务分析
的核心是营运能力，因为它决定着企业的获利以及偿债能力。可见，建
立和推行科学合理的营运能力评价指标体系，有助于引导企业的经营行
为和模式朝着正确的方向发展，同时对于增强企业对各项资产的管理也
有助力作用，从而进一步提高经济效益。本文中采用劳动效率、存货周
转率、应收账款周转率、总资产周转率四项指标对中关村上市公司的营
运情况进行了分析（见表1、表2）。

劳动效率①指的是一定的工作人员在一定的时间内所能够为企业带来的价值。企业劳动效率与企业的经济效益有着密切联系，要提高企业的经济效益，获得长远的发展，必须要求企业提高劳动效率，加强对人力资源的管理。一般来讲，劳动效率越高，企业所能创造的经济效益越大，企业的营运能力也就越强。2018年，中关村上市公司的平均劳动效率为211万元/人，高于A股的平均劳动效率190万元/人。从资本市场角度看，中关村港股上市公司的劳动效率（273万元/人）要高于境内上市公司（198万元/人）和美股上市公司（173万元/人）（见表1）。

存货周转率②用来衡量存货的流动性以及存货资金的占用量是否合理，是反映企业存货周转速度的指标。对于企业而言，合理的存货周转率能促使企业在保证生产经营连续性的同时，提高对资金的有效利用率。存货周转率越高，企业存货资产变现能力越强，存货周转速度越快。2018年，中关村上市公司的平均存货周转率为4.54，高于全部A股的平均存货周转率2.78。从资本市场角度看，中关村美股上市公司的平均周转率（11.96）要高于境内上市公司（3.39）和港股上市公司（7.69）（见表1）。

应收账款周转率③，是用来衡量企业应收账款流动程度的指标，它通常指的是在一年内应收账款转化为现金的平均次数。一般来讲，应收账款周转率越高，企业的账期越短，回款能力也就越强。2018年，中关村上市公司的应收账款周转率为5.67，略低于全部A股的应收账款周转率8.17。从资本市场角度看，美股中关村上市公司的应收账款周转率（17.49）明显高于境内中关村上市公司（4.87）和港股中关村上市公司（5.66）（见表1）。

总资产周转率④是用来衡量企业资产营运效率的指标，它反映了企业全

---

① 劳动效率＝营业收入/员工人数。
② 存货周转率＝营业成本/年均存货。
③ 应收账款周转率＝营业总收入/年均应收账款。
④ 总资产周转率＝营业总收入/年均总资产。

部资产的管理质量、利用效率，体现的是企业在经营期内资产从投入到产出的流转速度。总资产周转率越高，说明总资产的周转速度越快，资产利用效率也就越高，反之，资产的利用效率越低。2018 年，中关村上市公司总资产周转率为 0.69，高于全部 A 股的总资产周转率 0.66。从资本市场角度看，美股中关村上市公司的总资产周转率（0.88）要高于境内中关村上市公司的总资产周转率（0.63）和港股中关村上市公司的总资产周转率（0.74）（见表 1）。

表 1　2018 年中关村上市公司各资本市场营运状况比较

	平均劳动效率（万元/人）	平均存货周转率	平均应收账款周转率	平均总资产周转率
境内中关村上市公司	198	3.39	4.87	0.63
美股中关村上市公司	173	11.96	17.49	0.88
港股中关村上市公司	273	7.69	5.66	0.74
整体状况	211	4.54	5.67	0.69

资料来源：Wind，中关村上市公司协会整理。

整体来看，中关村上市公司的平均劳动效率、存货周转率和总资产周转率均高于全部 A 股的平均水平，但应收账款周转率略有不足，应收账款回款存在风险。同时，从资本市场角度来看，美股中关村上市公司的劳动效率虽然低于境内中关村上市公司和港股中关村上市公司，但存货周转率、应收账款周转率和总资产周转率均高于境内和港股中关村上市公司，综合四项指标来看，表现出了较强的营运能力（见表 2）。

表 2　中关村上市公司营运状况与 A 股上市公司营运状况比较

	平均劳动效率（万元/人）	平均存货周转率	平均应收账款周转率	平均总资产周转率
中关村上市公司	211	4.54	5.67	0.69
A 股上市公司	190	2.78	8.17	0.66

资料来源：Wind，中关村上市公司协会整理。

二 各行业营运状况

总体来看，金融行业的劳动效率、存货周转率、应收账款周转率和总资产周转率均高于整体平均水平，整体的营运状况较好。单从劳动效率来看，房地产行业的劳动效率最高，其次为金融行业，但电信服务、能源、日常消费行业的劳动效率远低于整体平均水平，应加强对劳动资源的管理；电信服务和金融行业的存货周转率相对较高；房地产行业应收账款周转率远高于整体平均水平，表明此行业回款能力较强；可选消费行业总资产周转率最高，资金周转速度快，资产利用率高（见表3）。

表3　2018年中关村上市公司各行业营运状况比较

行业	劳动效率 （万元/人）	存货周转率	应收账款周转率	总资产周转率
公用事业	255.01	1.79	2.29	0.16
金　　融	473.79	10.90	7.12	0.80
电信服务	82.04	83.50	9.59	0.38
可选消费	178.98	8.26	11.51	1.31
信息技术	204.87	7.47	6.22	0.67
能　　源	76.65	3.89	2.70	0.32
房 地 产	1202.69	2.59	20.92	0.44
日常消费	66.04	3.76	13.83	0.79
医疗保健	153.02	3.12	4.64	0.68
工　　业	242.14	3.73	4.72	0.67
材　　料	143.08	1.89	4.28	0.47
整体平均	211.14	4.54	5.67	0.69

资料来源：Wind，中关村上市公司协会整理。

B.5

2018年中关村上市公司
创新能力研究报告

中关村知识产权促进局*

摘　要：　本文从研发投入和创新产出两个维度对中关村上市公司创新
能力进行了分析研究。研究结论显示，中关村近五年的创新
投入和创新产出持续增长，企业创新成果丰硕、创新能力攀
升且知识产权保护意识增强。2018年中关村上市公司持续激
发企业的创新活力，专利授权量稳步提升，中关村上市公司
创新能力突出、创新研发水平较高。

关键词：　中关村上市公司　研发投入　创新产出

一　创新投入情况

（一）研发投入变化情况

创新对企业的发展起着至关重要的作用，是形成企业核心竞争力的重要
因素。研发活动是创新活动的重要来源，企业增加研发投入，就是增强企业

---

* 中关村知识产权促进局是北京市知识产权局的直属事业单位，内设办公室（财务）、知识产
权信息中心、专利技术转移中心、知识产权法律服务中心。促进局在业务上接受国家知识产
权局和北京市知识产权局的监督和指导，配合中关村管委会为中关村示范区提供知识产权创
造、运用、保护、管理等全方位的服务。

竞争力,利于企业的长远发展。国际经验表明,对于多数企业而言,研发强度达到2%的企业才能够基本生存。同时经过对谷歌、苹果等10家研发强度较高的企业近些年的研发数据分析得出,10%以上的研发强度在全球范围内处于相对较高的研发投入水平。

2018年,披露研发费用的中关村上市公司有294家(占中关村上市公司总量的90.74%),这294家上市公司研发费用合计1612亿元,同比上涨32.13%;平均研发强度3.39%,远高于2018年全社会平均研发强度①。

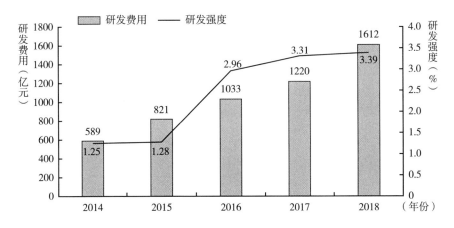

图1 2014年~2018年中关村上市公司研发投入变化情况

资料来源:Wind,中关村上市公司协会整理。

披露研发费用的294家中关村上市公司中,研发强度10%及以上的企业有74家,占比25.17%;研发强度处在5%~10%的企业有77家,占比26.19%;研发强度处在2%~5%的企业有85家,占比28.91%;研发强度处在2%以下的企业有58家,占比19.73%。可以看出,中关村上市公司整体保持较高的研发投入力度,其中有近三成的上市公司研发投入力度达到国际较高的水平(见图2)。

① 2018年,我国年研究与试验发展(R&D)经费支出与国内生产总值之比为2.18%。

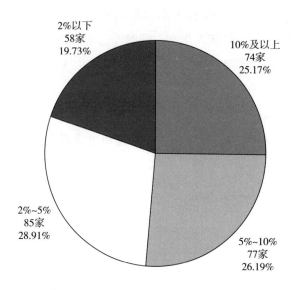

图2 2018年中关村上市公司研发强度分布状况

资料来源：Wind，中关村上市公司协会整理。

（二）研发费用和研发强度排名状况

2018年研发费用排名前30的中关村上市公司的研发费用总和达到1278.76亿元，占中关村上市公司总研发费用的79.33%。其中，研发费用上百亿元的企业有5家，分别是中国交建（100.14亿元）、中国铁建（115.72亿元）、京东（121.44亿元）、中国中铁（134.36亿元）、百度（157.72亿元）。从行业分布来看，研发投入进入前30名的企业主要集中在信息技术行业（19家），其余分散在工业行业（6家）、可选消费行业（4家）、医疗保健行业（1家）。

2018年研发强度排名前30的中关村上市公司研发强度均超过16%，大部分集中在20%～30%，研发强度超过30%的企业有8家，分别是ATA公司（1463.81%）、百济神州（342.55%）、奥瑞金种业（209.89%）、国双（123.73%）、四维图新（59.82%）、联络智能（53.94%）、信威集团（32.6%）、金山软件（31.13%）。

从行业分布来看，研发强度进入前30名的企业主要集中在信息技术行业（22家），其余分散在医疗保健行业（2家），工业行业（3家），可选消费行业（2家）、日常消费行业（1家）。对比研发费用排名和研发强度排名两个榜单，可看出，研发费用和研发强度较高的企业主要集中在信息技术行业，这与信息技术行业具有较高的技术要求的特征紧密关联。此外，畅游、中国软件、四维图新、金山软件、百济神州这5家上市公司同时位列研发投入和研发强度排名前30（见图3、图4）。

（三）研发费用和研发强度行业分布状况

根据 Wind 行业分类，2018 年中关村上市公司中，信息技术、工业和可选消费三类行业占有绝大部分研发费用，分别是 783.87 亿元、469.50 亿元、257.18 亿元。这三大行业的研发费用合计为 1510.55 亿元，占总研发费用的 93.71%。从各行业的平均研发费用来看，工业、可选消费、信息技术三大行业的平均研发费用远远高于其他行业。从各行业的研发强度而言，电信服务、金融、医疗保健、信息技术四大行业研发强度明显高于其他行业，其研发强度依次为 14.56%、8.65%、6.89%、6.37%。研发强度比较高的四个行业中，电信服务只有一家，金融行业只有两家，因此这两个行业受个别企业研发强度影响过大。所以整体上讲，医疗保健和信息技术两个行业研发强度较大且具有代表性，这也与两个行业技术门槛相对较高、对技术专利有一定要求有直接关系（见表1、图5、图6）。

（四）研发投入与盈利能力的关系分析

通过探究研发强度与中关村上市公司盈利能力之间的关系，发现毛利率随着研发强度的增强而有所提升，表明在合理研发强度下，企业毛利率与研发强度呈显著的正相关关系。从不同研发强度下的中关村上市公司连续五年的毛利率水平来看，研发强度处于2%以下的企业毛利率整体相对较低，研发强度在10%及以上的企业对应的毛利率整体高于其他组别。以上变化

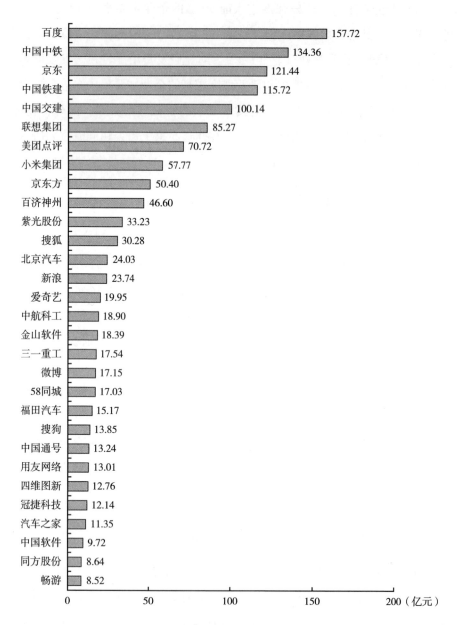

图3 2018年中关村上市公司研发费用排名前30

资料来源：Wind，中关村上市公司协会整理。

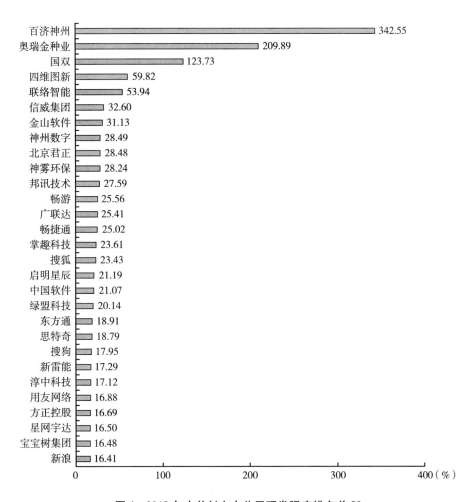

图4　2018年中关村上市公司研发强度排名前30

注：为使图形更为直观，制作此图时没有加入 ATA 公司的异常值，仅包括其余 29 家企业。
资料来源：Wind，中关村上市公司协会整理。

表1　2018年中关村上市公司各行业研发费用及研发强度状况

行业	研发费用(亿元)	公司数量(家)	平均研发费用(亿元)	研发强度(%)
电信服务	1.35	1	1.35	14.56
金　融	2.49	2	1.24	8.65
医疗保健	71.69	29	2.47	6.89
信息技术	783.87	125	6.27	6.37

续表

行业	研发费用(亿元)	公司数量(家)	平均研发费用(亿元)	研发强度(%)
可选消费	257.18	34	7.56	2.98
工　业	469.50	74	6.34	2.00
日常消费	6.17	5	1.23	1.58
能　源	1.60	4	0.40	1.34
材　料	17.22	15	1.15	1.19
公用事业	0.76	4	0.19	1.11
房　地　产	0.02	1	0.02	0.12
整　体	1611.86	294	5.48	3.39

资料来源：Wind，中关村上市公司协会整理。

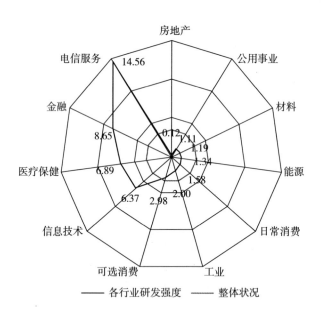

图5　2018年中关村上市公司各行业平均研发强度状况（%）

资料来源：Wind，中关村上市公司协会整理。

表明，合理的研发投入有助于促进企业盈利水平的提升，企业应当结合自身规模和能力，合理地加强研发投入，最大化研发投入所带来的价值贡献（见图7）。

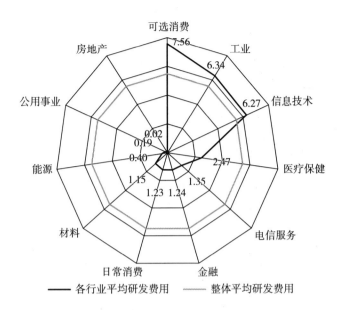

图6　2018年中关村上市公司各行业平均研发费用状况（亿元）

资料来源：Wind，中关村上市公司协会整理。

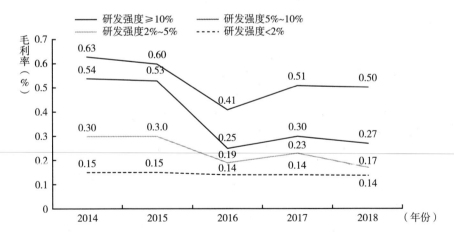

图7　2014～2017年中关村上市公司研发强度与毛利率关系

资料来源：Wind，中关村上市公司协会整理。

二　创新产出^①情况

（一）专利申请^②及排名状况

专利申请量是指被专利机构所受理的专利数量，是发明专利^③申请量、实用新型专利^④申请量和外观设计专利^⑤申请量之和。其中，发明专利在三类专利当中审查周期和保护年限最长。企业专利申请数量越多，反映企业的创新能力越高技术发展活动越活跃。2018 年，152 家中关村境内上市公司进行了专利申请（占中关村上市公司数量的 46.91%）专利申请量合计 9388件，同比增长 6.00%。平均每家企业拥有专利数量 61.76 件。其中有 16 家企业专利申请量高于平均值。其中共 132 家企业申请了 6994 家发明专利（占专申请量的 74.50%）。平均每家企业申请了 52.98 件发明专利。该组数据表明 2018 年中关村境内上市公司谋求专利保护的积极性持续上升（见图 8）。

2018 年中关村境内上市公司专利申请量排名前 10 的企业共申请 6946件专利，占当年总申请量的 73.99%。这 10 家企业分别是为京东方、福田汽车、航天信息、北新建材、掌阅科技、万集科技、高能环境、飞天诚信、华电重工、昊华能源。

---

① 本部分内容数据来源为中关村知识产权促进局，考虑到数据的可获取性和准确性，仅以中关村境内上市公司的上市主体公司所拥有的专利数据作为分析对象。
② 企业专利申请状况指企业在当年度的专利申请量，为企业发明专利当年申请量、实用新型专利当年申请量、外观设计专利当年申请量之和。
③ 发明专利是指满足新颖性、创造性和实用性的专利技术或方法，包括产品专利和方法专利两大类，在发明专利、实用新型专利以及外观设计专利三种专利类型中的技术含量和价值最高，保护期是 20 年。
④ 实用新型专利是指对产品的形状、构造或者其结合所提出的适用于实用的新的技术方案，保护期是 10 年。
⑤ 外观设计专利是指对产品的形状、图案、色彩或者其结合所做出的富有美感并适于工业上应用的新设计，保护期是 10 年。

图8 2014年~2018年中关村境内上市公司专利申请量状况

资料来源：中关村知识产权促进局，中关村上市公司协会整理。

其中京东方专利申请量为5184件，占中关村上市公司专利申请总量的55.22%，远超过排名其后的福田汽车、航天信息等企业专利申请量。专利申请量的分布方式呈现高度集中，也反映出中关村存在个别上市公司拥有卓越的科技创新能力，不仅占据自身所处行业龙头地位，对整个中关村区域科技创新水平也形成了带动作用（见图9）。

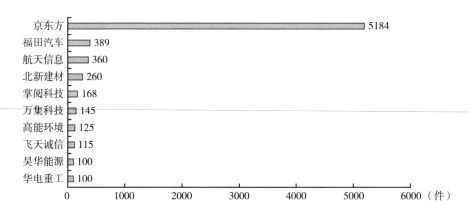

图9 2018年中关村境内上市专利申请量排名前十位

资料来源：中关村知识产权促进局，中关村上市公司协会整理。

（二）专利授权量

企业专利授权量[①]指由专利行政部门授予专利权的件数，是发明、实用新型、外观设计三种专利当年授权数之和。企业专利授权数量是测量企业在技术研发、技术创新方面的能力、水平和质量的重要指标。2018年，共151家中关村境内上市公司获得了专利授权，专利授权量合计达到5488件，同比增长0.98%。平均每家企业拥有36.34件专利授权，24家企业专利授权量高于平均值。其中，共40家企业获得了349件发明专利授权（占专利授权总量的6.36%），平均每家企业获得8.725件发明专利。

2018年，中关村境内上市公司专利授权量排名前10的企业共有11家[②]，共拥有3924件专利，占当年总申请数的71.50%。这11家企业分别为京东方、福田汽车、航天信息、万集股份、飞天诚信、北新建材、掌阅科技、兆易创新、神雾环保、用友网络、高能环境、嘉寓股份。其中京东方专利授权量2726件，远远超过福田汽车、航天信息等企业的专利授权量。

（三）有效发明专利[③]数量及排名情况

截至2018年12月31日，共171家中关村境内上市公司拥有有效发明专利，有效发明专利合计达到15533件，同比增长20.52%，平均每家企业拥有90.84件有效发明专利。2018年中关村境内上市公司持有有效发明专利数量持续增长，创新价值不断攀升（见图12）。

2018年中关村境内上市公司有效发明专利拥有量排名前十的企业共有11014件专利，占当年发明专利拥有量的70.91%，排名前十的企业分别是京

---

① 专利授权量是指专利行政部门授予专利权的件数，是发明、实用新型、外观设计三种专利当年授权数之和。

② 其中嘉寓股份、高能环境2018年专利授权量一样（67件），并列第十名。

③ 有效发明专利是处于有效期内的发明专利,在此包含当年度取得授权、尚未过专利法保护存续期并一规定缴纳年费,以及新挂牌企业本身存有的发明专利。

图10 2014年~2018年中关村境内上市公司公司专利授权量

资料来源：中关村知识产权促进局，中关村上市公司协会整理。

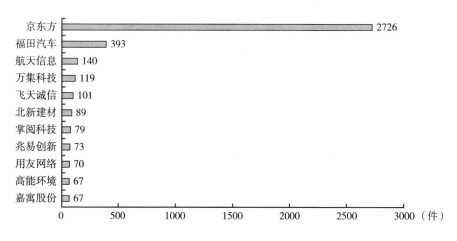

图11 2018年中关村境内上市公司专利授权量排名前十位

资料来源：中关村知识产权促进局，中关村上市公司协会整理。

东方、福田汽车、飞天诚信、汉王科技、用友网络、航天信息、四方股份、兆易创新、思特奇、瑞斯康达，这10家企业有效专利拥有量较高的同时其研发投入也相对较高。其中京东方的有效专利拥有量为7628件，远超过福田汽车等企业有效专利拥有量，与专利申请量和专利授权量的分布情况相同，京东方依然拥有远超其他上市公司的有效发明专利，占总数的49.11%（见图13）。

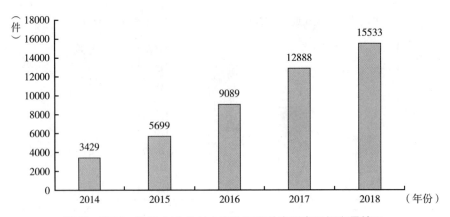

图 12　2014～2017 年中关村上市公司有效发明专利拥有量情况

资料来源：中关村知识产权促进局，中关村上市公司协会整理。

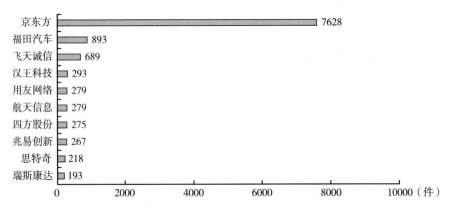

图 13　2018 中关村境内上市公司有效发明拥有量排名前十位

资料来源：中关村知识产权促进局，中关村上市公司协会整理。

（四）企业 PCT 专利申请量

PCT 即专利和合作条约（patent coorperation treaty），是知识产权领域的一项国际合作条约，目的是为了保护知识产权拥有人可以更经济的取得知识产权的保护。企业申请 PCT 专利，代表其对知识产权拥有国际化布局。

2018 年，有 19 家中关村境内上市公司进行了 PCT 专利申请，申请量为 1883 件，同比增长 11.09%。从中关村境内上市公司近 5 年 PCT 专利申请量来看，中关村境内上市公司的 PCT 专利申请处于稳定增长中（见图 14）。19
家拥有 PCT 专利申请的企业中，京东方拥有 1805 件，占总量的 95.86%，
可见中关村上市公司目前 PCT 专利申请高度集中，除京东方外，其他企业
申请量不足，知识产权的国际化布局有待进一步提高。

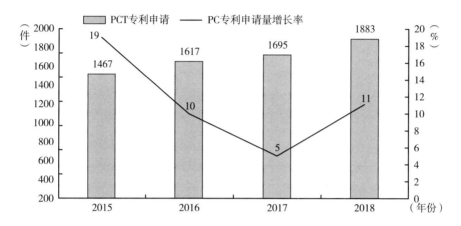

图 14 2015~2018 年中关村境内上市公司 PCT 专利申请量

资料来源：中关村知识产权促进局，中关村上市公司协会整理。

（五）专利行业分布状况

根据 Wind 行业一级分类，2018 年中关村上市公司中，信息技术、工
业、可选消费三个行业占有绝大部分的专利数量，三个行业占专利申请量的
92.95%、专利授权量的 97.6%。拥有专利有效发明专利数量的 93.59% 和
PCT 专利申请量的 98.73%。信息技术行业在各项专利指标中的占比排名第
一，一方面与中关村的信息技术行业企业数量最多，且创新研发水平要求较
高有关；另一方面，属于信息技术行业的京东方在各项专利申请专利指标中
占比尤为突出，为信息技术行业贡献了大部分的专利数量。最后对比表 1
（2018 年中关村上市公司各行业研发费用及研发强度状况）可知，可选消
费、工业、信息技术三个行业研发费用投入也相对较大，信息技术行业的研
发费用、研发强度以及专利申请量三方面都排名靠前。

表2　2018年中关村上市公司各行业专利分布状况

行业	专利申请量		专利授权量		拥有有效专利量		PCT专利申请量	
	企业家数（家）	专利申请量（件）	企业家数（家）	专利申请量（件）	企业家数（家）	专利申请量（件）	企业家数（家）	专利申请量（件）
信息技术	61	6880	60	3861	72	11691	7	1832
工　业	53	1198	55	750	54	1595	5	15
可选消费	10	657	7	526	8	972	2	12
材　料	12	455	10	219	11	680	3	9
能　源	4	114	2	59	4	31	0	0
医疗保健	9	75	12	44	14	323	2	15
公用事业	2	14	2	5	3	8	0	0
日常消费	1	5	3	24	4	232	0	0
电信服务	0	0	1	1	0	0	0	0
合　计	152	9398	152	5489	170	15532	19	1883

B.6

2018年中关村境内上市公司
治理能力研究报告[*]

中关村上市公司协会研究部

摘　要：　本章从高管薪酬及占管理费用的比例、第一大股东持股比例、前十大股东持股比例、独立董事人数以及董事长与总经理是否为同一人等指标对2018年中关村境内上市公司治理情况进行了分析研究，拟勾勒出境内中关村上市公司治理现状和特征。

关键词：　中关村上市公司　股东持股比例　管理层变动　独立董事

一　公司治理能力概述及其重要性分析

公司治理又名公司管治、企业管治，是一套程序、惯例、政策和法律，影响着股东、高层管理人员等如何带领、管理及控制公司。公司治理的内容既包括公司内部利益相关人士之间的关系的均衡，也包括他们与外界众多目标之间的关系。内部主要利益相关人士包括股东、管理人员和理事，其他利益相关人士包括雇员、供应商、顾客、银行和其他贷款人、政府政策管理者、环境，乃至整个社会。公司治理是决定企业能否健康、可持续发展的基础性因素。良好的公司治理一方面能够降低代理成本，实现股东利益最大

---

* 考虑数据可获取性，本篇章分析对象仅包含中关村境内上市公司。

化；另一方面，也有助于协调公司与其他利益相关方的利益冲突，实现企业经营结果的最优状态。本文中采用股东与管理层股权之间的代理矛盾、大股东与小股东之间的利益冲突、股东与其他利益关系之间的矛盾这三个关键指标对境内中关村上市公司整体治理能力进行分析。

二　公司治理关键指标分析

1. 股东与管理层股权之间的代理矛盾

股东与管理层之间委托代理问题的产生，是由于现代公司所有权与经营权分离、信息不对称、所有者自身能力的局限性等原因造成的。公司不得不选拔有能力的人才来为公司更好地服务，实现公司价值最大化，但受各种内外因素的影响，如管理层舞弊、缺乏勤勉尽责精神等，公司管理层存在谋求自身利益最大化的动机，从而与实现股东价值的最大化产生矛盾，即股东与管理层之间的股权代理矛盾。股东与管理层的关系，影响着企业的发展方向和业绩，高管薪酬和管理层变动情况两个指标在一定程度上体现公司防范管理层侵害大股东利益的可能性，以及公司目前代理问题的严重程度。因此，下文分别从以上三个指标来呈现中关村上市公司股东与管理层的平衡情况。

（1）高管薪酬

从中关村境内上市公司高管薪酬的分布情况来看，薪酬范围主要集中在500万～1000万元，高管薪酬分布的比例也与各板块上市公司规模有着合理的联系，相较于主板和中小板，创业板高管薪酬主要集中在100万～500万和500万～1000万的规模，与创业板企业普遍规模较小相关。

从图1可以看出，创业板上市公司高管薪酬占管理费用的比例最高，达到7.16%，主板最低为4.3%。

通过对高管薪酬在管理费用中的占比分析，发现大多数境内中关村上市公司高管薪酬占管理费用的比例集中在1%～5%，占比高达45.18%，其次为5%～10%，占比为31.14%。但有2家（0.88%）上市公司高管薪酬在

表1　2018年境内中关村上市公司高管薪酬情况

高管薪酬	项目	主板	中小企业板	创业板
100万~500万	数量（家）	18	13	41
	占比（%）	20.69	28.26	43.16
500万~1000万	数量（家）	40	19	45
	占比（%）	45.98	41.30	47.37
1000万~5000万	数量（家）	27	14	9
	占比（%）	31.03	30.43	9.47
5000万~1亿	数量（家）	2	0	0
	占比（%）	2.30	0	0

资料来源：Wind，中关村上市公司协会整理。

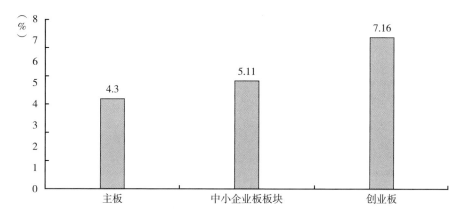

图1　2018年境内中关村上市公司高管薪酬占管理费用比例图

资料来源：Wind，中关村上市公司协会整理。

管理费用中的占比达到了30%及以上，所属行业分别为可选消费与医疗保健行业。然而，高管薪酬过低或者过高，都会对公司经营带来一系列影响，若高管薪酬过低，很可能因为无法满足自身利益从而引发股东与管理层之间的矛盾；由于上市公司的高管无论股价涨跌都能获得高薪，所以若高管薪酬过高，对于投资者来说会使他们的投资偏好发生改变，不利于价值投资观念的形成，长此以往，公司的发展可能会停滞不前甚至出现倒退现象。由此，中关村境内上市公司应该完善公司的治理结构以及激励机制，高管薪酬应该高于中层及基层员工，但不宜过于悬殊。

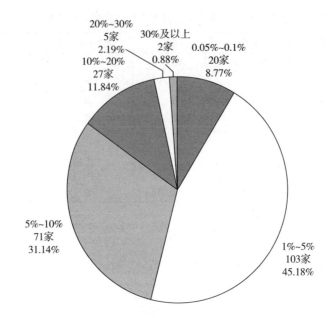

图2　2018年境内中关村上市公司高管薪酬占管理费用比例分布图

资料来源：Wind，中关村上市公司协会整理。

（2）管理层变动

2018年，在实体经济愈发艰难、股市跌跌不休的态势下，上市公司高管的压力比普通公司显然要大得多。高薪高压背景下，高管离职率大幅攀升，创出近十年的新高。中关村境内上市公司也不可避免出现了管理层频繁变动的情况，除了个人原因以及人事安排的调动外，2018年上市公司董事长离职潮与股市的变动以及资本运作同样有着密切联系。通过表3可以看出，中关村境内各大板块上市公司均出现了不同程度的高管离职情况，其中主板上市公司共13家企业出现了高管离职，为三大板块中最多，中小企业板上市公司最少，只有4家。在离职的高管中，董事会秘书离职的公司最多，其次为财务负责人（见表4）。上市公司高管压力大，对个人能力要求高，高管的薪资达不到预期或者由于公司内部的结构调整，都是造成上市公司高管离职的主要原因。

表2　2018年中关村境内上市公司各板块高管离职人数情况

单位：家

板块	1人	2人	3人	3人以上	总数
主　板	5	4	0	4	13
中小企业板	1	2	1	0	4
创业板	7	1	0	3	11

资料来源：Wind，中关村上市公司协会整理。

表3　2018年中关村境内上市公司各板块高管离职职务情况

单位：家

职务	主板	中小企业板	创业板
总　　裁	3	0	4
副　总　裁	5	0	0
总　经　理	2	1	4
董事会秘书	3	7	7
财务负责人	5	0	8
首席执行官	2	0	2

资料来源：Wind，中关村上市公司协会整理。

2. 大股东与小股东之间的利益冲突

上市公司大股东常常利用控制权侵占中小股东的利益，他们之间因存在一种事实上的委托代理关系而产生了较严重的利益冲突。以下主要通过第一大股东持股比例、前十大股东持股比例、独立董事人数以及董事长与总经理是否同一人及其占比对上市公司的各板块进行分析（见表4）。

表4　2018年中关村境内上市公司各板块情况分析

板块	第一大股东平均持股比例（%）	前十大股东平均持股比例（%）	董事长与总经理同一人企业数量（家）	董事长与总经理同一人企业占比（%）
主板	35.84	60.53	20	11.43
中小企业板	31.81	58.94	14	30.43
创业板	29.16	59.41	43	41.75
整体情况	32.27	59.63	77	24.52

资料来源：Wind，中关村上市公司协会整理。

（1）第一大股东持股比例

第一大股东通常在公司管理和发展方面扮演着重要的角色，若第一大股东的持股比例较低，大股东监督管理层的动机则过低，可能出现管理层侵害股东利益的情况；若大股东持股比例过高，一方面不利于上市公司股票的流动，另一方面也可能存在大股东专权，导致上市公司完全按照大股东个人意愿发展的情况。从中关村境内上市公司第一大股东持股比例分布情况来看，2018年，主板上市公司的第一大股东平均持股比例为35.84%，明显高于中小企业板和创业板，但三个板块与整体情况均相差不大。该组数据表明，境内中关村主板上市公司第一大股东持股比例普遍较高，在公司治理上有绝对控制权，并且大部分公司的第一大股东即为创始人，这显著降低了代理问题发生的风险，有利于公司的持续经营和发展。

（2）前十大股东持股比例

前十大股东持股比例反映企业股权集中度，若股权过于分散，将无法形成股东对管理层的有效监督。2018年，境内中关村各板块上市公司前十大股东平均持股比例差距不大，但主板上市公司略高于中小企业板和创业板，为60.53%，这表明中关村主板上市公司的股权集中度相对较高且稳定，公司经营不容易出现波动（见表4）。

（3）董事长与总经理是否同一人①

对于企业而言，董事长与总经理由同一主体担任既可能存在益处，也可能存在弊端。由于董事会与管理层的控制权掌握在同一人手中，其他人无法轻易获得公司经营的控制权，公司的发展将与董事长的个人能力紧密相关，这样的特征对于成长期的企业发展更为有利，避免了因利益分配出现的企业管理层矛盾，从而使企业管理团队能充分将精力投入业务发展当中。但另一方面，由于企业权力的高度集中，存在着实际控制人的过度控制、利益侵占、控制人偏好带来的重大决策失误等潜在风险。通过统计分析，2018年，中关村创业板上市公司与主板、中小企业板相比，董事长与总经理为同一人的占

---

① 此处统计的董事长与总经理为同一人的数量，剔除了没有公布董事长与总经理的上市公司。

比较高，为41.75%，由此可见创业板上市公司经营管理权力较为集中。

（4）独立董事人数

独立董事的设立，目的在于监督上市公司股东与管理层，防止发生大股东或管理层掏空公司、股东损害其他利益相关人利益的事件发生。从中关村上市公司独立董事的分布结构看，三大板块上市公司均设立有独立董事，同时，在设立独立董事的企业中，拥有3名独立董事的相对较多，小部分企业拥有4名以上独立董事，且大多集中在主板上市公司。其中，创业板上市公司设立3名独立董事的占比为85.26%，明显高于主板和中小企业板。独立董事集中在3人的现象与我国证券法对董事会中独立董事数量大的要求有较大关联。

以上数据显示，对于多数中关村境内上市公司而言，均拥有较为完善的董事制度，企业在进行重大经营决策时，独立董事能够提供相对独立、专业的判断和意见指导，避免董事会通过有益于股东但有悖于企业发展的提案，使企业的短期利益与长远发展得不到有效平衡（见表5）。

表5　2018年境内中关村上市公司独立董事人数情况

公司独立董事人数	项目	主板	中小企业板	创业板
2人	数量/家	4	3	9
	占比（%）	4.60	6.52	9.47
3人	数量/家	62	35	81
	占比（%）	71.26	76.09	85.26
4人	数量/家	16	7	4
	占比（%）	18.39	15.22	4.21
4人以上	数量/家	5	1	1
	占比（%）	5.75	2.17	1.05

资料来源：Wind，中关村上市公司协会整理。

B.7
2018年中关村上市公司现金及投融资能力研究报告

中关村上市公司协会研究部

摘　要：　本文对中关村上市公司的现金及其等价物以及投融资能力进行研究分析，从现金及其等价物、现金流变动、融资情况三个维度做详细解剖。研究结果显示，中关村上市公司现金及现金等价物的累积已形成一定规模，但主要集中在国有企业，民营企业拥有的现金相对较少。此外，2018年中关村上市公司经营活动、融资活动、投资活动现金流虽然都有一定幅度的上升，但增额主要来自新上市公司的增量部分，除经营活动产生的现金流量净额这一指标外，持续经营企业的融资和投资活动产生的现金流量净额都有所下降。

关键词：　中关村上市公司　现金含量　现金流变动　融资情况

一　2018年中关村上市公司现金含量分析

2018年，中关村上市公司现金及现金等价物为11471亿元，同比上涨31%。305家持续经营的企业现金及其等价物为9498亿元，同比上涨9%。该数据表明，中关村上市公司现金及其等价物的大幅上涨除了新上市公司的增量贡献外，持续经营企业的现金及其等价物也处于不断上升态势。综合近五年中关村上市公司的现金及现金等价物走势变化看，中关村上市公司现金及现金等价物稳定增长，已累积形成一定规模（见图1）。

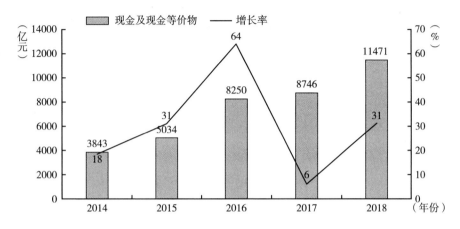

图1 2014~2018年中关村上市公司现金及现金等价物等价变化情况

资料来源：Wind，中关村上市公司协会整理。

从资本市场分布来看，中关村境内上市公司现金及现金等价物所占比重最大，超过一半；其次为港股公司、美股公司。港股上市公司的现金及现金等价物同比增幅最大。其中，境内上市公司的现金及现金等价物为6985亿元，占中关村上市公司现金及现金等价物的61%，同比增幅为23%；美股上市公司的现金及现金等价物期末余额为1631亿元，占中关村上市公司现金及现金等价物总额的14%，同比增幅40%；港股上市公司的现金及现金等价物为2855亿元，占中关村上市公司现金及现金等价物总额的25%，同比上升48.55%（见图2和图3）。

从中关村上市公司期末现金及现金等价物分布状况来看，少数大体量公司拥有大量现金及现金等价物。2018年，中关村上市公司中持有现金及现金等价物在100亿元及以上的有18家（占企业总数的5.56%），现金及现金等价物合计为7488.75亿元（占现金及现金等价物总额的65.29%）；现金及现金等价物处于50亿~100亿元的上市公司有18家（占企业总数的5.56%），现金及现金等价物合计为1291.30亿元（占现金及现金等价物总

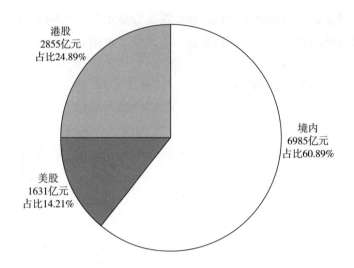

图2　2018年各资本市场现金及现金等价物分布情况

资料来源：Wind，中关村上市公司协会整理。

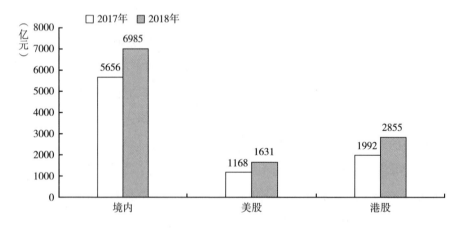

图3　2017～2018年中关村上市公司现金及现金等价物变化情况

资料来源：Wind，中关村上市公司协会整理。

额的11.26%）；现金及现金等价物处于20亿～50亿元的上市公司有38家（占企业总数的11.73%），现金及其现金等价物合计为1233.68亿元（占现金及现金等价物总额的10.75%）；现金及现金等价物处于10亿～20亿元的有49家（占企业总数的15.12%），现金及现金等价物合计为689.92亿元

（占现金及现金等价物总额的 6.01%）；现金及现金等价物低于 10 亿元的企业有 201 家（占企业总数的 62.04%），现金及现金等价物合计为 767.13 亿元（占现金及现金等价物总额的 6.69%）（见图4）。

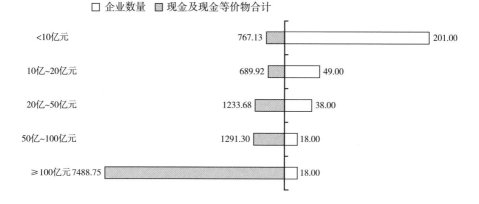

□ 企业数量　■ 现金及现金等价物合计

图4　中关村上市公司现金及其金等价物分布状况

资料来源：Wind，中关村上市公司协会整理。

从行业角度来看，根据 Wind 一级行业划分标准，金融、工业两个行业的平均现金及现金等价物超过整体均值（35 亿元），材料、电信服务、房地产、公用事业、可选消费、能源、日常消费、信息技术、医疗保健业的平均现金及现金等价物则低于总体均值；金融及工业两个行业平均现金及现金等价物超过整体均值（见图5）。

此外，本文针对不同属性的中关村境内上市公司所拥有的现金及其等价物进行了进一步分析。从企业属性来看，144 家（占比 63.16%）民营企业拥有现金及现金等价物余额为 1083.39 亿元（占比 15.51%），平均每家民营企业拥有 7.52 亿元的现金及其等价物；而 69 家（占比 30.27%）国有企业拥有现金及现金等价物余额 5794.08 亿元（占比 82.95%），平均每家中央国有企业拥有 93.47 亿元现金及其等价物，平均每家地方国有企业拥有 54.92 亿元现金及其等价物；其余属性的企业（包含公众企业、其他企业、外资企业和集体企业）则拥有不到 2% 的现金及其等价物。通过本组数据，可

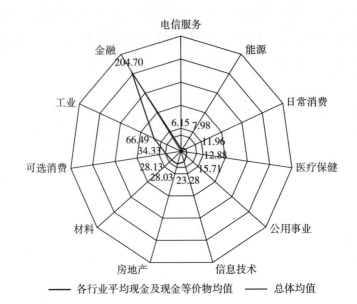

图5 2018年各行业平均期末现金及现金等价物余额状况

资料来源：Wind，中关村上市公司协会整理。

发现，虽然中关村境内上市公司拥有接近7000亿的现金，但八成以上都集中在国有企业手中，民营企业所拥有的现金及其等价物依然有限（见表1）。

表1 2018年不同属性的中关村境内上市公司现金及现金等价物状况

上市公司	现金及现金等价物（亿元）	现金及现金等价物占比（％）	家数	家数占比（％）	平均值
中央国有企业	4860.39	69.58	52	22.81	93.47
地方国有企业	933.69	13.37	17	7.46	54.92
民营企业	1083.39	15.51	144	63.16	7.52
公众企业	82.81	1.19	10	4.39	8.28
其他企业	20.25	0.29	3	1.32	6.75
外资企业	3.75	0.05	1	0.44	3.75
集体企业	0.79	0.01	1	0.44	0.79
合计	6985.07	100.00	228	100.00	30.64

资料来源：Wind，中关村上市公司协会整理。

二 2018年中关村上市公司现金流变动分析

2018年，中关村上市公司经营活动产生的现金流净额为3067亿元，同比上涨9.38%，整体上近三年的经营性现金流净额呈现上升的趋势。对比305家持续经营企业的经营活动产生的现金流净额数据，中关村上市公司持续经营的企业2018年经营活动产生的现金流量净额为3101亿元，同比上涨11%。该数据表明，除了新添加上市公司所贡献的经营性现金流净额以外，持续经营企业的经营活动产生的现金流净额也稳步上升。

2018年，中关村上市公司运用股权融资、债券融资、股权质押等多种融资渠道，实现净融资额2335亿元，同比增长3.18%。对比305家持续经营企业的融资活动产生的现金流净额数据，中关村上市公司持续经营的企业2018年融资活动产生的现金流量净额为958亿元，同比下降58%。本组数据可看出，2018年中关村上市公司融资额的上升主要靠新上市公司所带来的融资净额的增量，持续经营企业2018年的融资净额有所下降。

2018年，中关村上市公司投资活动产生的现金流净额为4783亿元，同

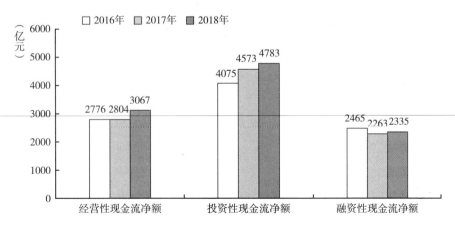

图6 2016～2018年中关村上市公司经营性、投资性和融资性现金流净额变化情况

资料来源：Wind，中关村上市公司协会整理。

比增加4.59%。对比305家持续经营企业的投资活动产生的现金流净额数据，中关村上市公司持续经营的企业2018年投资活动产生的现金流量净额为3693亿元，同比下降19%。本组数据可看出，2018年中关村上市公司投资额的小幅上涨也主要靠新上市公司所带来的投资净额的增加，持续经营企业2018年的投资净额也呈现下降趋势。

表2 305家连续两年持续经营的中关村上市公司现金流净额变化情况

单位：亿元

	2017年	2018年	同比增幅(%)
经营活动产生的现金流量净额	2800	3101	11
融资活动产生的现金流量净额	2265	958	−58
投资活动产生的现金流量净额	4566	3693	−19

资料来源：Wind，中关村上市公司协会整理。

三 2018年中关村上市公司融资情况分析

（一）2018年中关村上市公司IPO融资情况

2018年，16家新增上市公司融资额为788.36亿元，较2017年的131亿有较大增长。资本市场的分布来看，与2017年新上市公司集中于境内A股IPO不同，2018年中关村园区企业在港股上市的数量也有所提升，源于港交所于2018年推出的重大上市政策改革，激励了许多包括小米集团、美团点评在内的互联网上市公司赴港上市，有效推动港股从以房地产、金融业行业企业为主的市场定位向科技企业转型。具体来看，2018年有6家中关村企业在境内上市，4家在美股上市，6家在港股上市。从IPO融资额来看，新增上市公司788.36亿元的IPO融资额中，42.85亿元来自境内资本市场，167.47亿元来自美股市场，578.04亿元来自港股市场。其中，港交所IPO融资额占上市公司IPO总融资额的比例最大，占比73.32%，平均IPO融资额也是最高，为96.34亿元（见表2、表3）。

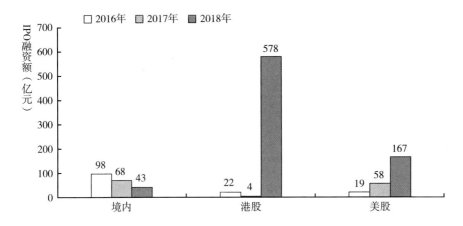

图7　2018年中关村IPO融资额对比情况

资料来源：Wind，中关村上市公司协会整理。

（二）2018年中关村上市公司定向增发融资情况

以增发股份发行公告日作为统计口径，2018年中关村共有19家A股上市公司实施定向增发21次，定增次数同比下降46.15%，占A股定向增发次数的6.33%；募集资金金额为142.98亿元，同比下降64.08%，占A股定向增发全部公司融资额的8.02%。2018年中关村上市公司定向增发的主要原因集中在融资收购其他资产，且定向增发的企业中，民营企业占绝大多数。从增发数量和增发金额两个维度来看，中关村上市公司在深市创业板定向增发较为集中（见表4、表5）。

（三）2018年中关村上市公司发债融资状况

2017年，21家中关村上市公司发行交易所公司债券30只，债券发行数量同比下降58%；募集资金总额达到292亿元，同比下降74%（见表7）。2018年受中美经贸战影响，金融市场动荡，相比较股市，发债成为较好的融资选择。2018年，18家中关村上市公司发行交易所公司债券50只，债券发行量同比上涨66.67%；募集资金总额512.9亿元，同比上升75.65%。

表3　2018 年新增中关村上市公司 IPO 融资情况

序号	证券代码	证券简称	上市时间	上市地点	上市板块	所属行业	IPO融资额（亿元/RMB）
1	3690. HK	美团点评	2018/9/20	香港联交所	主板	可选消费	289.53
2	1810. HK	小米集团	2018/7/9	香港联交所	主板	信息技术	235.25
3	IQ. O	爱奇艺	2018/3/29	纳斯达克	主板	信息技术	141.85
4	6100. HK	有才天下猎聘	2018/6/29	香港联交所	主板	工业	24.56
5	1761. HK	宝宝树集团	2018/11/27	香港联交所	主板	可选消费	16.30
6	UXIN. O	优信	2018/6/27	纳斯达克	主板	可选消费	14.75
7	601068. SH	中铝国际	2018/8/31	上海	主板	工业	10.21
8	603590. SH	康辰药业	2018/8/27	上海	主板	医疗保健	9.74
9	STG. N	尚德机构	2018/3/23	纽约证券交易所	主板	可选消费	9.46
10	603871. SH	嘉友国际	2018/2/6	上海	主板	工业	8.38
11	1675. HK	亚信科技	2018/12/19	香港联交所	主板	信息技术	8.19
12	002933. SZ	新兴装备	2018/8/28	深圳	中小企业板	工业	6.59
13	603516. SH	淳中科技	2018/2/2	上海	主板	信息技术	4.59
14	2377. HK	博奇环保	2018/3/16	香港联交所	主板	工业	4.19
15	300674. SZ	宇信科技	2018/11/7	深圳	创业板	信息技术	3.34
16	TC. O	团车	2018/11/20	纳斯达克	主板	可选消费	1.41

资料来源：Wind，中关村上市公司协会整理。

表4 2017～2018年中关村上市公司定向增发融资状况

板块	增发次数			增发募集资金		
	2017年（次）	2018年（次）	同比增长（%）	2017年金额（亿元）	2018年金额（亿元）	同比增长（%）
沪　市	4	3	-25.00	57	6	-89.40
深市合计	35	18	-48.57	341	222	-34.85
一深主板	11	0	-100.00	170	0	-100.00
一中小板	11	5	-54.55	122	133	9.07
一创业板	13	13	0.00	73	89	22.08
合　计	39	21	-46.15	398	228	-42.66

资料来源：Wind，中关村上市公司协会整理。

表5 2018年A股与中关村定向增发融资状况

板块	增发次数			增发募集资金		
	A股（次）	中关村（次）	中关村占比（%）	A股金额（亿元）	中关村金额（亿元）	中关村占比（%）
沪　市	81	3	3.70	4562.82	6.04	0.13
深市合计	181	18	9.94	3292.01	222.18	6.75
一深主板	35	0	0.00	1387.61	0	0.00
一中小板	77	5	6.49	1287.56	133.06	10.33
一创业板	69	13	18.84	616.84	89.12	14.45
合　计	262	21	8.02	7854.83	228.22	2.91

资料来源：Wind，中关村上市公司协会整理。

表6 2017～2018年中关村上市公司发债融资情况

债券类别	债券数量			发债募集资金		
	全国（只）	中关村（只）	中关村占比（%）	全国（亿元）	中关村（亿元）	中关村占比（%）
公募公司债	798	49	6.14	10110.68	512.2	5.07
私募公司债	710	1	0.14	6402.68	0.7	0.01
合　计	1499	50	3.34	16485.56	512.9	3.11

资料来源：Wind，中关村上市公司协会整理。

从公司债券分类来看，2018年中关村上市公司发行了公募公司债券49只，占全部A股发行公募公司债券数量的6.14%，募集资金512.2亿元，占全部 A 股发行公募公司债券融资金额的 5.07%；私募公司债券 1 只，占全部 A 股发行公募公司债券数量的 0.14%，募集资金 0.70 亿元，占全部 A 股发行私募公司债券融资金额的 0.01%（见表 6）。

表 7 2018 年全国公司债市场与中关村发债融资情况对比

债券类别	债券数量			发债募集资金		
	2017 年数量（只）	2018 年数量（只）	同比增幅（%）	2017 年金额（亿元）	2018 年金额（亿元）	同比增幅（%）
公募公司债券	22	49	122.73	244	512.2	109.92
私募公司债券	8	1	-87.50	48	0.7	-98.54
合计	30	50	66.67	292	512.9	75.65

表 8 2018 年中关村境内上市公司发债情况统计

	交易代码	债券简称	发行规模（亿元）	发行人简称	发行人企业性质	发行方式
1	143760.SH	18 保文 01	4	保利文化	中央国有企业	公募
2	155069.SH	18 保文 02	3	保利文化	中央国有企业	公募
3	143137.SH	18 际华 01	10	际华集团	中央国有企业	公募
4	143475.SH	18 建材 01	5	中国建材	中央国有企业	公募
5	143507.SH	18 建材 02	20	中国建材	中央国有企业	公募
6	143589.SH	18 建材 03	8	中国建材	中央国有企业	公募
7	143590.SH	18 建材 04	4	中国建材	中央国有企业	公募
8	143684.SH	18 建材 05	20	中国建材	中央国有企业	公募
9	143687.SH	18 建材 06	5	中国建材	中央国有企业	公募
10	143721.SH	18 建材 07	13	中国建材	中央国有企业	公募
11	143722.SH	18 建材 08	10	中国建材	中央国有企业	公募
12	143469.SH	18 建材 09	9	中国建材	中央国有企业	公募
13	143470.SH	18 建材 10	7	中国建材	中央国有企业	公募
14	143545.SH	18 建材 11	13	中国建材	中央国有企业	公募
15	143568.SH	18 建材 12	6	中国建材	中央国有企业	公募
16	143980.SH	18 建材 Y1	9	中国建材	中央国有企业	公募
17	143981.SH	18 建材 Y2	3	中国建材	中央国有企业	公募
18	143998.SH	18 建材 Y3	8	中国建材	中央国有企业	公募
19	143999.SH	18 建材 Y4	5	中国建材	中央国有企业	公募
20	136947.SH	18 建材 Y5	10	中国建材	中央国有企业	公募

续表

	交易代码	债券简称	发行规模（亿元）	发行人简称	发行人企业性质	发行方式
21	136948. SH	18 建材 Y6	8	中国建材	中央国有企业	公募
22	143467. SH	18 联想 01	10	联想控股	中央国有企业	公募
23	143643. SH	18 联想 02	16	联想控股	中央国有企业	公募
24	155060. SH	18 联想 03	15	联想控股	中央国有企业	公募
25	155982. SH	18 铁 Y09	12	中国中铁	中央国有企业	公募
26	155983. SH	18 铁 Y10	8	中国中铁	中央国有企业	公募
27	136924. SH	18 铁工 Y1	23	中国中铁	中央国有企业	公募
28	136925. SH	18 铁工 Y2	7	中国中铁	中央国有企业	公募
29	136921. SH	18 铁工 Y3	12	中国中铁	中央国有企业	公募
30	136922. SH	18 铁工 Y4	18	中国中铁	中央国有企业	公募
31	136902. SH	18 铁工 Y6	16	中国中铁	中央国有企业	公募
32	136903. SH	18 铁工 Y7	14	中国中铁	中央国有企业	公募
33	143502. SH	18 铁建 Y1	30	中国铁建	中央国有企业	公募
34	143961. SH	18 铁建 Y2	20	中国铁建	中央国有企业	公募
35	143978. SH	18 铁建 Y3	20	中国铁建	中央国有企业	公募
36	143723. SH	G18 风电 1	7	节能风电	中央国有企业	公募
37	155057. SH	G18 龙源 2	30	龙源电力	中央国有企业	公募
38	143731. SH	18 金隅 01	15	金隅集团	地方国有企业	公募
39	143734. SH	18 金隅 02	15	金隅集团	地方国有企业	公募
40	143958. SH	18 京汽 Y1	20	北京汽车	地方国有企业	公募
41	112637. SZ	18 华联 01	7.7	华联股份	其他企业	公募
42	112705. SZ	18 东林 01	0.5	东方园林	民营企业	公募
43	114302. SZ	18 华谊 01	0.7	华谊嘉信	民营企业	私募债
44	143741. SH	18 江河 01	1	江河集团	民营企业	公募
45	155005. SH	18 金诚 01	1.2	金诚信	民营企业	公募
46	112658. SZ	18 朗姿 01	4	朗姿股份	民营企业	公募
47	112640. SZ	18 万维 S1	0.5	昆仑万维	民营企业	公募
48	112686. SZ	18 万维 S2	1	昆仑万维	民营企业	公募
49	143596. SH	18 华胜 01	1	华胜天成	公众企业	公募
50	143586. SH	18 神州 01	7.3	神州租车	公众企业	公募

评 价 篇

Evaluation Report

B.8

中关村境内民营上市公司竞争力报告

中关村上市公司协会研究部

摘　要：　本文选取中关村上市公司中具有代表性的境内民营上市公司
作为研究对象，结合这一研究对象的特征，以能力学派的竞
争力理论为基础，构建了中关村境内民营上市公司竞争力评
价指标体系，该指标体系从企业资源、盈利能力、创新能力、
偿债能力和营运能力5个维度出发，包含了资产规模、业务
规模、盈利水平等10个二级指标，相对总资产、相对营业收
入、资产收益率等21个三级指标。通过因子分析法，研究对
中关村境内民营上市公司竞争力做出了相对客观的系统性
评价。

关键词：　民营上市公司　竞争力　评价指标体系

一　中关村境内民营上市公司竞争力评价体系

（一）中关村境内民营上市公司概况

截至 2018 年 12 月 31 日，中关村共有上市公司 330 家[①]，其中境内上市公司 228 家，占比 69.10%；境内上市公司中有 155 家为民营企业（本文剔除了 5 家 ST 及其他经营异常的企业后，以 150 家中关村境内民营上市公司为研究对象，后文均以 150 家作为研究对象总数），占比 67.98%，即超过 2/3 的境内上市公司为民营企业。从这些民营企业的发展历程来看，多数企业起源于中关村内的高校、科研院所或在成立之初就扎根于中关村，具有极强的科技属性和蓬勃的发展动力，长期受益于中关村开放活跃的政治、经济、社会和科技氛围，也为中关村科技创新高地的使命持续做出贡献。可以说，中关村境内民营上市公司是中关村企业的典型代表，也是中关村上市公司中最具活力的一个群体。

在中关村境内民营上市公司中，以创业板上市公司为主。具体来说，主板有 28 家上市公司，占比 19%；中小板 37 家，占比 25%；创业板有 85 家上市公司，占比 56%。从板块分布可知，中关村境内民营上市公司以处于成长期的中小型上市公司为主。

从行业分布情况来看，70 家上市公司属于信息技术行业，占比 46%；工业行业有 41 家上市公司，占比 27%；其次分别为可选消费行业和医疗保健行业，企业数量分别为 16 家和 11 家，占比分别为 11% 和 7%；其余涉及的行业包括材料、能源、公用事业、金融、电信服务和日常消费，企业家数均在 10 家以下。

（二）竞争力评价指标体系的构建

1. 企业竞争力理论

权威国家竞争力排名发布机构世界经济论坛（WEF）提出，企业的竞

---

① 　其中 6 家未公布年报。

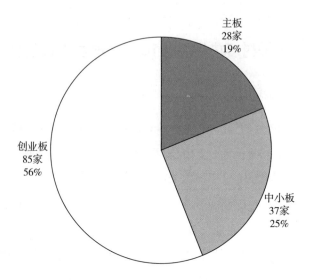

图1　2018年中关村境内民营上市公司板块分布情况

资料来源：Wind，中关村上市公司协会整理。

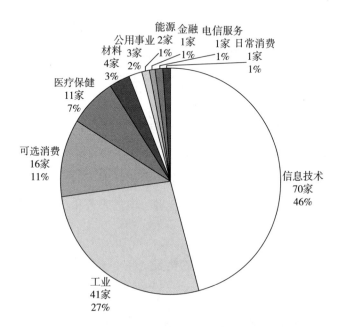

图2　2018年中关村境内民营上市公司行业分布情况

资料来源：Wind，中关村上市公司协会整理。

争力是指企业在当前和未来环境中，能够保持在产品或服务设计、生产和销售过程中，比全球竞争者更具有价格和质量优势的能力和机会。波特认为，企业竞争力即为企业竞争优势，由企业中对企业收益具有贡献的活动构成，如技术创新、高效的生产流程、激励人心的企业文化等。针对企业竞争力这一概念，不同学者对其定义均有不同，但共性点在于：企业竞争力的形成受内外部多种因素影响，但企业竞争力的根源来自企业内部。本文认为，企业竞争力是企业所有资源与能力结合的结果，能够使企业在激烈的市场竞争环境下获得长期的稳健发展。

企业竞争力理论结合了经济学与管理学等学界经典研究课题，可追溯至亚当·斯密的劳动分工与绝对优势理论，发展至今已形成了多个理论派别，主要有资源学派、能力学派、市场结构学派和跨国经营理论学派。其中，资源学派认为资源的差异带来了企业收益的差异，企业内部的有形资源、无形资源及外部的社会资源是企业获得竞争力的关键因素；能力学派认为企业的竞争力来源于企业更好运用资源的能力，因此，此学派将资源与能力视为相互关联但作用不同的两个概念；市场结构学派以波特为代表，提出了五力模型、三种基本战略、价值链模型等经典理论，强调产业结构对企业竞争力的影响；跨国经营理论学派认为企业对外直接投资对竞争力产生重要影响，跨国公司的内部交易能够为企业带来竞争优势。

2. 指标体系构建原则

竞争力综合评价指标体系需要客观、准确地测度企业竞争力水平，因此，其构建原则应当符合系统性、科学性、可比性和实用性四大原则。

（1）系统性原则

企业竞争力是一个综合了多维因素的结果，因此，在构建企业竞争力综合评价指标体系时，应关注整个指标体系的系统性，使各指标间形成纵向和横向的关联，在纵向上具有层次性，层层深入，在横向上使各指标尽量能够全面反映企业竞争力的影响因素，相互独立且相互制约，形成不可分割、统筹兼顾的指标体系。

（2）科学性原则

指标体系中各指标设置是否合理关系到指标体系的评价质量，由于指标体系是挑选某一个或几个指标来反映企业在某方面的水平，所以挑选出的指标应拥有充分的理论依据，并能较大程度反映研究人员希望探究的维度。总之，指标体系构建过程中要充分考虑科学性原则，以科学的理论为依据，并符合现实需求。

（3）可比性原则

可比性原则主要指指标体系内的各项指标及参数的内涵及外延需保持稳定，用以计算各指标值的参照值的口径要统一。

（4）实用性原则

实用性原则主要表现在指标体系构建及后续应用过程中的简便性、可行性及可操作性三个方面。具体而言，在保证评价结果客观、准确、全面的基础上，指标的选择应当尽可能简化；指标的数据需要有可靠的获取渠道，并易于获取；各评价指标及其计算方法需要在现有技术水平的基础上可予以操作。

3. 竞争力指标体系介绍

在全球范围内，对于企业竞争力的研究已较为充分。1986年，世界经济论坛和瑞士洛桑国际管理开发学院（IMD）共同推出研究报告，将企业的国际竞争力划分为生产效率、劳动成本、公司绩效、管理绩效、公司战略和文化五个维度。《财富》全球500强的竞争力评价指标包括营业收入、净利润、总资产、股东权益、人均营业收入等指标。《福布斯》对多个研究进行了整合，以营业收入、净利润、总资产数和公司市值作为评价指标。此外，国内也有大量学者从事此领域的相关研究，金碚在《中国经营报》发起的"企业竞争力检测"项目中，系统阐述了企业竞争力测评的理论及其方法。张志强、吴建中从企业生存能力指标、企业发展能力指标、外部环境和科技开发能力三个维度对企业竞争力进行评价。针对此研究领域，其他学者也主要以指标体系构建的方式研究企业竞争力。但在众多研究中，存在以下三类共性的问题：一、部分指标本身存在较强的主观色彩，难以客观反映，如企业文化建设等；二、部分指标无法准确量化，如市场占有率等；三、部分研究所采用的指标仅能反映企业现阶段的竞争力，对未来不具有参考意义。

参考前人在企业竞争力指标评价体系的设计思路，并结合中关村境内民营上市公司的实际情况和自身特点，按照系统性、科学性、可比性和实用性的构建原则，本文从五个方面，即企业资源、盈利能力、创新能力、偿债能力和营运能力，构建出了中关村境内民营上市公司竞争力评价指标体系。

（1）企业资源

根据能力学派的理论，企业的竞争力来源于企业对资源运用的能力，而企业所拥有的资源也影响着企业的各项能力，因此，企业资源是企业拥有竞争力不可或缺的要素。一般而言，企业拥有的资源越多，即其规模越大，企业越具有竞争优势，因而，可将企业资源的规模作为评判该指标的依据。从企业经营发展历程的角度而言，企业资产规模和业务规模的扩大能够直观反映企业拥有资源的扩张，企业资产规模能够体现企业所拥有的物力资源和资金资本，而业务规模体现企业在市场中的地位和消费者资源，能够反映企业现阶段在市场上的竞争力。资产规模和业务规模越大，企业越有能力进行投资输出，更可能处于行业领先地位，进而转化为企业的竞争力。

（2）盈利能力

企业盈利水平是企业竞争力的重要体现，越是有竞争力的企业，其在市场上的获利能力越高。然而，具有竞争力的企业不仅要在当下具有较强的盈利能力，也要保持盈利的稳健增长，即竞争力不仅体现在盈利水平的高低，还体现在盈利的可持续性上。净利率、资产收益率、净资产收益率等指标均可有效衡量企业的盈利水平，计算企业营业收入和净利润三年的复合增长率能够获得较为平滑的企业业绩增长率，从而衡量其盈利的可持续性。

（3）创新能力

对于发展至一定规模的上市公司，资本与劳动力的投入对企业发展的促进作用已呈现递减效应趋势，而技术进步成为推动企业迅速成长的重要力量。因此，创新能力是企业形成核心竞争力的重要因素，对以技术作为企业安身立命之根本的大多数中关村民营上市公司更是如此。创新能力既体现在企业的创新投入，也体现在企业的创新产出。没有创新投入就难谈创新产出，而只有创新投入没有创新产出则表明企业创新效率低下，亦不是具有竞争力的表现。因而，在衡量企业创新能力时，本文以专利相关数据作为创新产出的评判标准，以反映企业真实的创新能力。

（4）偿债能力

偿债能力衡量企业的财务风险，是企业正常运营的基本能力，偿债能力较弱的企业，其发展往往受制于资金的限制，即偿债能力越弱，企业的竞争力越不足。企业的偿债能力分为短期与长期，短期偿债能力体现企业资金的流动性，长期的偿债能力能够显示企业的资本结构。

（5）营运能力

营运能力体现企业的经营效率，营运能力越强，企业对资源的调配能力和使用效率越高，从而拥有较短的经营周期，在同样时间内可以获得较行业同类型企业更高的经营收入，进而增强企业的竞争力。营运能力除了表现在资产营运效率方面，还表现在人力资源的营运效率方面，企业为获得人力资源付出的成本与人力资源所带来的产出之间的联系在一定程度上反映企业对人力资源的管理效率。

综上所述，本文在构建中关村境内民营上市公司竞争力评价指标体系的框架时，共选取一级指标5个，二级指标10个，三级指标21个，具体如表1所示。

4. 竞争力指标介绍

竞争力指标体系包括5个一级指标，10个二级指标和21个三级指标，各指标计算方法如下。

（1）资产规模

资产规模是指企业现阶段所拥有的可用于生产、投资等推动企业发展的资源。一般而言，企业要形成竞争力，需要在前期进行大量投入，因而，企业所掌握的资产规模支撑着企业竞争力的形成与提升。总资产能够直观衡量企业的资产规模，现金及其等价物属于企业较为重要的资产类型，能够反映企业可立即使用的资产。

表1　中关村境内民营上市公司竞争力评价指标体系

一级指标	二级指标	三级指标
企业资源	资产规模	相对总资产
		相对现金及现金等价物
	业务规模	相对营业收入
盈利能力	盈利水平	资产收益率
		净资产收益率
		资本保值增值率
		净利率
	盈利可持续性	近三年营业收入复合增长率
		近三年利润总额复合增长率
创新能力	创新投入	相对研发费用
		研发强度
	创新产出	相对专利数量
		相对专利申请量
		相对有效发明专利数量
偿债能力	短期偿债能力	现金比率
	长期偿债能力	资产负债率
		长期资本负债率
营运能力	资产营运效率	流动资产周转率
		总资产周转率
		应收账款周转率
	人力资源效率	人力成本费用率

同时，为了防止绝对数额对结果的影响过大，本文采用相对总资产和相对现金及现金等价物，即使用总资产绝对数额与样本整体平均总资产相除，使用现金及现金等价物与样本整体平均现金及现金等价物相除。

（2）业务规模

企业现阶段的业务规模是企业产品生产、销售的结果，反映企业现有的业务水平。业务表现优秀的企业在市场上已占有一定市场地位，为企业后续持续获得市场优势奠定基础，因此，企业的业务规模显示了企业现有市场定位对企业竞争力的支持作用。此处选用营业收入作为衡量企业业务规模的

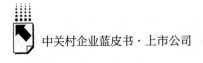

指标。

为了防止绝对数额对结果的影响过大，本文采用相对营业收入，即使用营业收入绝对数额与样本整体平均总资产相除。

（3）盈利水平

盈利水平是指企业通过经营获得利润的能力，一般而言，企业盈利水平越高，表明其竞争力越强。盈利水平可通过总资产收益率、净资产收益率、资本保值增值率和净利率进行衡量。

总资产收益率反映的是企业投入资产获得的收益情况，总资产收益率的计算公式是：总资产收益率 =（净利润/平均资产总额）×100%，其中，平均资产总额 =（年初资产总额 + 年末资产总额）/2。

净资产收益率反映股东权益的收益水平，用以衡量公司运用自有资本的效率。净资产收益率的计算公式是：净资产收益率 =（净利润/平均归属母公司的股东权益）×100%，其中，平均归属母公司的股东权益总额 =（年初归属母公司的股东权益总额 + 年末归属母公司的股东权益总额）/2。

资本保值增值率是财政部制定的评价企业经济效益的十大指标之一，资本保值增值率反映了企业资本的运营效益与安全状况。资本保值增值率的计算公式是：资本保值增值率 = 期末归属母公司的股东权益 ÷ 期初归属母公司的股东权益 ×100%。

净利率反映企业营业收入创造净利润的能力，比率越高，说明企业的获利能力越强。净利率的计算公式是：净利率 = 净利润/营业收入 ×100%。

（4）盈利可持续性

盈利可持续性是指企业持续获得收益的能力，企业持续盈利能力越强，其竞争力也就越强。盈利可持续性可以用近三年营业收入复合增长率、近三年利润总额复合增长率来衡量。

近三年营业收入复合增长率体现企业的持续发展态势和市场扩张能力，尤其能够衡量上市公司的持续性盈利能力。近三年营业收入复合增长率的计算公式是：近三年营业收入复合增长率 =［（2018 年营业收入总额/2016 年营业收入总额）－1］×100%。

近三年利润总额复合增长率反映企业利润增长趋势、效益稳定程度及其发展潜力。近三年利润总额复合增长率的计算公式是：近三年利润总额复合增长率＝［（2018年净利润总额÷2016年净利润总额）－1］×100%。

（5）创新投入

创新投入是指企业对科技创新的投入力度，反映企业对技术水平的重视程度。根据国际经验，全球科技巨头均投入了大量经费用于技术研发，在一定程度证明了技术创新对企业竞争力的重要性。本文采取相对研发费用和研发强度进行衡量。

研发强度是指企业在科技进步方面的投入与营业收入中的比值，在一定程度上可以体现企业的发展潜力。研发强度的计算公式是：研发强度＝研发费用/营业收入×100%。

对于营业收入较高的企业，存在尽管投入较大绝对数额的研发费用，而研发强度依然不高的问题，利用研发费用这一指标可以降低这种可能性的出现，同时考虑到研发费用受行业因素的影响，采用相对研发费用来进行衡量，即相对研发费用＝研发费用/行业平均研发费用。

（6）创新产出

创新产出是指企业经过对技术研发的投入所获得的以专利形式存在的产出。企业拥有的专利能够帮助企业在技术上取得垄断地位，进而增加企业竞争力。本文使用本年新增的专利数量、本年新增的专利申请量和有效发明专利数量对该指标进行衡量。

同时，考虑到不同行业对专利的需求程度不同，此处采用相对专利数量、相对专利申请量和相对有效发明专利数量三个指标来衡量，其计算公式分别为：相对专利数量＝本年新增的专利数量/本行业新增平均专利数量，相对专利申请量＝本年新增专利申请量/本行业平均新增专利申请数量，相对有效发明专利数量＝有效发明专利数量/本行业平均有效发明专利数量。

（7）短期偿债能力

短期偿债能力反映企业财务状况的流动性情况，是企业具有竞争力的前提保障。通常衡量短期偿债能力的指标有流动比率、速动比率和现金比率，但考虑到不同行业存货的变现能力和应收账款的数额都存在差异，所以选取现金比率，仅以现金与流动负债的比值作为衡量的尺度，避免行业因素影响。

（8）长期偿债能力

长期偿债能力来源于企业的资本结构配置，长期偿债能力强，就能够为企业的长远发展奠定基础。本文采用资产负债率、长期资本负债率两个指标进行衡量。

资产负债率用以衡量企业利用债权人提供的资金进行经营活动的能力，以及反映债权人发放贷款的安全程度的指标。资产负债率的计算公式是：资产负债率 = 负债总额/资产总额 × 100%。

长期资本负债率反映企业的长期资本的结构，长期资本负债率的计算公式是：长期资本负债率 = 非流动负债/（非流动负债 + 股东权益）× 100%。

（9）资产营运效率

资产营运效率是指企业运用其资产的有效程度，它反映了企业资产的周转状况，其值的高低取决于企业管理水平的高低，较高的资产营运效率将成为企业的重要竞争力。本文采用流动资产周转率、总资产周转率和应收账款周转率进行衡量。

流动资产周转率反映了企业流动资产的周转速度，是揭示影响企业资产质量的主要因素。流动资产周转率的计算公式是：流动资产周转率 = 营业收入/平均流动资产总额，其中，平均流动资产总额 = （流动资产年初数 + 流动资产年末数）/2。

总资产周转率体现了企业经营期间全部资产从投入到产出的流转速度，反映了企业全部资产的管理质量和利用效率。总资产周转率的计算公式是：总资产周转率 = 营业收入/平均资产总额，其中，平均资产总额 = （资产总额年初数 + 资产总额年末数）/2。

应收账款周转率是衡量企业应收账款周转速度及管理效率的指标。应收账款周转率的计算公式是：应收账款周转率 = 赊销收入净额/〔（期初应收账款 + 期末应收账款）/2〕。

（10）人力资源效率

人力资源效率是指企业对员工的管理水平，以员工产出结果作为衡量的标准。对人力资源利用充分的企业，竞争力往往更为凸显。本文采用人力成本费用率进行计算，人力成本费用率＝员工薪酬/营业收入×100%。

（三）竞争力评价指标体系的计算方法

1. 竞争力评价的分析方法

随着中关村民营上市公司规模扩张、全球化战略的布局，若想在瞬息万变的市场环境中处于不败之地，还需企业提升自身竞争力。上节已介绍了企业竞争力评价指标，本节重点是基于科学的方法对企业竞争力进行综合评价，并给出相关指标的权重，以期为企业提升竞争力提供参考。

目前，在企业竞争力综合评价方面，国内不少学者对此进行了比较深入的研究，本部分主要罗列现有的研究方法及参考文献（见表2）。

表2　企业竞争力评价方法

方法	方法介绍	参考文献
模糊层次综合评价法（FAHP）	模糊层次综合评价法综合了模糊综合评价法和层次分析法；是一种将评价因素按照一定的标准进行分类的层次结构，一般来说，这种层次结构分为目标层、准则层和因素层；是一种定性与定量相结合的评价模型。具体分析时，先用层析分析法确定因素集，再用模糊综合评判效果	杨梅英、熊飞：《高新技术企业竞争力评价指标体系与评价方法研究及其应用》，《科技管理研究》2007年第3期
熵值法	熵值法通过计算指标的信息熵并据此判定指标的效用价值、对指标进行赋权。此方法能够客观赋权，相对变化程度越大，指标权重就越大，但因实践中可能存在相对稳定的指标而影响指标的赋权	王敬敏、孙艳复、康俊杰：《基于熵权法与改进TOPSIS法的电力企业竞争力评价》，《华北电力大学学报》2010年第6期，第61~64页
层次分析法	对企业竞争力的多种影响因子之间的关系进行分析，并构建结构层次模型，从而实现直观简便的逐层评价分析。但由于需要通过专家打分的方式确定指标的影响权重，主观影响较大	王宗军、陈世状：《通信设备制造业竞争力的评价模型及其应用》，《科技管理研究》2007年第6期，第85~87页
模糊数学	模糊数学是在模糊集合、模糊逻辑的基础上发展起来的模糊拓扑、模糊测度论等数学领域的统称，是研究现实世界中许多界限不分明甚至很模糊的问题的数学工具	李存芳、周德群：《基于模糊数学的企业综合竞争力评价和实证》，《控制与决策》2007年第3期

续表

方法	方法介绍	参考文献
因子分析法	从研究指标构建的矩阵内部的依赖关系入手,以相关性大小对各指标分组,使各组内指标相关性较高,而不同组指标相关性较低,再根据方差贡献率确定各指标的权重。但该模型将大量信息浓缩至少数指标中,浓缩后因子的意义不能完全确定,并存在部分信息未被提取的情况	谢雯:《基于因子分析的中国证券公司竞争力研究》,复旦大学硕士学位论文,2012

以上图中所罗列的是最常用的五种企业竞争力综合评价方法,这五种方法各有优势、又都存在些许不足。基于样本数据量、数据的可获得性及指标体系的复杂程度,本文决定采用因子分析法作为本篇民营上市公司竞争力综合评价的数学分析方法。

2. 竞争力指数计算——基于因子分析法

(1) 因子分析法

因子分析法能够将多个相互联系的指标归结为几个综合因子,根据指标间的相关性大小对其进行分组,组内变量之间的相关性高于不同组变量之间的相关性。使用因子分析法将解决两类问题:其一,简化研究的模型。该方法可将指标体系的多个变量归结为少数关联性较强的变量,简化呈现其内在联系;其二,可将变量进行分类,根据因子得分,在因子轴所构成的空间中进行分类处理。

因子分析法的模型可表示为:对 n 个变量的数据进行因子分析,可以得到 m 个共同因子,这些共同因子可以解释 n 个变量的主要变化,结合本文的中关村民营上市公司竞争力指标评价体系,因子分析法模型设计如下。

$$F_1 = a_{11} f_1 + a_{12} f_2 + \cdots + a_{1n} f_n + a_1 \varepsilon_1$$
$$F_2 = a_{21} f_1 + a_{22} f_2 + \cdots + a_{2n} f_n + a_2 \varepsilon_2$$
$$\cdots$$
$$F_m = a_{m1} f_1 + a_{m2} f_2 + \cdots + a_{mn} f_n + a_m \varepsilon_m$$

其中:f_1, f_2, $\cdots$, f_n 表示本评价体系所选择的指标,a_1, a_2, $\cdots$, a_n 表示各指标所占权重,F 表示通过因子分析法得到的 m 个主要因子。

（2）因子分析法的竞争力指标计算

首先，对企业竞争力指标体系中指标进行描述性分析，分析结果如下（见表3）。

表3　描述性统计分析

	变量序号	样本量	极小值	极大值	均值	标准差
相对总资产	x_1	150	0.0790	12.4322	0.9975	1.5072
相对现金及现金等价物	x_2	150	0.0033	8.2000	1.0092	1.3270
相对营业收入	x_3	150	0.0369	18.8876	1.0000	1.8955
员工投入产出比	x_4	150	0.0128	0.9583	0.2098	0.1527
相对研发费用	x_5	150	0.0000	13.5281	1.0035	1.5131
研发强度	x_6	150	0.0000%	59.8200%	7.3512%	7.1905%
相对专利申请量	x_7	150	0.0000	11.1074	0.9849	1.7057
相对专利数量	x_8	150	0.0000	10.1935	0.9602	1.6966
相对发明专利数量	x_9	150	0.0000	13.9157	0.9864	2.0707
现金比率	x_{10}	150	0.0049	9.3430	1.0633	1.2987
资产负债率	x_{11}	150	4.68%	168.69%	37.78%	21.64%
长期资本负债率	x_{12}	150	0.00%	81.57%	10.69%	13.90%
营业净利率	x_{13}	150	-543.12%	91.59%	-2.38%	60.55%
总资产净利率	x_{14}	150	-96.50%	34.98%	1.54%	14.61%
权益净利率	x_{15}	150	-199.92%	56.85%	1.40%	27.74%
近三年营业收入复合增长率	x_{16}	150	-50.55%	369.52%	22.35%	38.31%
近三年利润总额符合增长率	x_{17}	150	-78.52%	1106.32%	24.08%	104.80%
应收账款周转率	x_{18}	150	0.4065	40.1640	4.3333	5.0550
总资产周转率	x_{19}	150	0.0646	2.7026	0.5437	0.3945
流动资产周转率	x_{20}	150	0.1084	4.0129	0.8983	0.5833
资本保值增值率	x_{21}	150	0.0227	3.9671	1.1205	0.4778

①为验证样本数据及指标体系是否适合采用因子分析法，本文采用 KMO 及 Bartlett 球形度检验对因子分析结果进行检验。一般来说，当 KMO 值高于 0.6 时，Bartlett 的球形度检验的显著性水平小于 0.05 时，说明该指标体系可以采用因子分析法。本模型 KMO 为 0.626，高于标准值 0.6，Bartlett 的球形度检验数值为 2363.915、显著性水平低于 0.05，所以该模型适合采用因子分析法（见表4）。

表 4　KMO 和 Bartlett 检验

取样足够度的 Kaiser-Meyer-Olkin 度量。		0. 626
Bartlett 的球形度检验	近似卡方	2363. 915
	df	210
	Sig.	0. 000

②利用 SPSS19. 0 对该竞争力指标及数据进行因子分析，得到 7 个公因子，这 7 个因子的累计方差贡献率为 80. 56%。分析结果表明，测量中关村民营上市公司竞争力的 21 个指标可以归类为 7 个公因子，且这 7 个公因子可以解释原始变量的 80. 56% 的方差，可以很好地表征企业竞争力（见表 5）。

表 5　解释的总方差

成分	初始特征值			提取平方和载入			旋转平方和载入		
	合计	方差的%	累积%	合计	方差的%	累积%	合计	方差的%	累积%
x_1	4. 308	20. 514	20. 514	4. 308	20. 514	20. 514	3. 039	14. 472	14. 472
x_2	3. 411	16. 243	36. 757	3. 411	16. 243	36. 757	2. 731	13. 004	27. 477
x_3	2. 725	12. 975	49. 732	2. 725	12. 975	49. 732	2. 539	12. 088	39. 565
x_4	2. 377	11. 318	61. 049	2. 377	11. 318	61. 049	2. 382	11. 344	50. 909
x_5	1. 631	7. 767	68. 816	1. 631	7. 767	68. 816	2. 324	11. 069	61. 978
x_6	1. 314	6. 258	75. 075	1. 314	6. 258	75. 075	2. 203	10. 491	72. 469
x_7	1. 153	5. 490	80. 564	1. 153	5. 490	80. 564	1. 700	8. 095	80. 564
x_8	0. 821	3. 910	84. 474						
x_9	0. 561	2. 672	87. 146						
x_{10}	0. 523	2. 491	89. 638						
x_{11}	0. 412	1. 961	91. 599						
x_{12}	0. 409	1. 949	93. 547						
x_{13}	0. 349	1. 663	95. 210						
x_{14}	0. 259	1. 232	96. 442						
x_{15}	0. 186	0. 884	97. 325						
x_{16}	0. 155	0. 736	98. 062						
x_{17}	0. 133	0. 633	98. 694						
x_{18}	0. 089	0. 425	99. 119						
x_{19}	0. 083	0. 395	99. 514						
x_{20}	0. 071	0. 339	99. 853						
x_{21}	0. 031	0. 147	100. 000						

提取方法:主成分分析

从表 6 的数据结果来看，公因子 F_1 在相对总资产、相对营业收入、相对研发费用及相对现金及现金等价物四个指标占比上有最高因子载荷，这三个指标代表着企业的现有资源，因此我们称之为资源因子；公因子 F_2 在资产收益率、净利率及净资产收益率三个指标的占比上具有最高因子载荷，这三个指标能够反映企业的盈利能力，我们称之为盈利能力因子；公因子 F_3 在相对专利数量、相对专利申请量、相对有效发明专利数量三个指标具有较高因子载荷，这三个指标能够体现企业的创新产出能力，我们称之为创新产出因子；公因子 F_4 在资产负债率、长期资本负债率及现金比率三个指标具有较高因子载荷，能够表征企业的偿债能力，我们称之为偿债能力因子；公因子 F_5 在流动资产周转率、总资产周转率及应收账款周转率三个指标具有较高因子载荷，这三个指标能够反映企业的营运能力，我们称之为营运能力因子；公因子 F_6 在近三年利润总额复合增长率、近三年营业收入复合增长率、资本保值增值率三个指标具有较高因子载荷，这些指标体现企业成长能力，我们将其称为成长能力因子；公因子 F_7 在人力成本费用率及研发强度两个指标具有较高因子载荷，这些指标体现成本费用率，我们将其称为成本费用因子（见表 6）。

表 6　主成分命名

公因子排序	最高载荷指标	公因子命名
F_1	相对总资产、相对营业收入、相对研发费用、相对现金及现金等价物	资源因子
F_2	资产收益率、净利率、净资产收益率	盈利能力因子
F_3	相对专利数量、相对专利申请量、相对有效发明专利数量	创新产出因子
F_4	资产负债率、长期资本负债率、现金比率	偿债能力因子
F_5	流动资产周转率、总资产周转率、应收账款周转率	营运能力因子
F_6	近三年利润总额复合增长率、近三年营业收入复合增长率、资本保值增值率	成长能力因子
F_7	人力成本费用率、研发强度	成本费用因子

③建立因子载荷矩阵

通过方差最大因子旋转法，得到了因子载荷矩阵（见表 7）。

表7 旋转成分矩阵

	成分						
	1	2	3	4	5	6	7
相对总资产	0.91	0.068	−0.023	0.19	−0.101	0.02	−0.17
相对营业收入	0.875	0.034	−0.031	0.181	0.202	0.063	−0.16
相对研发费用	0.826	0.004	0.149	0.09	0.033	0.209	0.305
相对现金及现金等价物	0.812	0.062	0.027	−0.118	0.015	−0.001	0.038
总资产净利率	0.058	0.93	0.063	−0.17	0.107	0.207	−0.031
营业净利率	0.014	0.904	0.047	0.054	0.04	0.038	0.007
权益净利率	0.122	0.854	0.06	−0.285	0.07	0.192	−0.071
相对专利数量	0.029	0.056	0.942	0.058	0.044	−0.031	0.013
相对专利申请量	−0.012	0.06	0.935	0.004	0.06	−0.025	0.011
相对发明专利数量	0.062	0.019	0.829	−0.091	0.021	−0.044	0.077
资产负债率	0.129	−0.238	0.029	0.877	0.094	−0.002	−0.103
长期资本负债率	0.068	−0.149	−0.001	0.773	0.006	−0.017	−0.099
现金比率	−0.042	−0.031	0.049	−0.751	−0.015	0.038	0.026
流动资产周转率	0.107	0.087	−0.046	0.24	0.873	0.208	−0.136
总资产周转率	0.04	0.089	0.039	0.136	0.869	0.255	−0.125
应收账款周转率	−0.011	0.049	0.132	−0.207	0.792	−0.02	0.013
近三年利润总额符合增长率	0.205	0.036	−0.047	0.014	0.073	0.903	0.03
近三年营业收入复合增长率	0.018	0.199	−0.028	0.05	0.232	0.873	−0.084
资本保值增值率	−0.019	0.391	−0.066	−0.269	0.136	0.61	−0.086
员工投入产出比	−0.044	0.018	−0.039	−0.019	−0.099	−0.099	0.867
研发强度	0.017	−0.101	0.147	−0.206	−0.089	0.013	0.846

④计算因子得分系数矩阵

从因子载荷情况看，中关村民营上市公司竞争力主要体现在资源、盈利能力、创新产出、偿债能力、营运能力、成长能力及创新驱动上，与我们前面构建的企业竞争力指标体系高度一致。

根据因子得分系数矩阵（见表8），我们可以得到公因子的数学表达式，以公因子F_1为例：

$$F_1 = 0.099 x_1 + 0.093 x_2 + 0.127 x_3 - 0.056 x_4 + 0.106 x_5 - 0.044 x_6$$
$$+ 0.032 x_7 + 0.033 x_8 + 0.024 x_9 - 0.009 x_{11} - 0.015 x_{12}$$
$$+ 0.126 x_{13} + 0.164 x_{14} + 0.157 x_{15} + 0.157 x_{16} + 0.139 x_{17}$$
$$+ 0.089 x_{18} + 0.141 x_{19} + 0.14 x_{20} + 0.138 x_{21}.$$

表8 成分得分系数矩阵

	成分						
	F_1	F_2	F_3	F_4	F_5	F_6	F_7
x_1	0.099	0.178	0.106	-0.196	-0.113	-0.105	-0.069
x_2	0.093	0.093	0.136	-0.192	0.032	-0.195	-0.011
x_3	0.127	0.182	0.074	-0.122	-0.014	-0.183	0.001
x_4	-0.056	-0.057	0.104	-0.106	0.25	0.229	0.458
x_5	0.106	0.124	0.178	-0.165	0.156	0.047	0.053
x_6	-0.044	-0.075	0.161	-0.091	0.336	0.183	0.275
x_7	0.032	-0.037	0.267	0.222	-0.053	0.065	-0.135
x_8	0.033	-0.019	0.275	0.218	-0.065	0.082	-0.126
x_9	0.024	-0.039	0.264	0.158	-0.008	0.021	-0.125
x_{10}	0.000	-0.155	0.039	-0.073	0.151	-0.265	-0.226
x_{11}	-0.009	0.232	-0.026	0.125	-0.084	0.243	0.119
x_{12}	-0.015	0.189	-0.032	0.095	-0.119	0.244	0.111
x_{13}	0.126	-0.108	0.007	-0.026	-0.292	0.129	0.318
x_{14}	0.164	-0.148	0.002	-0.044	-0.22	0.074	0.195
x_{15}	0.157	-0.15	0.015	-0.073	-0.2	0.001	0.112
x_{16}	0.157	-0.018	-0.111	0.033	0.157	0.305	-0.242
x_{17}	0.139	0.016	-0.064	-0.056	0.231	0.329	-0.312
x_{18}	0.089	-0.031	-0.011	0.183	0.203	-0.326	0.194
x_{19}	0.141	0.047	-0.09	0.216	0.171	-0.149	0.157
x_{20}	0.14	0.082	-0.107	0.197	0.146	-0.152	0.215
x_{21}	0.138	-0.109	-0.085	-0.033	0.064	0.122	-0.174

其中，x_1、x_2…x_{21} 分别为我们筛选的 21 个衡量企业竞争的指标。

利用方差贡献度占累计贡献率的比重作为权重，对各公因子进行加权平均计算，得到企业竞争力的综合得分 score。

$$score = (20.514 \times F_1 + 16.243 \times F_2 + 12.975 \times F_3 + 11.318 \times F_4 + 7.767 \times F_5 + 6.258 \times F_6 + 5.49 \times F_7)/0.564$$

（3）因子得分及相关排名

根据上述计算公式，得到中关村民营上市公司 2018 年竞争力综合得分和排名情况。需要注意的是，部分企业竞争力得分为负或者某项公因子得分为负，并不代表企业在该项能力为负，仅表示其相对水平。2018 年中关村境内民营上市公司竞争力排名（见表9）。

表 9　2018 年中关村境内民营上市公司竞争力排名前 30

序号	证券代码	证券简称	F_1	F_2	F_3	F_4	F_5	F_6	F_7	总分
1	603871. SH	嘉友国际	5.404455	-0.94732	-1.04931	8.18174	9.540886	-7.59506	7.921351	3.035205
2	603533. SH	掌阅科技	2.913659	-1.18493	9.084557	8.217527	1.866498	-2.13957	-2.48162	2.965166
3	600031. SH	三一重工	7.120782	7.826968	5.614907	-7.03992	2.597306	-7.84478	-1.03228	2.877194
4	603986. SH	兆易创新	3.53357	-0.9209	4.365974	7.159498	4.747943	-2.87278	2.233382	2.809813
5	300386. SZ	飞天诚信	2.532487	-1.54932	7.657636	7.326669	2.435118	-0.99037	-1.55544	2.64688
6	603588. SH	高能环境	3.184295	-0.20524	3.617709	6.079522	3.564487	-1.02109	1.903677	2.600209
7	002707. SZ	众信旅游	3.51603	0.79299	-0.3585	4.233338	4.991718	-1.28442	5.205123	2.328318
8	600588. SH	用友网络	3.257496	1.796779	5.55775	0.200291	2.352039	-1.70529	-0.28977	2.189486
9	002385. SZ	大北农	3.317541	1.802624	1.629162	1.511695	2.823487	-2.69963	2.509936	1.916478
10	002410. SZ	广联达	2.654193	0.343763	2.012784	1.954548	3.862332	-1.00684	2.500957	1.808468
11	300003. SZ	乐普医疗	2.348778	1.122978	4.378086	1.594654	0.833633	-0.48367	-0.73895	1.746046
12	002271. SZ	东方雨虹	2.801518	1.985304	3.350262	-0.37605	0.890465	-1.21811	-0.3452	1.568062
13	002755. SZ	奥赛康	4.792843	0.349712	-1.09245	0.733079	6.079886	-1.29929	-2.39788	1.539774
14	300661. SZ	圣邦股份	2.12427	-0.79821	0.803954	3.663311	3.807806	-0.54087	2.602696	1.526536
15	002713. SZ	东易日盛	2.315515	0.306845	0.355936	2.658629	3.219575	-2.04903	2.773016	1.42248
16	300552. SZ	万集科技	1.06378	-0.44503	5.08911	4.377254	-0.48654	-0.32541	-1.81533	1.419806

续表

序号	证券代码	证券简称	F_1	F_2	F_3	F_4	F_5	F_6	F_7	总分
17	002405.SZ	四维图新	2.172973	0.836425	3.650094	-0.05734	2.370281	-1.70309	-0.00194	1.397831
18	601126.SH	四方股份	1.612644	0.070703	5.754372	2.830413	0.627097	-3.74582	-1.83062	1.39401
19	601886.SH	江河集团	2.520186	2.438774	3.056758	-1.41817	0.549639	-1.28339	-0.46228	1.348275
20	300296.SZ	利亚德	2.080879	1.045033	2.572294	0.527528	0.824494	-0.17124	-0.32823	1.272752
21	300058.SZ	蓝色光标	2.667181	2.444229	0.756789	-0.46001	1.237448	-2.65819	1.322986	1.232171
22	300117.SZ	嘉寓股份*	1.411119	0.458286	2.666113	2.380905	0.372348	-0.06586	-0.43132	1.216964
23	002310.SZ	东方园林	2.308254	2.414547	2.64191	-1.17074	-0.12495	-1.12677	-0.50458	1.20162
24	002780.SZ	三夫户外	1.72892	-0.58234	-0.17097	2.960841	3.623793	-1.12831	3.186004	1.190069
25	603825.SH	华扬联众	2.146011	1.644913	0.703774	-0.06404	1.881048	-1.21352	1.291451	1.157516
26	300418.SZ	昆仑万维	1.983987	0.597648	0.507051	0.88416	2.429637	-0.92815	2.10782	1.137327
27	300070.SZ	碧水源	2.904027	3.392095	2.793962	-3.43201	-0.04231	-3.36025	-0.17841	1.113929
28	300002.SZ	神州泰岳	1.014386	-0.08716	3.598542	2.483042	-0.00215	-0.27503	-0.90143	1.086103
29	002657.SZ	中科金财	1.710844	-0.17407	0.074025	2.522179	3.172154	-2.66719	3.125202	1.078391
30	300223.SZ	北京君正	1.808626	-1.60565	0.801885	2.60005	4.371101	-0.47012	0.803359	1.070853

注：＊嘉寓股份（300117.SZ）于2017年4月25日因"首次公开发行招股说明书、定期报告中资金来源部分存在虚假记载和重大遗漏"等问题受到证监会行政处罚。

值得注意的是，考虑到数据的可获得性及客观性，本模型并未加入定性的或者难以获取的定量数据，但这些指标对企业竞争力的影响也同样不可小觑。后续研究，我们将尝试加入此类型指标，以丰富竞争力指标评价体系。

3. 竞争力评价指标体系风险提示

本文中竞争力评价指标体系的设置以企业财务数据真实准确为前提假设，未考虑企业在合规方面的风险；同时，本文基于中关村境内民营上市公司 2016～2018 年的历史经营数据，2019 年以来国内资本市场和全球经济环境出现较大波动，研究对象中部分企业的财务情况出现变化。综上，本文仅为中关村境内民营上市公司 2018 年经营层面竞争力情况分析，仅供参考，不具投资决策作用。本竞争力评价指标体系结果存在以下风险。

（1）企业合规性风险

本文基于企业 2018 年及以前两年财务报表数据真实的前提假设，对企业可能存在的财务造假、盈余管理等行为未做考虑。

（2）大股东股权质押风险

受宏观环境影响，中关村部分民营上市公司大股东股权质押风险较高，而本文仅基于企业经营层面，大股东股权质押风险对上市公司经营产生的潜在影响需要额外注意。

二　中关村境内民营上市公司竞争力总体分析

（一）竞争力指标分析

1. 总资产

2018 年，中关村境内民营上市公司总资产达 8878.98 亿元，较上年增长 9.76%。从分布情况来看，多数企业总资产分布在 10 亿～50 亿元，100 亿元以及以上的大型企业共 23 家，占比 15%。其中，从事大型机械设备生产的三一重工（600031. SH）总资产最高，达到 737.75 亿元。

在竞争力评价指标体系中得分前三十的企业总资产为 3852.57 亿元，占

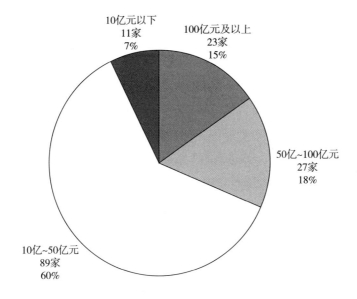

图3　2018年中关村境内民营上市公司总资产分布情况

资料来源：Wind，中关村上市公司协会整理。

总数的43.39%。其中，总资产在100亿及以上的企业共10家，处于50亿～100亿元的企业9家，可见在前三十名中，多数属于中关村境内民营上市公司中较大体量的企业。

2. 现金及现金等价物

受"去杠杆"背景下民营企业融资难问题的影响，2018年，中关村境内民营上市公司现金及其等价物较上年下降1.62%，为1153.01亿元。从分布情况来看，中关村境内民营上市公司现金及现金等价物主要集中在1亿～5亿元，30家公司该指标达到10亿元及以上，现金资源较为充沛，占比20%。其中，碧水源（300070.SZ）拥有的现金及其等价物最多，达到62.46亿元。

排名前三十的企业拥有的现金及现金等价物共计460.44亿元，占总数的39.93%。其中，现金及现金等价物在10亿元及以上的企业共13家，处于5亿～10亿元的企业9家，可见超过2/3的企业相对拥有较多资金。

3. 营业收入

2018年，中关村境内民营上市公司营业收入达到4433.18亿元，较上

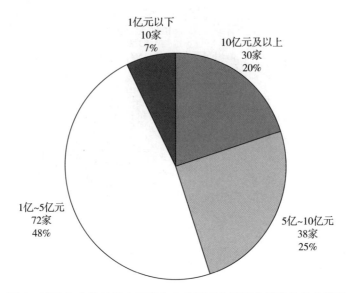

图4　2018年中关村境内民营上市公司现金及现金等价物分布情况

资料来源：Wind，中关村上市公司协会整理。

年增长17.25%。从分布来看，49%的上市公司营业收入集中在10亿～50亿元，另有38%的上市公司营业收入在10亿元以下，总体来看，中关村境内民营上市公司中营业收入规模较大的企业相对较少。

排名前三十的企业营业收入总额达到2408.26亿元，占总体的54.32%，可见，排名前三十企业营业收入规模整体较大，超过了全部中关村民营上市公司营业收入总和的一半。从分布情况看，营业收入在100亿元及以上的9家企业均在前三十名中，进一步证明评价指标模型的合理性。

4. 资产收益率

从资产收益率的分布情况来看，69家企业该指标处于0～5%，占比46%；另有41家企业资产收益率处于5%至10%，占比41%；仅19家企业资产收益率在10%及以上，占比13%。其中生物药物制造企业奥赛康（002755.SZ）总资产收益率最高，达到34.98%。在前三十名中，共15家企业总资产收益率在5%及以上。

5. 净资产收益率

从净资产收益率的分布情况来看，8家企业在20%及以上，占比5%；

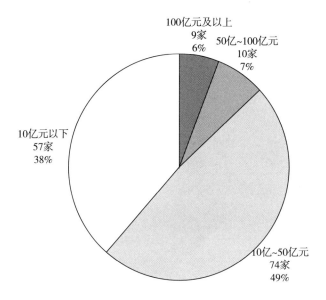

图 5　2018 年中关村境内民营上市公司营业收入分布情况

资料来源：Wind，中关村上市公司协会整理。

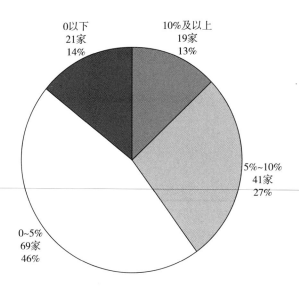

图 6　2018 年中关村境内民营上市公司资产收益率分布情况

资料来源：Wind，中关村上市公司协会整理。

25%的企业净资产收益率处于10%～20%；多数企业处于0～10%，共85家，占比57%。奥赛康仍然为指标数额最高的企业，净资产收益率为56.85%。在前三十名中，共6家企业净资产收益率在20%及以上，9家企业处于10%～20%。

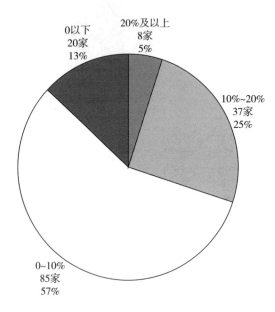

图7　2018年中关村境内民营上市公司净资产收益率分布情况

资料来源：Wind，中关村上市公司协会整理。

6. 资本保值增值率

2018年，超过七成的中关村境内民营上市公司资本保值增值率大于100%，实现了股东权益的增值。其中，10家企业资本保值增值率为150%及以上，占比7%，这些企业为股东带来了较大的收益；104家企业资本保值增值率处于100%～150%，占比69%；同时也有5家企业资本保值增值率低于50%，占比3%，表明这些企业在上年存在一定的经营问题。在得分前三十的企业中，25家资本保值增值率大于等于100%，实现了股东权益的正向增长，占比83.33%。

7. 净利率

2018年，多数中关村境内民营上市公司实现了盈利，其中，4家上市公

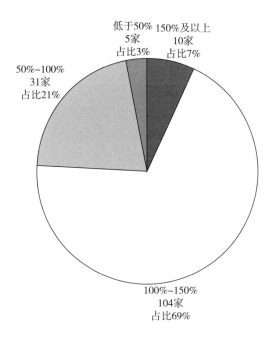

图8　2018年中关村境内民营上市公司资本保值增值率分布情况

资料来源：Wind，中关村上市公司协会整理。

司净利率为40%及以上，占比3%，净利率最高的是从事影视娱乐的光线传媒（300251. SZ），净利率达到91.59%。此外，14家上市公司净利率处于20%~40%，占比9%；50家上市公司净利率处于10%~20%，占比33%。整体来看，中关村民营上市公司盈利能力较强，盈利水平高的企业不在少数。在得分前三十的企业中，15家净利率为10%及以上，盈利水平相对较高，其余15家主要由于体量相对较大，营业收入基数相对较高。

8. 近三年营业收入/净利润复合增长率

近三年营业收入与净利润复合增长率显示了企业的盈利稳定性和持续成长能力。从中关村境内民营上市公司近三年营业收入复合增长率的分布来看，86%的上市公司实现了正向增长，其中，5家企业复合增长率在90%及以上，占比3%；12家企业复合增长率处于50%~90%，占比8%。以上17家企业均属于具有高成长性的企业。在评价指数排名前三十的企业中，共有4家企业属于此类型，另有17家近三年营业收入复合增长率为10%及以上，共计占比70%。

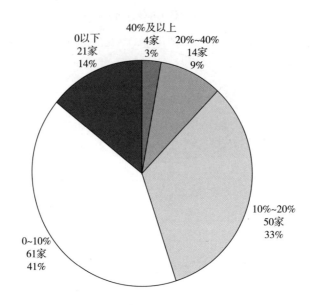

图9　2018年中关村境内民营上市公司净利率分布情况

资料来源：Wind，中关村上市公司协会整理。

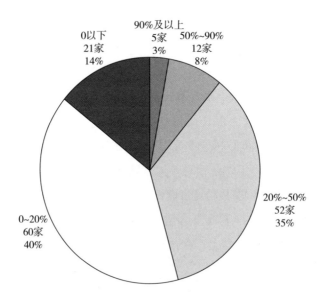

图10　2018年中关村境内民营上市公司近三年营业收入复合增长率分布情况

资料来源：Wind，中关村上市公司协会整理。

从近三年净利润复合增长率的分布来看，共107家企业实现了近三年净利润的复合正增长，占比71.33%。其中，8家企业近三年净利润复合增长率为90%及以上，12家企业复合增长率处于50%~90%，以上20家企业共计占比13%，属于高增长性企业。在前三十名中，超过半数的企业近三年净利润复合增长率为20%及以上，表明在前三十名中，成长性优异的企业占比较整体中该类型企业占比更高。

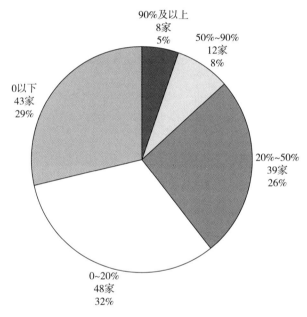

图11 2018年中关村境内民营上市公司近三年净利润复合增长率分布情况

资料来源：Wind，中关村上市公司协会整理。

9. 专利数量/专利申请量/有效发明专利数量

专利相关数据反映了企业创新产出情况，本年度获得的专利数量反映企业专利增加量，本年度专利申请量则反映企业该年度可能成为专利的成果产出情况，有效发明专利则表明企业拥有的在保护期内的专利，反映的是那些具有较高市场价值的专利的数量情况。

2018年，中关村境内民营上市公司所获得的专利数量总计1646件，拥有专利数量的企业共计101家，其中，获得专利为70件及以上的企业5家，占比 3%；处于 20～70 件的企业 22 家，占比 15%。2018 年，专利申请量总计 2339 件，进行了专利申请的企业共 104 家，其中，申请数量为 70 件及以上的企业 9 家，占比 6%；处于 20～70 件的企业 26 家，占比 17%。有效发明专利数量共计 4914 件，共 116 家企业拥有有效发明专利，其中拥有件数大于等于 100 件的企业 12 家，占比 8%，拥有件数在 30～100 件的企业 25 家，占比 17%。

从前三十名的专利相关数据来看，21 家企业三项数据都相对靠前，即拥有大量有效发明专利，也在 2018 年进行了新的专利申请并获得了新的专利授权。另有 6 家企业无专利相关数据，主要分布在可选消费行业，该行业企业的核心竞争力主要来源于服务水平的领先或商业模式的创新，因此，专利对企业发展影响较小。

10. 研发费用/研发强度

2018 年，中关村境内民营上市公司研发费用共计 214.56 亿元，平均研发强度为 4.84%。3 家企业的研发费用突破 10 亿元，分别为三一重工（600031.SH）、用友网络（600588.SH）和四维图新（002405.SZ）。研发强度处于平均值以上的企业 83 家，占比 55.33%。其中，四维图新研发强度最高，达到 59.82%。共 37 家企业研发强度超过 10%，占比 24.67%。

排名前三十的企业中，许多是研发费用绝对值或研发强度较大的企业，研发费用超过 10 亿元的三一重工、用友网络和四维图新均排在前三十位，四维图新、广联达等研发强度高的企业同样排名在前三十位。超过一半的企业研发费用和研发强度均高于整体平均值。

11. 现金比率

现金比率反映的是企业的流动性，基于债务偿还风险与盈利能力两个角度的权衡，现金比率应当存在一个合理值，一般而言，公认的现金比率的合理值为 0.5。在中关村境内民营上市公司中，处于该合理值之上的企业 85 家，占比 56.67%；该合理值之下的企业 65 家，占比 43.33%。可见，中关村境内民营上市公司债务风险较低，但可能存在现金资产运用效率较低的问题。而在前三十名中，现金比率高于合理值的企业 13 家，低于合理值的企业 17 家，其中，15 家企业现金比率处于 0.3～0.8，属于相对合理范围内。

12. 资产负债率/长期资本负债率

资产负债率与长期资本负债率均反映企业的长期偿债能力，资产负债率反映企业股东资产与债权人资产的配比，长期资本负债率则反映长期负债与长期资本的结构关系。

从中关村境内民营上市公司资产负债率的分布情况来看，2 家企业资产负债率在 90% 及以上，属于非正常状态；17 家企业资产负债率处于 60% ~ 90%，债务风险相对较高；多数企业资产负债率低于 60%，其中 44 家资产负债率处于 40% 至 60%，占比 29%，资本结构较为合理。

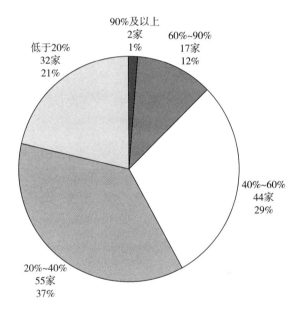

图 12　2018 年中关村境内民营上市公司资产负债率分布情况

资料来源：Wind，中关村上市公司协会整理。

从长期资本负债率的分布情况来看，中关村境内民营上市公司整体长期债务在长期资产中的占比较少，债务类型以短期、流动性债务为主，长期债务风险较低。具体而言，仅 3 家企业长期资本负债率为 60% 及以上，61% 的企业长期资本负债率低于 10%，29% 的企业长期资本负债率处于 10% ~ 30%，8% 的企业长期资本负债率处于 30% ~ 60%，长期资本负债率普遍偏低。

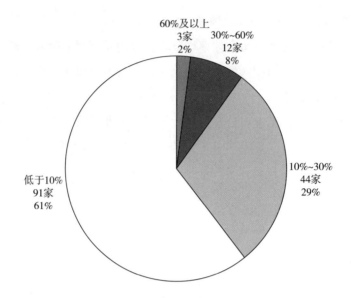

图13 2018年中关村境内民营上市公司长期资本负债率分布情况

资料来源：Wind，中关村上市公司协会整理。

从前三十名的长期偿债能力指标来看，22家企业资本负债率低于60%，23家企业长期资本负债率低于20%，可见评价指标得分前三十名的企业长期偿债能力普遍较高，长期债务压力较小。

13. 流动资产周转率/总资产周转率/应收账款周转率

本文用流动资产周转率、总资产周转率和应收账款周转率三个指标表示中关村境内民营上市公司的营运能力。所谓营运能力，指的是企业的经营运行能力，是对企业资产管理效率的研究。一般来说，企业营运能力越强、流动性越高，企业偿债能力越强、利用资产赚取利润的能力也就越强。

从流动资产周转率分布情况来看，2018年中关村境内民营上市公司的流动资产运用能力一般。具体来看，周转率在0.5以下的有25家，占比16.67%，这25家企业流动资产利用能力较差；流动资产周转率在0.5～1的企业有83家，占比55.33%，这83家企业流动资产运用能力一般；流动资产利用率在1～2的企业有34家，占比22.67%，这34家企业流动资产运用能力相对较好；流动资产运用能力在 2 及以上的企业说明流动资产运用能力相对较好，这样的企业有 8 家，占比 5.33%。从总资产周转率分布情况来看，2018 年中关村境内民营上市公司的总资产运用能力相对较差。一般来说，企业设置的总资产周转率的合理值为 0.8。对于中关村境内民营上市公司来说，总资产周转率在合理值及以上的有 22 家，占比 14.67%；有 128 家企业总资产周转率在 0.8 以下，占比 85.33%。从应收账款周转率分布情况来看，2018 年中关村境内民营上市公司的应收账款运用能力相对较差，各行业应收账款周转率，差距较大。总的来看，社会应收账款平均值为 7.8，以此为分界线，应收账款周转率小于 7.8 的有 131 家，占比 87.33%，说明这 131 家企业应收账款回款速度相对较差；仅有 19 家企业应收账款周转率在平均值以上（包括 7.8），占比 12.67%。

就排名前三十的中关村境内上市民营公司来说，营运能力整体高于全部中关村境内上市公司的营运能力。具体来看，排名前三十的企业中，有 15 家流动资产周转率在 1（包括 1）以上，占比 50%，而全部企业流动资产周转率在 1（包括 1）以上的企业仅占 28%；总资产周转率方面，27.67% 的排名前三十的企业总资产周转率在 0.8 以上，这一比例高于全部企业；在应收账款周转率方面，情况类似，排名前 30 的企业应收账款周转率的企业表现也远远高于全部企业。

14. 人力成本费用率

总的来看，2018 年中关村境内民营上市公司排名前 30 的企业人力成本费用率明显低于全部的中关村境内民营上市公司。具体来看，2018 年，中关村境内民营上市公司人力成本费用率在 0.1 以下的企业有 31 家，占比 20.67%；在 0.1~0.3（包括 0.1）的企业有 87 家，占比 58%；在 0.3 及以上的企业有 32 家，占比 21.33%。而在排名前 30 的企业中，人力成本费用率在 0.1 以下的有 12 家，占比 40%；在 0.1~0.3（包括 0.1）的企业有 14 家，占比 46.67%；有 4 家企业人力成本费用率在 0.3 及以上，占比 13.33%。

三 中关村境内民营上市公司竞争力排名情况

（一）行业竞争力排名

中关村民营上市公司共分布在 10 个行业，分别是信息技术、工业、可选消费、医疗保健、材料、能源、公用事业、电信服务、金融和日常消费。其中只有信息技术、工业、可选消费和医疗保健四个行业的中关村境内民营上市公司数量超过或等于 10 个。我们重点分析一下这四个行业的排名情况。

在信息技术行业，排名前五的分别是致力于各类存储器、控制器及周边产品的设计研发的全球化芯片设计公司——兆易创新；全球领先的智能卡操作系统及数字安全系统整体解决方案的提供商和服务商——飞天诚信；领先的综合型、融合型、生态式的企业服务提供商——用友网络；立足建筑产业，围绕工程项目的全生命周期，以建设工程领域专业应用为核心基础支撑，以产业大数据、产业新金融等为增值服务的数字建筑平台服务商——广联达及专注于高性能、高品质模拟集成电路芯片设计及销售的高科技技术企业——圣邦股份。

在工业行业，排名前五的分别是跨境多式联运综合物流服务及供应链贸易服务的提供商——嘉友国际；先后三次荣获"国家科技进步奖"、两次获得"国家技术发明奖"的三一重工；国内较早专业从事环境污染防治技术研究和应用的高技术企业之一——高能环境；家装行业中较早通过国家认证的高新技术企业——东易日盛及中国电气及工业自动化行业的领军企业——四方股份。

在可选消费领域，排名前五的分别是我国领先的移动阅读分发平台——掌阅科技；中国最大的出境旅游运营商之一——众信旅游；在中国大陆为企业提供品牌管理服务的行业龙头企业——蓝色光标；户外用品连锁销售企业——三夫户外及以驱动增长为核心、整合全渠道营销的信息技术服务公司——华扬联众。

表 10 中关村境内民营上市公司信息技术行业竞争力排名前 20

序号	证券代码	证券简称	F_1	F_2	F_3	F_4	F_5	F_6	F_7	总分
1	603986. SH	兆易创新	3.53357	-0.9209	4.365974	7.159498	4.747943	-2.87278	2.233382	2.809813
2	300386. SZ	飞天诚信	2.532487	-1.54932	7.657636	7.326669	2.435118	-0.99037	-1.55544	2.64688
3	600588. SH	用友网络	3.257496	1.796779	5.55775	0.200291	2.352039	-1.70529	-0.28977	2.189486
4	002410. SZ	广联达	2.654193	0.343763	2.012784	1.954548	3.862332	-1.00684	2.500957	1.808468
5	300661. SZ	圣邦股份	2.12427	-0.79821	0.803954	3.663311	3.807806	-0.54087	2.602696	1.526536
6	300552. SZ	万集科技	1.06378	-0.44503	5.08911	4.377254	-0.48654	-0.32541	-1.81533	1.419806
7	002405. SZ	四维图新	2.172973	0.836425	3.650094	-0.05734	2.370281	-1.70309	-0.00194	1.397831
8	300296. SZ	利亚德	2.080879	1.045033	2.572294	0.527528	0.824094	-0.17124	-0.32823	1.272752
9	300418. SZ	昆仑万维	1.983987	0.597648	0.507051	0.88416	2.429637	-0.92815	2.10782	1.137327
10	300002. SZ	神州泰岳	1.014386	-0.08716	3.598542	2.483042	-0.00215	-0.27503	-0.90143	1.086103
11	002657. SZ	中科金财	1.710844	-0.17407	0.074025	2.522179	3.172154	-2.66719	3.125202	1.078391
12	300223. SZ	北京君正	1.808626	-1.60565	0.801885	2.60005	4.371101	-0.47012	0.803359	1.070853
13	002362. SZ	汉王科技	1.476306	-0.53635	3.241515	3.676353	1.524779	-5.31294	-0.09636	1.034037
14	300608. SZ	思特奇	1.096935	-0.30544	3.087909	2.390355	0.67532	-0.76628	-0.73968	1.006031
15	603803. SH	瑞斯康达	1.255488	0.088283	3.217264	1.859745	0.580149	-1.58618	-0.76708	0.997345
16	002373. SZ	千方科技	2.301774	1.196548	0.932496	-0.77999	1.78275	-0.92625	0.428664	0.997081
17	300315. SZ	掌趣科技	1.287888	0.554053	0.648755	0.754537	3.366463	-1.24823	1.062346	0.950112
18	002153. SZ	石基信息	2.160467	0.334639	1.443112	-1.12823	2.608927	-0.94012	0.306503	0.890887
19	300324. SZ	旋极信息	1.387518	0.56797	1.487162	0.431034	1.012418	-0.27098	0.389564	0.870982
20	300383. SZ	光环新网	1.750942	0.853229	0.172941	0.346383	1.486599	-0.61123	0.888796	0.850788

表 11 中关村境内民营上市公司工业行业竞争力排名前 20

序号	证券代码	证券简称	F_1	F_2	F_3	F_4	F_5	F_6	F_7	总分
1	603871. SH	嘉友国际	5.404455	-0.94732	-1.04931	8.18174	9.540886	-7.59506	7.921351	3.035205
2	600031. SH	三一重工	7.120782	7.826968	5.614907	-7.03992	2.597306	-7.84478	-1.03228	2.877194
3	603588. SH	高能环境	3.184295	-0.20524	3.617709	6.079522	3.564487	-1.02109	1.903677	2.600209
4	002713. SZ	东易日盛	2.315515	0.306845	0.355936	2.658629	3.219575	-2.04903	2.773016	1.42248
5	601126. SH	四方股份	1.612644	0.070703	5.754372	2.830413	0.627097	-3.74582	-1.83062	1.39401
6	601886. SH	江河集团	2.520186	2.438774	3.056758	-1.41817	0.549639	-1.28339	-0.46228	1.348275
7	300117. SZ	嘉寓股份	1.411119	0.458286	2.666113	2.380905	0.372348	-0.06586	-0.43132	1.216964
8	002310. SZ	东方园林	2.308254	2.414547	2.64191	-1.17074	-0.12495	-1.12677	-0.50458	1.20162
9	300070. SZ	碧水源	2.904027	3.392095	2.793962	-3.43201	-0.04231	-3.36025	-0.17841	1.113929
10	603098. SH	森特股份	1.279758	0.177614	1.676272	1.711575	0.779703	-1.53731	-0.04558	0.833169
11	603903. SH	中持股份	1.140046	0.076243	1.146077	1.794232	0.785037	-1.47582	-0.0463	0.700193
12	603603. SH	博天环境	1.34482	0.778659	1.576339	0.912049	0.353714	-2.86894	-0.17596	0.680682
13	300444. SZ	双杰电气	1.057441	0.188716	1.326647	1.087629	0.614581	-0.4723	-0.34682	0.672688
14	300384. SZ	三联虹普	1.188891	-0.24013	0.377242	0.967403	1.772676	0.024218	0.636821	0.66715
15	002151. SZ	北斗星通	1.28246	0.448301	0.952533	0.167363	1.254921	-0.8932	0.155998	0.65609
16	300445. SZ	康斯特	1.110555	-1.08814	1.534714	1.739021	1.774011	-0.63175	-0.5353	0.640347
17	300688. SZ	创业黑马	1.042087	-0.43048	-0.18288	1.454429	2.04683	-0.77472	1.34319	0.58211
18	002599. SZ	盛通股份	1.29984	0.134281	-0.04343	1.293023	1.567006	-2.05953	0.744965	0.574566
19	002573. SZ	清新环境	0.983309	0.544691	1.206714	0.603601	0.046807	-1.32466	-0.12308	0.532567
20	002350. SZ	北京科锐	1.091102	0.348453	0.349589	0.441468	1.001973	-0.91209	0.380261	0.518064

在医疗保健领域，排名前五的分别是：专业从事冠脉支架、PTCA 球囊导管、中心静脉导管及压力传感器的研发、生产和销售的企业——乐普医疗；消化及抗肿瘤类药物研发商，集医药、研发、生产、市场推广和销售于一体的企业——奥赛康；主要从事以药物非临床安全性评价服务为主的药物临床前研究服务和实验动物及附属产品的销售业务——昭衍新药；专注于研发、生产、销售生物药物的高新技术企业——赛升药业及专注于医疗检测产品及元素分析产品的研发、生产、销售及售后服务为一体的高新技术企业——博晖创新。

四 竞争力评价指标排名前30中关村境内民营上市公司情况简介

（一）嘉友国际（603871.SH）

1. 公司基本信息

嘉友国际物流股份有限公司（简称"嘉友国际"）成立于 2005 年，2018 年于上海证券交易所主板上市发行（股票代码：603871.SH）。截至 2018 年 12 月 31 日，嘉友国际市值为 38.70 亿元。

公司从事的主要业务包括跨境多式联运、大宗矿产品物流、智能仓储在内的跨境多式联运综合物流服务以及在此业务基础上拓展的供应链贸易服务。公司通过整合海陆空铁运输、海关公用保税及海关监管场所的仓储分拨、报关、报检、物流综合单证服务等各个环节，根据客户的个性化需求，制定标准化、定制化的跨境综合物流解决方案。

2. 核心竞争力分析

（1）核心区域的先发优势

公司在中蒙、中哈重要陆运边境口岸甘其毛都、二连浩特建立了海关公用型保税仓库和海关监管场所等核心资产，使公司率先积累了在陆运国际物流通道开展国际跨境多式联运业务的经验、物流渠道和风险控制的能力。

（2）冶炼行业大宗物资客户优势

公司的主要客户对专业服务能力、管理水平、物流效率、品牌信誉等要求较高，强调业务合作的稳定性与持续性。公司和这些客户的合同重复签约成功率高，获客成本相对低，形成了长期稳定的合作模式。

（3）商业模式的优势——多式联运

公司积极参与核心区域的国际多式联运市场竞争，在提供跨境物流服务的基础上，积极开拓上下游产业链新的业务类型，为客户提供包括仓储、国际融资租赁、供应链贸易等多种业务形式，满足客户一站式多元化服务的需求，减少中间环节，进一步稳固和扩大市场规模。

（4）技术及信息化管理优势

公司多年来一直重视物流信息化系统的建设，致力于信息化网络系统的搭建。经过持续的开发运用和迭代创新，公司已完善形成了跨境综合物流业务管理系统、公路网络运输管理系统、集装箱跨境运输管理系统、报关管理系统、智能仓储管理系统、智能卡口管理信息系统等 10 多项软件著作权和物流管理应用系统模块。

3. 股东情况

截至 2018 年 12 月 31 日，公司前 5 大股东情况见表 12。

表 12　2018 年底嘉友国际前 5 大股东情况

排名	股东名称	股东性质	持股数量（股）	占总股本比例（%）
1	嘉信益（天津）资产管理合伙企业（有限合伙）	合伙企业	42000000	37.50
2	韩景华	自然人	24895570	22.23
3	孟联	自然人	12904430	11.52
4	武子彬	自然人	840000	0.75
5	王本利	自然人	840000	0.75

资料来源：公司 2018 年年报，中关村上市公司协会整理。

4. 财务分析

（1）基本财务数据

表 13　2018 年底嘉友国际基本财务数据情况

单位：万元

项目	2018 年末	2017 年末	2016 年末
总资产	214044.74	89430.33	71727.41
归属母公司的股东权益	157702.34	57368.68	36746.62
营业收入	410086.27	324424.93	95691.55
净利润	26982.77	20589.05	14529.43
归属母公司股东的净利润	27003.45	20622.06	14576.68
经营活动现金净流量	428.94	20475.67	18343.59
期末现金余额	44134.03	40977.26	22607.28

资料来源：公司 2018 年年报，中关村上市公司协会整理。

　　近三年，公司总资产、营业收入和净利润均稳定增长，表现出良好的发展潜力。公司 2018 年前五名客户销售额 234213.84 万元，占年度销售总额 57.11%，客户集中度相对较高。

（2）主要财务指标

表 14　2018 年底嘉友国际主要财务指标情况

项目	2018 年末	2017 年末	2016 年末
销售毛利率(%)	8.71	9.43	22.03
销售净利率(%)	6.58	6.35	15.18
资产负债率(%)	26.28	35.72	48.56
流动比率	3.14	2.07	1.45
速动比率	2.87	1.84	1.31
应收账款周转率	40.16	45.56	16.73

资料来源：公司 2018 年年报，中关村上市公司协会整理

　　近三年，公司销售毛利率相对较低，资产负债率及流动比率、速动比率较为适中，表明偿债能力较强，应收账款周转率较高，应收账款回收更为容易。

（3）收入结构

公司近三年主营业务收入按项目分类情况见表15。

表15　2018年底嘉友国际主营业务收入分布情况

单位：万元，%

项目	2018年		2017年		2016年	
	金额	比例	金额	比例	金额	比例
供应链贸易服务	339822.31	82.87	267497.76	82.45	48172.9	50.34
跨境多式联运综合物流服务	70263.96	17.13	56927.18	17.55	47518.65	49.66
合　计	410086.27	100.00	324424.94	100.00	95691.55	100.00

资料来源：公司2018年年报，中关村上市公司协会整理。

近三年，公司主营业务以供应链贸易服务为主，其收入占比最大；跨境多式联运综合物流服务所占比重逐年下降。供应链贸易服务是跨境多式联运综合物流服务的延伸，区别于传统贸易经营模式，公司所从事的供应链贸易服务是根据供应商的要求，向其提供市场整体交易信息、客户价格反馈、物流方案、仓储、结算等服务，并以自身名义购入商品，最终将商品销售给境内购买商。两项主营业务收入的变化反映出企业对跨境物流运输服务的转型升级。

5. 股票行情

公司自上市以来股价走势见图14。

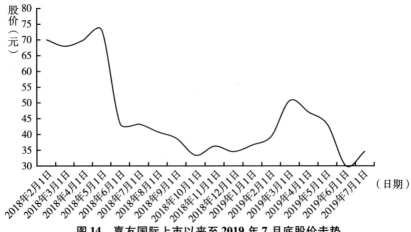

图14　嘉友国际上市以来至2019年7月底股价走势

资料来源：Wind，中关村上市公司协会整理。

（二）掌阅科技（603533.SH）

1. 公司基本信息

掌阅科技股份有限公司（简称"掌阅科技"）成立于2008年，2017年于上海证券交易所主板上市发行（股票代码：603533.SH）。截至2018年12月31日，掌阅科技市值为71.30亿元。

公司主营业务为互联网数字阅读服务及增值服务业务，以出版社、版权机构、文学网站、作家为正版图书数字内容来源，对数字图书内容进行编辑制作和聚合管理，面向互联网发行数字阅读产品（包括漫画、有声内容等），同时从事网络原创文学版权运营，电子书阅读器硬件产品研发及销售，基于自有互联网平台的流量增值服务。

2. 核心竞争力分析

（1）庞大的移动用户规模和稳定的数字阅读客户群体

公司产品月活跃用户数量约1.2亿，在国内数字阅读平台中稳居领先地位。且"掌阅"平台的活跃用户已经成为忠实稳定的数字阅读读者群体。"掌阅"作为数字阅读平台，其良好的产品风格和使用体验能够使数字阅读用户形成相对固定的阅读习惯，提升了用户黏性，用户持续使用的意愿较强。

（2）丰富的数字内容储备和内容资源覆盖优势

公司拥有数字阅读内容50余万册。数字阅读内容资源丰富，数量众多，包括图书、有声读物、杂志、漫画、自出版等多类书籍。能够满足用户各种类别、各种场景的阅读需求。公司经过多年积累，与大量出版公司、文学网站、作家建立了合作关系，建立了广泛直接内容采购网络。

（3）突出的研发实力及技术创新能力

公司一直注重产品的研发及创新，强调用户阅读体验的产品策略始终贯穿。公司自主研发了数字阅读平台"掌阅"，在不断优化产品细节及性能的同时，在业内率先实现了3D仿真翻页、护眼模式等技术创新的产品应用，并在文档识别、转化、续读技术以及数字内容的精装排版等方面形成了核心技术优势，处于行业领先地位。

（4）基于海量用户及内容数据的深度运营能力

公司数字阅读平台聚集了广泛的数字阅读用户以及丰富的数字内容资源，公司根据社会文化聚焦、娱乐风尚对热点或高品质数字内容实施重点推广，同时通过高效精确的数据分析系统，形成了以内容挖掘和用户行为为导向的精细化数字阅读运营体系。

3. 股东情况

截至 2018 年 12 月 31 日，公司前 5 大股东情况见表 16。

表 16　2018 年底掌阅科技前 5 大股东情况

排名	股东名称	股东性质	持股数量（股）	占总股本比例（%）
1	张凌云	自然人	121973572	30.42
2	成湘均	自然人	115874893	28.90
3	深圳国金天吉创业投资企业（有限合伙）	合伙企业	36000000	8.98
4	王良	自然人	32641411	8.14
5	刘伟平	自然人	27444054	6.84

资料来源：公司 2018 年年报，中关村上市公司协会整理。

4. 财务分析

（1）基本财务数据

表 17　2018 年底掌阅科技基本财务数据情况

单位：万元

项目	2018 年末	2017 年末	2016 年末
总资产	159139.18	135200.85	97360.47
归属母公司的股东权益	111309.99	98761.45	73047.66
营业收入	190315.07	166699.05	119763.04
净利润	13612.59	12378.09	7720.96
归属母公司股东的净利润	13931.56	12370.88	7720.96
经营活动现金净流量	14335.97	22807.06	16166.36
期末现金余额	58156.47	31668.93	74147.37

资料来源：公司 2018 年年报，中关村上市公司协会整理。

近三年，公司总资产、营业收入和净利润均稳定增长，表现出良好的发展潜力。公司 2018 年前五名客户销售额 172401.44 万元，占年度销售总额 90.59%，客户集中度非常高。

（2）主要财务指标

表 18　2018 年底掌阅科技主要财务指标情况

项目	2018 年末	2017 年末	2016 年末
销售毛利率（%）	29.46	29.76	32.95
销售净利率（%）	7.15	7.43	6.45
资产负债率（%）	29.78	26.91	24.97
流动比率	2.89	3.45	3.78
速动比率	2.79	3.39	3.76
应收账款周转率	9.97	11.73	12.20

资料来源：公司 2018 年年报，中关村上市公司协会整理。

近三年，公司销售毛利率相对较低，资产负债率相对较低，流动比率、速动比率较高，表明公司偿债能力较强，应收账款周转率相对适中，应收账款回收相对容易。

（3）收入结构

公司近三年主营业务收入按项目分类情况见表 19。

表 19　2018 年底掌阅科技主营业务收入分布情况

单位：万元，%

项目	2018 年		2017 年		2016 年	
	金额	比例	金额	比例	金额	比例
数字阅读	165599.80	87.01	156810.32	94.07	112646.85	94.06
版权产品	13686.17	7.19	3670.05	2.20	1067.09	0.89
硬件产品	8831.84	4.64	5388.34	3.23	2734.80	2.28
游戏联运	—	—	—	—	2514.81	2.10
广告营销	—	—	—	—	705.24	0.59
其他主营业务	2197.26	1.15	830.34	0.50	94.26	0.08
合计	190315.07	100.00	166699.05	100.00	119763.04	100.00

资料来源：公司 2018 年年报，中关村上市公司协会整理。

近三年，公司主营业务以数字阅读为主，其收入逐年稳步增长，但收入占比波动下滑；版权产品营收增长强劲，营收规模和收入占比均呈现跳跃式增长；硬件产品稳步增长，收入规模和比重逐渐加大。数字阅读收入规模的增长主要系公司不断提升数字阅读相关技术，持续改进产品，提升用户体验；硬件收入增长主要源于公司推出一系列新品，销量同比增加所致；版权产品收入增长，主要源于公司积极拓展分发渠道，向第三方互联网平台、影视公司、游戏公司输出的版权内容增加所致；其他收入主要为公司利用"掌阅"App 拥有的用户流量所提供的互联网推广服务和其他增值服务。2018 年公司其他收入增长主要系拓展与行业客户及品牌客户的合作，互联网推广服务收入增长所致。

5. 股票行情

公司自上市以来股价走势见图 15。

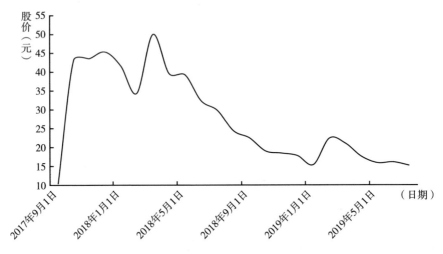

图 15　掌阅科技上市以来至 2019 年 7 月底股价走势

资料来源：Wind，中关村上市公司协会整理。

（三）三一重工（600031.SH）

1. 公司基本信息

三一重工股份有限公司（简称"三一重工"）由三一集团创建于 1994 年，2003 年于上海证券交易所主板上市发行（股票代码：600031.SH）。截至 2018 年 12 月 31 日，三一重工市值为 650.40 亿元。

公司主要从事工程机械的研发、制造、销售和服务。公司产品包括混凝土机械、挖掘机械、起重机械、桩工机械、筑路机械。其中，混凝土设备为全球第一品牌，挖掘机、大吨位起重机、旋挖钻机、路面成套设备等主导产品已成为中国第一品牌。

2. 核心竞争力分析

（1）行业领先的研发创新能力

公司每年将销售收入的 5% 以上投入研发，形成集群化的研发创新平台体系，拥有 2 个国家级企业技术中心、1 个国家级企业技术分中心、3 个国家级博士后科研工作站、3 个院士专家工作站、4 个省级企业技术中心、1 个国家认可试验检测中心、2 个省级重点实验室、4 个省级工程技术中心、1 个机械行业工程技术研究中心和 1 个省级工业设计中心。2018 年公司累计申请专利 8107 项，授权专利 6657 项，申请及授权数居国内行业第一。

（2）高端卓越的精益智能制造

公司以精益思想为指导，采用六西格玛方法优化流程，运用 IT 平台合理配置资源，创造性地建设具有三一特色的 SPS 生产方式，以"流程化、准时化、自动化"为三大支柱，推动"SPS"模式进一步落地，实现制造变革"高品质、低成本"的目标，打造高端卓越的制造新标杆，缔造了行业最高品质的产品；公司主机产品在设计环节、系统质量、用户操作等方面均处于行业领先水平；公司推广应用机器人、自动化系统、物联网、视觉识别、AI 等技术，提升制造工艺水平、生产效率，改善制造成本；依托 SCM 项目实施及 MES 升级优化实现制造管理过程数字化；运用智能检测和大数据分析等技术，实现质量检测过程的数字化、在线化。

（3）无与伦比的营销服务

公司先后荣获亚洲客户服务协会颁发的"亚太最佳服务奖"、商务部与中国行业联合会等颁发的"全国售后服务十佳单位"和"全国售后服务特殊风险单位"、中国信息协会与中国服务贸易协会颁发的"中国最佳服务管理奖"充分彰显了公司在服务领域的独特核心竞争力。

3. 股东情况

截至 2018 年 12 月 31 日，公司前 5 大股东情况见表 20。

表 20　2018 年底三一重工前 5 大股东情况

排名	股东名称	股东性质	持股数量（股）	占总股本比例（%）
1	三一集团有限公司	法人	2611296612	33.47
2	香港中央结算有限公司（陆股通）	法人	499055255	6.40
3	梁稳根	自然人	285840517	3.66
4	中国证券金融股份有限公司	法人	233349259	2.99
5	中央汇金资产管理有限公司	法人	83108800	1.07

资料来源：公司 2018 年年报，中关村上市公司协会整理。

4. 财务分析

（1）基本财务数据

表 21　2018 年底三一重工基本财务数据情况

单位：万元

项目	2018 年末	2017 年末	2016 年末
总资产	7377472.30	5823769.00	6155496.70
归属母公司的股东权益	3148490.50	2549760.40	2271740.30
营业收入	5582150.40	3833508.70	2328007.20
净利润	630348.70	222708.50	16379.90
归属母公司股东的净利润	611628.80	209225.30	20345.70
经营活动现金净流量	1052689.90	856450.10	324945.00
期末现金余额	432088.90	372577.90	705018.50

资料来源：公司 2018 年年报，中关村上市公司协会整理。

近三年，公司总资产、营业收入和净利润均稳定增长，表现出良好的发展潜力。公司 2018 年前五名客户销售收入 490675 万元，占年度销售收入总额 8.79%，客户集中度较低。

（2）主要财务指标

表22　2018年底三一重工主要财务指标情况

项目	2018年末	2017年末	2016年末
销售毛利率(%)	30.62	30.07	26.21
销售净利率(%)	11.29	5.81	0.70
资产负债率(%)	55.94	54.71	61.90
流动比率	1.53	1.58	1.60
速动比率	1.19	1.24	1.33
应收账款周转率	2.90	2.10	1.19

资料来源：公司2018年年报，中关村上市公司协会整理。

近三年，公司销售毛利率相对较低，资产负债率及流动比率、速动比率处于合理水平，表明偿债能力较强，应收账款周转率相对较低，应收账款回收一般。

（3）收入结构

公司近三年主营业务收入按项目分类情况见表23。

表23　2018年底三一重工主营业务收入分布情况

单位：万元，%

项目	2018年		2017年		2016年	
	金额	比例	金额	比例	金额	比例
挖掘机械	1924678.40	34.48	1366932.90	35.66	747005.40	32.09
混凝土机械	1696393.00	30.39	1259958.90	32.87	950280.70	40.82
起重机械	934724.10	16.74	524351.30	13.68	270979.20	11.64
桩工机械类	469053.70	8.40	291333.20	7.60	118658.40	5.10
路面机械	213241.80	3.82	134340.70	3.50	87469.40	3.76
配件及其他	195555.90	3.50	188742.90	4.92	102952.00	4.42
其他业务	148503.50	2.66	67848.80	1.77	50662.10	2.18
合计	5582150.40	100.00	3833508.70	100.00	2328007.20	100.00

资料来源：公司2018年年报，中关村上市公司协会整理。

近三年，公司主营业务以挖掘机械、混凝土机械及起重机械为主，兼顾桩工机械、路面机械、配件及其他，各类产品收入规模稳步增长，但就收入占比

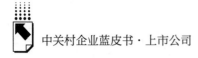

来看，挖掘机械和起重机械收入占比稳步增长，起重机械收入占比却逐年下降。

5. 股票行情

公司自上市以来股价走势见图 16。

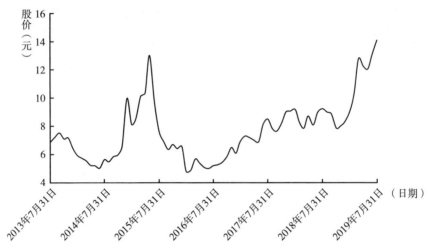

图 16 三一重工上市以来至 2019 年 7 月底股价走势

资料来源：Wind，中关村上市公司协会整理。

（四）兆易创新（603986. SH）

1. 公司基本信息

北京兆易创新科技股份有限公司（简称"兆易创新"）成立于 2005 年，2016 年于上海证券交易所主板上市发行（股票代码：603986. SH）。截至 2018 年 12 月 31 日，兆易创新市值为 177. 39 亿元。

公司主要业务为闪存芯片及其衍生产品、微控制器产品的研发、技术支持和销售，公司产品广泛应用于手持移动终端、消费类电子产品、物联网终端、个人电脑及周边，以及通信设备、医疗设备、办公设备、汽车电子及工业控制设备等领域。

2. 核心竞争力分析

（1）技术和产品优势

公司 NOR Flash 继续保持技术和市场的领先；公司将基于自研 NAND

Flash 提供小容量 eMMC 解决方案，同时也将持续加强外部合作推出中高容量解决方案，满足移动终端、智能化产品及大容量市场需求；公司是国内 32bit MCU 产品领导厂商。

（2）知识产权优势

公司多年技术研发不仅推出了具备技术、成本优势的全系列产品，而且积累了大量的知识产权。截至本文期末，公司已申请 841 项专利，获得 355 项专利，其中 2018 年新申请专利 123 项，新获得专利 94 项，2018 年新获专利占比达 26.48%。此外，公司还拥有集成电路布图设计权 8 项，软件著作权 19 项。上述专利涵盖 NOR Flash、NAND Flash、MCU 等芯片关键技术领域，体现了公司在技术研发上的领先地位。

3. 股东情况

截至 2018 年 12 月 31 日，公司前 5 大股东情况见表 24。

表 24　2018 年底兆易创新前 5 大股东情况

排名	股东名称	股东性质	持股数量（股）	占总股本比例（%）
1	朱一明	自然人	38541160	13.54
2	国家集成电路产业投资基金股份有限公司	法人	31213000	10.97
3	InfoGrid Limited	法人	29286600	10.29
4	讯安投资有限公司	法人	24145896	8.48
5	陕西省国际信托股份有限公司－陕国投·财富 28 号单一资金信托	法人	15081300	5.30

资料来源：公司 2018 年年报，中关村上市公司协会整理。

4. 财务分析

（1）基本财务数据

近三年，公司总资产、营业收入和净利润均稳定增长，表现出良好的发展潜力。公司 2018 年前五名客户销售额 70872.19 万元，占年度销售总额 31.56%，客户集中度较高。

表 25　2018 年底兆易创新基本财务数据情况

单位：万元

项目	2018 年末	2017 年末	2016 年末
总资产	286083.05	257437.35	166965.03
归属母公司的股东权益	189717.75	175648.83	127853.57
营业收入	224578.63	202970.88	148894.82
净利润	40397.76	39754.42	17469.83
归属母公司股东的净利润	40500.64	39741.60	17642.76
经营活动现金净流量	61964.45	19770.42	8361.27
期末现金余额	93394.59	58688.82	87155.92

资料来源：公司 2018 年年报，中关村上市公司协会整理。

（2）主要财务指标

表 26　2018 年底兆易创新主要财务指标情况

项目	2018 年末	2017 年末	2016 年末
销售毛利率(%)	38.25	39.16	26.72
销售净利率(%)	17.99	19.59	11.73
资产负债率(%)	33.68	31.74	23.39
流动比率	2.82	2.58	4.54
速动比率	1.82	1.45	3.25
应收账款周转率	22.77	20.59	12.94

资料来源：公司 2018 年年报，中关村上市公司协会整理。

近三年，公司销售毛利率相对增加，资产负债率处于较低水平、流动比率、速动比率较高，表明偿债能力较强，应收账款周转率相对较高，应收账款回收情况较好。

（3）收入结构

公司近三年主营业务收入按项目分类情况见表 27。

近三年，公司主营业务以存储芯片销售和微控制器为主。各类产品收入规模稳步增长，但就收入占比来看，微控制器近几年销售收入增长较快，收入占比逐年增大；存储芯片销售占比却逐年减少。

表27　2018年底兆易创新主营业务收入分布情况

单位：万元，%

项目	2018 年		2017 年		2016 年	
	金额	比例	金额	比例	金额	比例
存储芯片销售	183875.01	81.88	171581.86	84.54	129188.64	86.77
微控制器	40449.85	18.01	31109.39	15.33	19660.62	13.20
技术服务及其他	212.85	0.09	239.19	0.12	33.70	0.02
其他业务	40.92	0.02	40.44	0.02	11.85	0.01
合计	224578.63	100.00	202970.88	100.00	148894.82	100.00

资料来源：公司2018年年报，中关村上市公司协会整理。

5. 股票行情

公司自上市以来股价走势见图17。

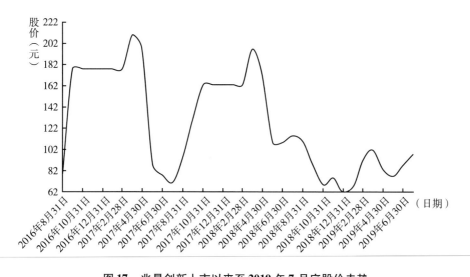

图17　兆易创新上市以来至2019年7月底股价走势

资料来源：Wind，中关村上市公司协会整理。

（五）飞天诚信（300386.SZ）

1. 公司基本信息

飞天诚信科技股份有限公司（简称"飞天诚信"）成立于1998年，

2014 年于深圳证券交易所创业板上市发行（股票代码：300386. SZ）。截至 2018 年 12 月 31 日，飞天诚信市值为 42.18 亿元。

公司是智能卡操作系统及数字安全系统整体解决方案的提供商和服务商。公司自成立以来始终专注于智能卡核心技术的研究和发展，坚持自主创新的发展战略，在身份识别、交易安全、智能支付、云安全、金融行业创新营销、版权保护等多个领域提供完整的服务和解决方案。公司积累了金融、政府、邮政、电信、交通、互联网等领域多家客户。其中，银行客户覆盖较为广泛，为包括工行、建行、农行、中行、交通银行等在内的多家银行的网上银行系统安全提供完善的解决方案和专业的技术服务，是国内银行客户数较多的智能网络身份认证产品提供商。

2. 核心竞争力分析

（1）行业优势

飞天诚信在网络银行安全交易、支付卡及服务、移动支付安全、云认证、身份认证及软件保护等多个领域提供完整的服务和解决方案，凭借过硬的技术和研发实力，不断推出技术先进、性能稳定的信息安全产品和服务。

（2）客户优势

公司银行客户覆盖较为广泛，为包括中国工商银行、中国建设银行、中国农业银行、中国银行、交通银行、招商银行、民生银行、上海浦东发展银行、中信银行、兴业银行、光大银行等多家银行的网上银行系统安全提供完善的解决方案和专业的技术服务，是国内银行客户数较多的智能网络身份认证产品提供商。

（3）技术优势

知识产权是飞天诚信参与市场竞争的有力工具，截至 2018 年 12 月 31 日，飞天诚信已拥有计算机软件著作权登记证书 183 项，获得授权专利 1284 项，其中发明专利 848 项（含 141 项国外专利）、实用新型专利 152 项、外观设计专利 284 项。

3. 股东情况

截至 2018 年 12 月 31 日，公司前 5 大股东情况见表 28。

表 28　2018 年底飞天诚信前 5 大股东情况

排名	股东名称	股东性质	持股数量（股）	占总股本比例（%）
1	黄煜	自然人	133359446	31.90
2	李伟	自然人	55917628	13.38
3	陆舟	自然人	52634756	12.59
4	韩雪峰	自然人	20694734	4.95
5	中央汇金资产管理有限责任公司	法人	5545400	1.33

资料来源：公司 2018 年年报，中关村上市公司协会整理。

4. 财务分析

（1）基本财务数据

表 29　2018 年底飞天诚信基本财务数据情况

单位：万元

项目	2018 年末	2017 年末	2016 年末
总资产	201262.55	196954.47	181290.13
归属母公司的股东权益	175126.27	165392.70	157062.04
营业收入	107178.24	110304.85	88943.19
净利润	13404.74	10414.75	11399.55
归属母公司股东的净利润	13327.35	12517.45	11958.96
经营活动现金净流量	815.44	10293.69	9883.07
期末现金余额	65190.14	57766.72	80227.46

资料来源：公司 2018 年年报，中关村上市公司协会整理。

近三年，公司总资产和净利润稳定增长，2018 年受宏观环境影响，营业收入有所下降。公司 2018 年前五名客户销售额 59667.32 万元，占年度销售总额 55.67%，客户集中度偏高。其中，前五大客户产生的业务收入占当年营业收入的比重分别为 30.90%、15.40%、4.35%、2.87% 和 2.15%。

（2）主要财务指标

近三年，公司销售净利率相对较高，资产负债率相对较低，流动比率、速动比率较高，表明公司偿债能力较强，但可能存在资金使用效率不足的问题。

表30 2018年底飞天诚信主要财务指标情况

项目	2018 年末	2017 年末	2016 年末
销售毛利率(%)	37.61	38.93	40.72
销售净利率(%)	12.51	9.44	12.82
资产负债率(%)	12.46	15.70	12.36
流动比率	7.43	8.35	8.17
速动比率	5.58	6.46	6.46
应收账款周转率	12.91	20.21	19.93

资料来源：公司2018年年报，中关村上市公司协会整理。

（3）收入结构

公司近三年主营业务收入按项目分类情况见表31。

表31 2018年底飞天诚信主营业务收入分布情况

单位：万元，%

项目	2018 年		2017 年		2016 年	
	金额	比例	金额	比例	金额	比例
USB Key	57304.86	53.47	56469.18	51.19	50745.34	57.05
动态令牌	29195.59	27.24	32213.45	29.20	28508.30	32.05
芯片	7085.19	6.61	6396.91	5.80	—	—
加密锁	4292.94	4.01	4340.90	3.94	4091.15	4.60
软件开发	1525.70	1.42	1315.59	1.19	873.12	0.98
卡类及其他	7773.97	7.25	9568.82	8.67	4725.29	5.31
合计	107178.25	100.00	110304.85	100.00	88943.20	100.00

资料来源：公司2018年年报，中关村上市公司协会整理。

近三年，公司主营业务以 USB Key 为主，其收入占比最大；其次为动态令牌业务，但所占比重逐年下降；芯片业务自2017年开始出现，近两年所占比重正在稳定上升。其中，USB Key 产品市场目前主要集中在对信息安全领域要求较高的领域，银行是 USB Key 产品主要的需求方；芯片业务由公司子公司北京宏思主营，是国内较早专业从事国产信息安全应用芯片研制的集成电路设计企业，产品应用于金融、移动支付、税务公安、交通、电力、电子政务、物联网、智能家电、公共安全、版权保护、工业控制等领域。

5. 股票行情

公司自上市以来股价走势见图18。

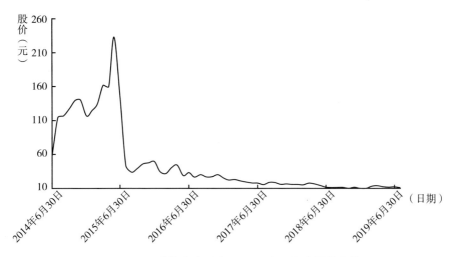

图18 飞天诚信上市以来至 2019 年 7 月底股价走势

资料来源：Wind，中关村上市公司协会整理。

（六）高能环境（603588.SH）

1. 公司基本信息

北京高能时代环境技术股份有限公司（简称"高能环境"）成立于1992
年，2014 年于上海证券交易所主板上市发行（股票代码：603588.SH）。截至
2018 年 12 月 31 日，高能环境市值为 51.85 亿元。

公司主要从事环境修复和固废处理处置两大业务领域，形成了以环境修
复、危废处理处置、生活垃圾处理、一般工业固废处理为核心业务板块，兼
顾工业废水处理、污泥处置等其他领域协同发展的综合型环保服务平台。是
国内最早专业从事固废污染防治技术研究、成果转化和提供系统解决方案的
国家级高新技术企业之一。

2. 核心竞争力分析

（1）领先的研发实力和完备的技术体系

公司凭借丰富的技术研发实力和项目实施经验，已经完成了原位修复、

稳定化固化、化学氧化、风险管控等修复主流技术体系建设。截至 2018 年末，公司拥有 239 项专利技术，并获评"国家技术创新示范企业"以及"民营科技发展贡献科技进步二等奖"；主编/参编了 66 项国家/联盟/行业标准，其中国家标准 16 项，技术创新稳居行业领先地位。

（2）丰富的项目经验和领先的环境系统服务能力

公司完成了由专业承包商向系统服务商，由专注垃圾填埋场向固废领域全产业链的全面转型。公司拥有市政公用工程施工总承包壹级、环保工程专业承包壹级、环境工程设计专项（固体废物处理处置工程、污染修复工程）甲级等多类一级资质。

（3）良好的市场口碑和品牌影响力

公司连续 4 年获得"土壤修复年度领跑企业"，分别获得了"2018 节能环保产业最具成长上市公司"、"2018 年中国能源年度绿色成就奖"、"中国产学研合作创新成果一等奖"、"民营科技发展贡献科技进步二等奖"、"国家技术创新示范企业"、"第十二届人民企业社会责任奖"、"亚洲名优品牌奖"、"全国节能减排先锋企业"、"北京建设行业 AAA 信用企业"等荣誉。

3. 股东情况

截至 2018 年 12 月 31 日，公司前 5 大股东情况见表 32。

表 32　2018 年底高能环境前 5 大股东情况

排名	股东名称	股东性质	持股数量（股）	占总股本比例（%）
1	李卫国	自然人	151168373	22.89
2	许利民	自然人	34671744	5.25
3	刘泽军	自然人	31808660	4.82
4	向锦明	自然人	22979840	3.48
5	钟佳富	自然人	20600400	3.12

资料来源：公司 2018 年年报，中关村上市公司协会整理。

4. 财务分析

（1）基本财务数据

近三年，公司总资产、营业收入和净利润均稳步大幅增长，2017 年经

表33 2018年底高能环境基本财务数据情况

单位：万元

项目	2018年末	2017年末	2016年末
总资产	848580.10	596153.45	443183.23
归属母公司的股东权益	268878.71	218738.68	197045.83
营业收入	376225.03	230524.01	156462.29
净利润	39679.99	24028.08	16389.07
归属母公司股东的净利润	32461.99	19194.58	15648.14
经营活动现金净流量	32209.54	10155.97	-11105.87
期末现金余额	54147.30	35168.97	34883.43

资料来源：公司2018年年报，中关村上市公司协会整理。

营活动现金净流量扭亏为盈，公司发展态势良好。公司2018年前五名客户销售额50421.18万元，占年度销售总额13.35%，客户较为分散。

（2）主要财务指标

表34 2018年底高能环境主要财务指标情况

项目	2018年末	2017年末	2016年末
销售毛利率(%)	26.35	27.65	27.43
销售净利率(%)	10.55	10.42	10.47
资产负债率(%)	64.06	58.46	52.25
流动比率	0.95	0.83	1.04
速动比率	0.40	0.30	0.39
应收账款周转率	19.07	16.47	12.25

资料来源：公司2018年年报，中关村上市公司协会整理。

近三年，公司销售毛利率和资产负债率与同行业平均水平基本持平，企业获利能力和偿债能力较强，应收账款周转率较高，账龄较短，账款流动速度较好，回款较为容易。

（3）收入结构

公司近三年主营业务收入按项目分类情况见表35。

近三年，公司主营业务以工程承包为主，主要集中在环境修复、固废填

165

表35 2018年底高能环境主营业务收入分布情况

单位：万元，%

项目	2018年		2017年		2016年	
	金额	比例	金额	比例	金额	比例
工程承包	260379.93	69.21	171115.56	74.23	147741.62	94.43
运营服务	115845.10	30.79	59408.45	25.77	8720.67	5.57
合计	376225.03	100.00	230524.01	100.00	156462.29	100.00

资料来源：公司2018年年报，中关村上市公司协会整理。

埋场等细分领域，近三年收入占比均在65%以上。而公司运营服务项目主要集中在危废处理处置、生活垃圾焚烧发电等细分领域，近几年，由于运营项目的不断增加，运营服务收入占比逐年快速提升，2018年，公司运营服务的收入金额同比增长95%，占比达30.79%。

5. 股票行情

公司自上市以来股价走势见图19。

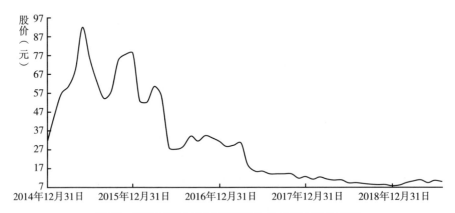

图19 高能环境上市以来至2019年7月底股价走势

资料来源：Wind，中关村上市公司协会整理。

（七）众信旅游（002707.SZ）

1. 公司基本信息

众信旅游集团股份有限公司（简称"众信旅游"）成立于1992年，

2014 年于深圳证券交易所中小企业板上市发行（股票代码：002707. SZ）。截至 2018 年 12 月 31 日，众信旅游市值为 53. 84 亿元。

公司主要从事出境游批发、出境游零售、整合营销服务业务。近年来，公司业务由出境游拓展至"旅游＋"服务，逐步向游学留学、移民置业、旅游金融、健康医疗等一系列旅游综合服务延伸。在继续加强批发业务领先优势的基础上，加大零售业务开拓力度，将"众信旅游"零售品牌拓展至全国。

2. 核心竞争力分析

（1）规模优势

公司旅游服务收入从 2014 年上市当年的 42 亿元增长到 2018 年的 1220 亿元，服务人次同步大幅增长。2018 年最终完成众信旅游和竹园国旅原有两家大的出境游批发商的完全合并，公司规模效应凸显，规模的扩大为旅游产品的丰富、资源整合及成本控制、产业链的延伸、游学留学、移民置业、旅游金融、健康医疗等综合服务的推出提供了坚实的客户基础。

（2）产品和服务优势

公司产品已覆盖欧澳美非亚全球主要目的地国家和地区，跟团游、定制游、自由行/半自由行、海外目的地玩乐等丰富的出境游产品，为游客提供了多样化选择，产品出行日期密集、产品出发城市丰富、为非口岸城市游客提供国内联运机票等，为游客出行提供便利。

（3）渠道优势

公司已在各主要一、二线城市设立了下属分、子公司，并将渠道进一步下沉至三四线地市，拥有超过 2000 家代理客户及数万家合作经营网点，形成了覆盖全国的线上线下协作的批发销售体系，目前公司是各大线上线下零售旅行社的主要供应商。

3. 股东情况

截至 2018 年 12 月 31 日，公司前 5 大股东情况见表 36。

表36　2018 年底众信旅游前 5 大股东情况

排名	股东名称	股东性质	持股数量（股）	占总股本比例（%）
1	冯滨	自然人	266009800	31.22
2	郭洪斌	自然人	56957380	6.69
3	曹建	自然人	32003935	3.76
4	林岩	自然人	29104000	3.4200
5	紫光集团有限公司	法人	27103140	3.18

资料来源：公司 2018 年年报，中关村上市公司协会整理。

4. 财务分析

（1）基本财务数据

表37　2018 年底众信旅游基本财务数据情况

单位：万元

项目	2018 年末	2017 年末	2016 年末
总资产	533899.12	509577.31	400215.32
归属母公司的股东权益	228039.25	223453.49	180100.55
营业收入	1223122.15	1204798.08	1010399.86
净利润	4942.69	27979.59	24548.15
归属母公司股东的净利润	2356.61	23262.40	21486.49
经营活动现金净流量	-251.47	19293.85	5038.77
期末现金余额	92151.12	136686.81	93227.83

资料来源：公司 2018 年年报，中关村上市公司协会整理。

近三年，公司总资产、营业收入均有一定程度的增长，但增长幅度放缓。2017 年企业净利润增长 14%，但 2018 年净利润出现了较大幅度的下滑，同比下降 82.34%。公司 2018 年前五名客户销售额 15.11 亿元，占年度销售总额 12.41%，客户集中度较低。

（2）主要财务指标

近三年，公司销售毛利率和销售净利率较低，资产负债率处于中等水平，应收账款周转率较高，回款较为容易。

表38 2018年底众信旅游主要财务指标情况

项目	2018年末	2017年末	2016年末
销售毛利率(%)	9.37	9.89	10.35
销售净利率(%)	0.41	2.33	2.43
资产负债率(%)	54.31	52.13	50.97
流动比率	1.28	1.55	1.21
速动比率	1.28	1.54	1.21
应收账款周转率	20.70	22.00	20.80

资料来源：公司2018年年报，中关村上市公司协会整理。

（3）收入结构

公司近三年主营业务收入按项目分类情况见表39。

表39 2018年底众信旅游主营业务收入分布情况

单位：万元，%

项目	2018年		2017年		2016年	
	金额	比例	金额	比例	金额	比例
出境游	1099275.34	89.87	1096390.91	91.00	924292.95	91.48
整合营销服务	96093.32	7.86	87741.01	7.28	70678.08	7.00
其他旅游业务	18596.66	1.52	17268.35	1.43	13417.26	1.33
其他业务	5975.49	0.49	1822.72	0.15	2011.58	0.20
其他主营业务	3181.34	0.26	1575.09	0.13	—	0.00
合计	1223122.15	100.00	1204798.08	100.00	1010399.86	100.00

资料来源：公司2018年年报，中关村上市公司协会整理。

近三年，公司主营业务结构较为稳定。以出境游为主，2016~2017年，收入占比均在91%以上，2018年7月以来，受泰国普吉岛沉船、印尼巴厘岛火山爆发等事件对东南亚目的地的影响，出境游批发业务收入略有下降，因此2018年出境游收入占比整体略有降低。整合营销服务的收入占比也一直保持在7%左右。

5. 股票行情

公司自上市以来股价走势见图20。

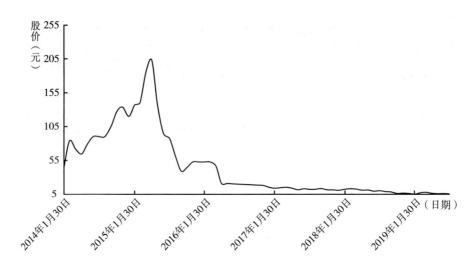

图 20　众信旅游上市以来至 2019 年 7 月底股价走势

资料来源：Wind，中关村上市公司协会整理。

（八）用友网络（600588.SH）

1. 公司基本信息

用友网络科技股份有限公司（简称"用友网络"）成立于 1995 年，2001 年于上海证券交易所主板上市发行（股票代码：600588.SH）。截至 2018 年 12 月 31 日，用友网络市值为 408.50 亿元。

公司基于移动互联网、云计算、大数据、人工智能、物联网、区块链等新一代企业计算技术，定位社会化商业应用基础设施和企业服务产业共享平台，形成了以用友云为核心，云服务、软件、金融服务融合发展的新战略布局。

2. 核心竞争力分析

（1）产品优势

公司形成了以"云服务、软件、金融"为三大核心业务的新一代企业服务，业务领域从之前的企业管理扩展到业务运营和企业金融，服务层级从企业级走向社会级，形成了以客户为中心的综合型、融合化、生态式的企业数字化平台和企业服务产业的共享平台与生态，公司已经全面进入 3.0 发展时期。

（2）研发优势

公司拥有包括总部平台和应用研发中心等在内的中国最大的企业及公共组织应用软件、云服务研发团队和业界领先的研发体系。

（3）品牌及市场优势

公司专注企业服务 30 年，在企业服务领域拥有深厚的积淀，是全球领先的企业云服务提供商，连续多年被评定为国家"规划布局内重点软件企业"。公司入选 2018 中国互联网企业百强榜（位列 21 名），用友云平台荣获中国软件行业协会颁发的"2018 创新云服务平台"奖，友云采产品荣获 2018 年中国国际软件博览会优秀产品奖。

（4）营销服务网络优势

公司拥有中国管理软件业最大的营销服务网络，中高端客户业务营销服务网络遍布全国，拥有近百家分支机构开展客户营销、销售、服务业务，为国内大中型企业提供及时快捷的本土化贴身服务。

（5）客户基础优势

经过多年的经营，公司形成了庞大的客户基础，用户黏度高，公司为中国及亚太地区众多企业与机构提供软件、云服务和金融服务，其中中国 500 强企业超过 60% 与用友建立合作关系。

3. 股东情况

截至 2018 年 12 月 31 日，公司前 5 大股东情况见表 40。

表 40　2018 年底用友网络前 5 大股东情况

排名	股东名称	股东性质	持股数量（股）	占总股本比例（%）
1	北京用友科技有限公司	法人	545066053	28.42
2	上海用友科技咨询有限公司	法人	231993654	12.10
3	上海益倍管理咨询有限公司	法人	87069500	4.54
4	北京用友企业管理研究所有限公司	法人	76118938	3.97
5	葛卫东	自然人	71400000	3.72

资料来源：公司 2018 年年报，中关村上市公司协会整理。

4. 财务分析

（1）基本财务数据

表41　2018年底用友网络基本财务数据情况

单位：万元

项目	2018年末	2017年末	2016年末
总资产	1522089.66	1403397.96	1215513.16
归属母公司的股东权益	657069.75	584916.78	568812.08
营业收入	770349.50	634365.85	511334.89
净利润	81018.71	56002.26	24416.91
归属母公司股东的净利润	61213.04	38908.09	19739.17
经营活动现金净流量	204265.31	143032.59	88708.12
期末现金余额	484987.95	341606.29	416004.36

资料来源：公司2018年年报，中关村上市公司协会整理。

近三年，公司总资产、营业收入、净利润均有较大程度的增长，但增长幅度放缓；公司整体经营状态良好。公司2018年前五名客户销售额17483万元，占年度销售总额2.3%，客户集中度很低。

（2）主要财务指标

表42　2018年底用友网络主要财务指标情况

项目	2018年末	2017年末	2016年末
销售毛利率(%)	69.95	71.43	68.64
销售净利率(%)	10.52	8.83	4.78
资产负债率(%)	49.73	51.97	47.44
流动比率	1.14	1.05	1.37
速动比率	1.13	1.05	1.36
应收账款周转率	5.34	4.09	3.27

资料来源：公司2018年年报，中关村上市公司协会整理。

近三年，公司销售毛利率较高，企业获利能力好；资产负债率较低，偿债能力较好；应收账款周转率偏低。

（3）收入结构

公司近三年主营业务收入按项目分类情况见表43。

表43 2018年底用友网络主营业务收入分布情况

单位：万元，%

项目	2018年		2017年		2016年	
	金额	比例	金额	比例	金额	比例
技术服务及培训	459499.17	59.65	346430.82	54.61	252761.56	49.43
软件产品	269002.24	34.92	256381.63	40.42	236510.96	46.25
其他主营业务	15826.87	2.05	12267.81	1.93	9096.41	1.78
其他业务	26021.23	3.38	19285.59	3.04	12965.95	2.54
合计	770349.50	100.00	634365.85	100.00	511334.89	100.00

资料来源：公司2018年年报，中关村上市公司协会整理。

近三年，公司主营业务以技术服务及培训、软件产品为主。其中，随着云服务业务的规模化发展，近三年，公司技术服务及培训的收入占比逐年上升，软件产品收入占比逐年降低。

5. 股票行情

公司自上市以来股价走势见图21。

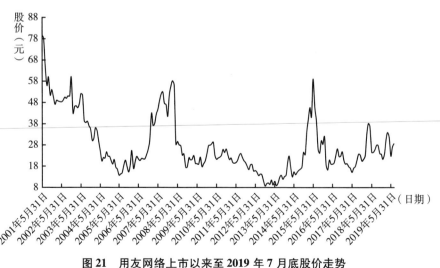

图21 用友网络上市以来至2019年7月底股价走势

资料来源：Wind，中关村上市公司协会整理。

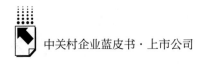
（九）大北农（002385.SZ）

1. 公司基本信息

北京大北农科技集团股份有限公司（简称"大北农"）成立于 1994 年，2010 年于深圳证券交易所中小企业板上市发行（股票代码：002385.SZ）。截至 2018 年 12 月 31 日，大北农市值为 135.78 亿元。

公司主要经营业务为生猪养殖与服务产业链经营、种业科技与服务产业链经营。2018 年，公司在发展生猪前端饲料业务的同时，将战略重心向生猪养殖业务聚焦，加大投入和布局，并在种业生物技术市场化领域取得重大突破。

2. 核心竞争力分析

（1）科技产品创新能力优势

公司通过自主研发、技术引进、科技成果转化或产学研合作等途径，形成了国内领先的企业技术创新体系与核心竞争力。公司建有 5 个国家级研发机构、8 个省级认定研发机构，拥有国家农业科技创新与集成示范基地、8 大研发中心和 23 家国家级高新技术企业。

（2）市场技术服务能力优势

公司根据业务的特点建立了覆盖全国重点养殖和种植区域的技术营销服务网络，构建了以大北农为核心，以规模养殖户、种植户、经销商为事业合作伙伴养猪生态圈、种植生态链，建立了以互联网为工具、培训为手段、服务为内容、产品为载体、服务人才为主体的无处不到、无时不在的全新的服务网络模式。

（3）农业互联网平台竞争力优势

公司以北京农信互联科技集团有限公司为核心，建成"数据＋交易＋金融"三大核心业务平台，并以"农信网"为互联网总入口，"智农通"App 为移动端总入口，构成了从 PC 到手机端的快乐生态圈，实现对农业全链条的平台服务。

（4）采购平台竞争力优势

公司加强原料采购中心的建设，依托运营中心大平台，将原料采购中心升级为集团原料供应链中心，分原料统一采购平台和易富农供应链服务平台，完善核心原料和大宗原料的统一采购制度，建立了透明的定期采购绩效PK 机制；借助集团统采平台优势和专业的信息研发团队优势，加大原材料市场监测、分析，为原料采购提供精准的信息服务。

3. 股东情况

截至 2018 年 12 月 31 日，公司前 5 大股东情况见表 44。

表 44　2018 年底大北农前 5 大股东情况

排名	股东名称	股东性质	持股数量（股）	占总股本比例（%）
1	邵根伙	自然人	1750382283	41.25
2	邱玉文	自然人	154409610	3.64
3	甄国振	自然人	100851807	2.38
4	赵雁青	自然人	82323662	1.94
5	中央汇金资产管理有限责任公司	法人	49099800	1.16

资料来源：公司 2018 年年报，中关村上市公司协会整理。

4. 财务分析

（1）基本财务数据

表 45　2018 年底大北农基本财务数据情况

单位：万元

项目	2018 年末	2017 年末	2016 年末
总资产	1809572.06	1925782.27	1525818.41
归属母公司的股东权益	977888.50	1021647.28	925081.15
营业收入	1930206.67	1874173.86	1684093.71
净利润	48597.20	131813.62	93581.98
归属母公司股东的净利润	50691.13	126521.19	88268.19
经营活动现金净流量	106746.75	71502.28	64239.92
期末现金余额	217091.11	370904.74	184535.49

资料来源：公司 2018 年年报，中关村上市公司协会整理。

2018 年，公司实现营业总收入 1930206.67 万元，比上年同期增长2.99%；总资产、净利润同比均有较大程度的下降，公司经营业绩有所下降，其主要原因系：（1）受猪周期养殖行情及非洲猪瘟疫情的影响，公司毛利率较高的猪前端料销量占比下滑，毛利率相对较低的中大猪料销量占比提高，加上原料价格波动影响，公司猪饲料业务毛利率水平同比下降；（2）近年公司养猪业务扩张较快，受猪价行情及非洲猪瘟疫情的影响，公司养猪业务亏损较大；（3）公司计提的限制性股票激励费用1.19亿元，对本年业绩影响较大。公司2018年前五名客户销售额4.28亿元，占年度销售总额2.22%，客户集中度很低。

（2）主要财务指标

表46 2018年底大北农主要财务指标情况

项目	2018年末	2017年末	2016年末
销售毛利率(%)	18.70	24.17	24.88
销售净利率(%)	2.52	7.03	5.56
资产负债率(%)	40.79	38.90	34.28
流动比率	1.08	1.34	1.67
速动比率	0.72	0.94	1.22
应收账款周转率	12.70	15.46	17.39

资料来源：公司2018年年报，中关村上市公司协会整理。

近三年，公司销售毛利率处于同行业平均水平，企业获利能力较好；资产负债率较低，偿债能力较好；应收账款周转率较高，回款情况较好。

（3）收入结构

公司近三年主营业务收入按项目分类情况见表47。

表47 2018年底大北农主营业务收入分布情况

单位：万元，%

项目	2018年		2017年		2016年	
	金额	比例	金额	比例	金额	比例
饲料产品	1666956.43	86.36	1639770.73	87.49	1478954.27	87.82
生猪产品	132664.20	6.87	101833.87	5.43	—	0.00
种业产品	39145.06	2.03	59014.94	3.15	66457.69	3.95
动保产品	27857.53	1.44	36095.01	1.93	37905.29	2.25
植保产品	14116.55	0.73	14511.48	0.77	16060.27	0.95
其他收入	49466.90	2.56	22947.82	1.22	84716.18	5.03
合计	1930206.67	100.00	1874173.86	100.00	1684093.71	100.00

资料来源：公司2018年年报，中关村上市公司协会整理。

近三年，公司主营业务以饲料产品为主，收入占比均在87%左右。从2016年开始实施养猪大创业战略规划，2017～2018年生猪产品收入占比在5%以上并表现出增长趋势。

5. 股票行情

公司自上市以来股价走势见图22。

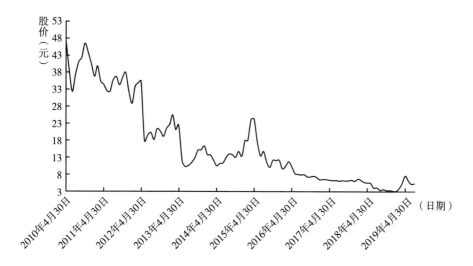

图22　大北农上市以来至2019年7月底股价走势

资料来源：Wind，中关村上市公司协会整理。

（十）广联达（002410. SZ）

1. 公司基本信息

广联达科技股份有限公司（简称"广联达"）成立于1998年，2010年于深圳证券交易所中小企业板上市发行（股票代码：002410. SZ）。截至2018年12月31日，广联达市值为234.44亿元。

公司是数字建筑平台服务商，主营业务立足建筑产业，围绕工程项目全生命周期，为客户提供信息化/数字化软硬件产品、应用解决方案及相关服务。

2. 核心竞争力分析

（1）技术创新优势

公司坚持在图形技术、云技术、大数据技术和人工智能等战略技术领域加大投入，2018 年，公司研发投入总额为 8.03 亿元，占营业收入比例为 28.05%，同比增长 21.74%。公司以北京为中心，已建成上海、西安、美国硅谷、芬兰等研发中心；与清华大学、上海交通大学、华中科技大学、美国马里兰大学、澳大利亚悉尼科技大学在 BIM 技术、数字建筑、人工智能等领域建立深度技术合作；牵手微软、华为联合发布混合云解决方案。

（2）关键产品优势

公司已建立以客户为中心的产品研发能力，通过深入理解和分析客户业务，准确识别和挖掘用户需求，设计产品的清晰业务场景，在产品开发过程中不断验证、拓展产品的专业深度，并推动产品的深入应用和快速迭代，保持产品始终符合并适度引领市场需求，帮助用户创造价值。

（3）销售和服务一体化优势

公司建立了覆盖全国的自营销售与服务体系，并以美国子公司、芬兰子公司和英国子公司为核心辐射欧美市场，以新加坡子公司、香港子公司和马来西亚子公司的区域优势带动东南亚市场的发展。

3. 股东情况

截至 2018 年 12 月 31 日，公司前 5 大股东情况见表 48。

表 48　2018 年底广联达前 5 大股东情况

排名	股东名称	股东性质	持股数量（股）	占总股本比例（%）
1	刁志中	自然人	205064845	18.20
2	涂建华	自然人	115009090	10.21
3	陈晓红	自然人	67734728	6.01
4	王金洪	自然人	64619552	5.74
5	邱世勋	自然人	39731258	3.53

资料来源：公司 2018 年年报，中关村上市公司协会整理。

4. 财务分析

（1）基本财务数据

表 49　2018 年底广联达基本财务数据情况

单位：万元

项目	2018 年末	2017 年末	2016 年末
总资产	560575.26	488715.89	449109.35
归属母公司的股东权益	319245.71	308370.35	296000.97
营业收入	290440.00	235671.66	203936.55
净利润	43268.58	49405.95	43753.82
归属母公司股东的净利润	43907.69	47224.42	42309.60
经营活动现金净流量	45270.31	59557.52	51822.72
期末现金余额	221015.61	183664.85	227969.67

资料来源：公司 2018 年年报，中关村上市公司协会整理。

近三年，公司总资产和营业收入稳定增长，2018 年公司实现营业总收入 29.04 亿元，同比增长 23.24%。2018 年公司造价业务云转型的产品种类和区域范围进一步扩大，商业模式由销售软件产品逐步转向提供服务的 SaaS 模式，当年收取的云服务费中近 2/3 金额结转至预收款项，导致报告期末预收款项余额大比例增加，因此利润有所下降。公司 2018 年前五名客户销售额 4222.82 万元，占年度销售总额 1.47%，客户集中度很低。

（2）主要财务指标

表 50　2018 年底广联达主要财务指标情况

项目	2018 年末	2017 年末	2016 年末
销售毛利率(%)	93.42	93.07	93.33
销售净利率(%)	15.12	21.12	21.56
资产负债率(%)	41.45	35.00	32.72
流动比率	2.08	3.49	5.01
速动比率	2.08	3.47	5.00
应收账款周转率	13.66	24.23	31.20

资料来源：公司 2018 年年报，中关村上市公司协会整理。

近三年，公司销售毛利率均保持在90%以上，体现了公司强大的获利能力和成长性；资产负债率较低，偿债能力较好；应收账款周转率较高，回款情况较好。

（3）收入结构

公司近三年主营业务收入按项目分类情况见表51。

表51　2018年底广联达主营业务收入分布情况

单位：万元，%

项目	2018年		2017年		2016年	
	金额	比例	金额	比例	金额	比例
工程造价业务	205722.29	70.83	164257.92	69.70	132626.02	65.03
工程施工业务	65860.16	22.68	55826.52	23.69	34637.74	16.98
海外业务	12341.02	4.25	12105.82	5.14	12019.93	5.89
工程造价信息业务	—	—	—	—	22249.86	10.91
其他业务	4284.47	1.48	1698.90	0.72	1023.87	0.50
其他主营业务	2232.06	0.77	1782.49	0.76	1379.14	0.68
合计	290440.00	100.00	235671.66	100.00	203936.55	100.00

资料来源：公司2018年年报，中关村上市公司协会整理。

近三年，公司主营业务以工程造价业务为主，收入保持稳步增长，2018年实现收入20.57亿元，同比增长25.24%。同时，为实现施工业务快速突破与增长的战略意图，公司打破原来由多家子公司独立运作的模式，对整体施工业务进行战略整合，快速实现组织、人员、渠道及产品融合，使施工业务板块的产品价值稳定提升，平台架构初步显现，协同效应和整合优势日益明显，得到客户高度认可，2018年实现收入6.59亿元，同比增长17.97%。

5. 股票行情

公司自上市以来股价走势见图23。

（十一）乐普医疗（300003.SZ）

1. 公司基本信息

乐普（北京）医疗器械股份有限公司（简称"乐普医疗"）成立于1999

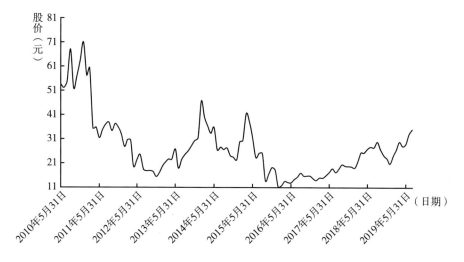

图23 广联达上市以来至2019年7月底股价走势

资料来源：Wind，中关村上市公司协会整理。

年，2009年于深圳证券交易所创业板发行（股票代码：300003. SZ）。截至2018年12月31日，乐普医疗市值为370.76亿元。

公司从事的主要业务包括心血管领域的医疗器械、医药、医疗服务和新型医疗业态。公司建立心血管患者疾病预防、诊断、药物治疗、手术治疗、术后康复、慢性管理及再预防的全生命周期平台，各个业务板块之间互相协调，互相协同，互相支援，互相依靠，持续促进公司稳定健康发展。

2. 核心竞争力分析

（1）技术和市场双重优势

公司的心血管医疗器械领域自主研发核心重磅产品，技术领先优势明显，引领中国甚至世界的行业发展；现有产品市场占有率继续攀升，进一步扩大与竞争伙伴的领先地位。公司现有产品和在研的重磅产品形成了领先的技术竞争力，及其市场龙头地位的稳固和领先地位的进一步扩大，拥有技术和市场两个维度优势。

（2）特色技术平台领先优势

公司拥有三大领先优势技术平台：以国内首款获准上市的生物可吸收支

架 NeoVas 为代表的可吸收支架设计和材料制造平台技术；国内首次实现产业化的 AI-ECG 人工智能心电诊断平台技术；药物球囊精密制造和药物涂敷平台技术。

（3）基层市县医院介入和 OTC 终端销售

公司是第一个走向市县医院的器械企业，目前在全国已经运营 183 家市县医院合作心血管介入医疗中心，也是第一个建立单独的 OTC 营销团队。公司也建立具有鲜明特色的乐普心血管网络医院公司，在 400 多家大型药店门店里合作共建了药店诊所。在基层市县医院的心血管疾病介入医疗中心、OTC 终端销售和网络医院的先发优势为公司在基层市场建立了强大的护城河。

（4）制剂全品种和原料药保障一体化

公司在 2018 年 "4＋7" 城市药品集采政策的实施背景下，两大重磅药品氯吡格雷和阿托伐他汀钙优势更加明显。公司药品管线协同效应显著，综合竞争优势明显，加之公司产品日益丰富，制剂全品种和原料药保障一体化、检测与服药一体化的产业链协同效应，将在新的政策背景下逐步显现，为公司建立新的市场护城河。

3. 股东情况

截至 2018 年 12 月 31 日，公司前 5 大股东情况见表 52。

表 52　2018 年底乐普医疗前 5 大股东情况

排名	股东名称	股东性质	持股数量（股）	占总股本比例（%）
1	中国船舶重工集团公司第七二五研究所（洛阳船舶材料研究所）	法人	244063788	13.70
2	蒲忠杰	自然人	229363745	12.87
3	WP MEDICAL TECHNOLOGIES, INC	法人	123968600	6.96
4	北京厚德义民投资管理有限公司	法人	67750000	3.80
5	全国社保基金一零四组合	其他	55742964	3.13

资料来源：公司 2018 年年报，中关村上市公司协会整理。

4. 财务分析

（1）基本财务数据

表53　2018年底乐普医疗基本财务数据情况

单位：万元

项目	2018 年末	2017 年末	2016 年末
总资产	1511329.27	1279072.10	950044.75
归属母公司的股东权益	636162.96	642966.69	553439.92
营业收入	635630.48	453764.27	346774.82
净利润	125487.39	99367.99	74670.80
归属母公司股东的净利润	121869.29	89908.53	67925.57
经营活动现金净流量	150050.89	91313.25	69189.01
期末现金余额	199708.24	203158.66	185200.04

资料来源：公司2018年年报，中关村上市公司协会整理。

近三年，公司总资产、营业收入和净利润均稳定高速增长，表现出良好的发展潜力。公司2018年前五名客户销售额总计48186.82万元，占年度销售总额7.58%。前五名客户销售额分别是14560.02万元、9191.05万元、8985.66万元、8644.00万元和6806.09万元，占比分别为2.29%、1.45%、1.41%、1.36%和1.07%，客户集中度较为分散。

（2）主要财务指标

表54　2018年底乐普医疗主要财务指标情况

项目	2018 年末	2017 年末	2016 年末
销售毛利率（%）	72.75	67.23	60.95
销售净利率（%）	19.74	21.90	21.53
资产负债率（%）	56.41	45.06	36.70
流动比率	1.13	1.60	2.04
速动比率	0.97	1.39	1.75
应收账款周转率	3.53	3.18	2.89

资料来源：公司2018年年报，中关村上市公司协会整理。

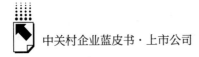

近三年，公司销售毛利率和销售净利率相对较高，表明盈利能力较强；资产负债率及流动比率、速动比率较为适中，表明偿债能力较强；应收账款周转率较高，应收账款回收更为容易。

（3）收入结构

公司近三年主营业务收入按项目分类情况见表55。

表55　2018年底乐普医疗主营业务收入分布情况

单位：万元，%

项目	2018年		2017年		2016年	
	金额	比例	金额	比例	金额	比例
医疗器械	290736.04	45.74	252145.21	55.57	210752.82	60.77
药品	317186.57	49.90	174191.83	38.39	115543.45	33.32
医疗服务	22404.68	3.52	21326.23	4.70	14449.25	4.17
新型医疗业态	5303.19	0.83	6100.99	1.34	6029.30	1.74
合计	635630.48	100.00	453764.27	100.00	346774.83	100.00

资料来源：公司2018年年报，中关村上市公司协会整理。

近三年，公司主营业务以医疗器械和药品为主，两个板块总收入占比连续三年在90%以上。其中药品收入占比逐年提升，医疗器械占比逐年下降。药品板块是公司成长最快的板块，借助"医疗机构＋药店OTC＋第三终端"的药品营销平台形成心血管药品集成竞争优势。

5. 股票行情

公司自上市以来股价走势见图24。

（十二）东方雨虹（002271.SZ）

1. 公司基本信息

北京东方雨虹防水技术股份有限公司（简称"东方雨虹"）成立于1998年，2008年于深圳证券交易所中小企业板发行（股票代码：002271.SZ）。截至2018年12月31日，东方雨虹市值为193.22亿元。

公司致力于新型建筑防水材料的研发、生产、销售和防水工程施工业务

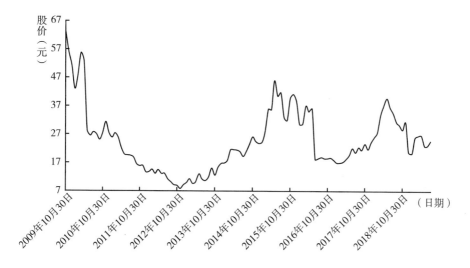

图 24 乐普医疗上市以来至 2019 年 7 月底股价走势

资料来源：Wind，中关村上市公司协会整理。

领域，是一家以专业化的防水系统综合服务为基础，以民用建材、节能保温、非织造布、特种砂浆、建筑涂料、建筑修缮等业务为延伸的建筑建材系统服务商。公司主要产品为建筑防水材料，广泛应用于房屋建筑、地铁及城市轨道和城市道桥等众多领域。公司属于防水建筑材料行业，防水建筑材料随着城市的不断建设发展，防水行业处于快速增长期，行业景气度较高。

2. 核心竞争力分析

（1）产品研发优势

公司是国家火炬计划重点高新技术企业和北京市高新技术企业，并获批建设特种功能防水材料国家重点实验室，拥有国家认定企业技术中心、院士专家工作站、博士后科研工作站等研发平台。公司与美国里海大学合作组建水性涂料海外研发中心；在美国费城春屋创新园成立"东方雨虹防水涂料全球卓越研究中心"。

（2）产能布局优势

公司在华北、华东、东北、华中、华南、西北、西南等地区均已建立生产物流研发基地，产能分布广泛合理，确保公司产品以较低的仓储、物流成本辐射全国市场，在满足客户多元化产品的需求和全国性的供货要求方面具备了其他竞争对手不可比拟的竞争优势。

（3）成本优势

公司主要生产线性能稳定、效率高、能耗低、产品成品率高，在亚太地区属于领先水平，从而最大限度地降低公司产品的生产成本；公司产品的生产规模和产能利用率也处于行业较高水平，这使得公司的主要产品形成了较大的规模优势，规模化生产也带来了管理成本和费用的下降。

（4）多层次的市场营销网络优势

公司针对现有市场特点及未来市场拓展方向建立了直销模式与渠道模式相结合的多层次的市场营销渠道网络，并以此成立工程建材集团，为公司的持续稳定发展提供了良好的基础，充分激发工程市场的渠道活力和动能。

3. 股东情况

截至 2018 年 12 月 31 日，公司前 5 大股东情况见表 56。

表 56　2018 年底东方雨虹前 5 大股东情况

排名	股东名称	股东性质	持股数量（股）	占总股本比例（%）
1	李卫国	自然人	442871891	29.68
2	许利民	自然人	89812833	6.02
3	中信证券－中信银行－中信证券卓越成长股票集合资产管理计划	其他	38117315	2.55
4	全国社保基金四一八组合	其他	33686696	2.26
5	中国建设银行股份有限公司－兴全社会责任混合型证券投资基金	其他	29246198	1.96

资料来源：公司 2018 年年报，中关村上市公司协会整理。

4. 财务分析

（1）基本财务数据

近三年，公司总资产、营业收入和净利润均稳定增长，表现出良好的发展潜力。公司 2018 年前五名客户销售额总计 256233.03 万元，占年度销售总额 18.24%。前五名客户销售额分别是 74902.18 万元、56192.50 万元、

表57 2018年底东方雨虹基本财务数据情况

单位：万元

项目	2018 年末	2017 年末	2016 年末
总资产	1965170.84	1331686.15	885654.85
归属母公司的股东权益	790075.00	671471.81	497451.43
营业收入	1404570.83	1029296.54	700023.28
净利润	151093.46	124213.47	102632.27
归属母公司股东的净利润	150822.13	123883.68	102870.97
经营活动现金净流量	101394.66	2394.93	59041.50
期末现金余额	463132.04	229350.74	143483.49

资料来源：公司2018年年报，中关村上市公司协会整理。

46215.42 万元、40455.09 万元和 38467.84 万元，占比分别为 5.33%、4.00%、3.29%、2.88% 和 2.74%，客户集中度相对分散。

（2）主要财务指标

表58 2018年底东方雨虹主要财务指标情况

项目	2018 年末	2017 年末	2016 年末
销售毛利率(%)	34.59	37.73	42.63
销售净利率(%)	10.76	12.07	14.66
资产负债率(%)	58.84	48.23	43.70
流动比率	1.41	1.91	1.59
速动比率	1.19	1.60	1.40
应收账款周转率	3.19	2.87	2.82

资料来源：公司2018年年报，中关村上市公司协会整理。

近三年，公司销售毛利率相对较高，资产负债率及流动比率、速动比率较为适中，表明偿债能力较强，应收账款周转率较高，应收账款回收更为容易。

（3）收入结构

公司近三年主营业务收入按项目分类情况见表59。

表59 2018年底东方雨虹主营业务收入分布情况

单位：万元，%

项目	2018年		2017年		2016年	
	金额	比例	金额	比例	金额	比例
防水材料销售	1129490.30	80.42	830654.91	80.70	558359.24	79.76
防水工程施工	195099.71	13.89	141687.41	13.77	95602.58	13.66
材料销售	11833.78	0.84	4698.85	0.46	10198.09	1.46
其他收入	68147.04	4.85	52255.37	5.08	35863.37	5.12
合计	1404570.83	100.00	1029296.54	100.00	700023.28	100.00

资料来源：公司2018年年报，中关村上市公司协会整理。

近三年，公司主营业务以防水材料销售和防水工程施工为主，尤其是防水材料销售，其收入占比最大。公司致力于成为全球化的建筑建材系统服务商，努力打造全产业链产品的生态系统。在防水材料研发实力、生产工艺和销售模式方面均有领先优势。同时公司承担了大量的基础设施建设、国家重点建设项目和更新改造等项目的防水工程，取得了良好的经营业绩。

5. 股票行情

公司自上市以来股价走势见图25。

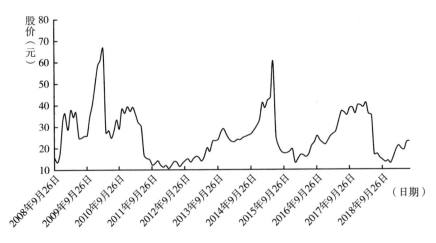

图25 东方雨虹上市以来至2019年7月底股价走势

资料来源：Wind，中关村上市公司协会整理。

（十三）奥赛康（002755.SZ）

1. 公司基本信息

北京奥赛康药业股份有限公司（简称"奥赛康"）成立于 1978 年，2015 年于深圳证券交易所中小企业板上市发行（股票代码：002755.SZ）。截至 2018 年 12 月 31 日，奥赛康市值为 22.40 亿元。

公司从事医学研究与试验发展，主要分为技术咨询、技术服务；货物进出口、技术进出口；企业管理；销售化工产品等相关业务。

2. 核心竞争力分析

（1）深厚的研发底蕴，持续提升的创新能力

奥赛康药业起源于江苏省最早的民营药物研发机构，研发底蕴深厚，在研管线产品丰富，创新能力突出。奥赛康药业系国家高新技术企业和国家知识产权示范企业，截至 2018 年底，拥有有效专利 138 项，其中中国发明专利 114 项，国（境）外发明专利 1 项，先后荣获中国专利金奖、江苏省专利项目奖金奖。

（2）有效满足临床用药的可及性和先进性

定位医药市场细分领域临床亟须首仿药品，奥赛康药业将研发定位于中国临床亟须药品，通过技术创新研发高质量首仿药，解决国内患者用药的可及性和先进性。目前奥赛康药业 PPIs 产品群涵盖国内六个已上市 PPIs 注射剂中的五个，均为国产首家或首批上市。同时部分在研的产品有助于继续巩固和发展在注射用质子泵抑制剂领域的领先地位，实现企业的可持续发展。

（3）质量源于设计理念下的先进质量保障体系

奥赛康药业对于产品所使用的原辅料及包装材料，制定了比国家标准更为严格的企业内控质量标准，与药物直接接触的西林瓶、胶塞、组合铝盖等主要采用国际品牌，生产线采用冻干机自动进出箱系统和先进在线灯检系统，实现生产过程的自动化，降低生产偏差和潜在污染，确保每一支产品安全、有效、均一、稳定。

（4）导入卓越绩效管理，持续提升核心竞争力

奥赛康药业导入了国际优秀企业通行的卓越绩效管理，创建了"以健康为本的'头尾创新'奥赛康管理模式"，指导全员创新，提高精益管理水平，打造卓越绩效组织，奠定企业在医药市场细分领域的领导地位，确保企业高质量持续发展。

（5）独特的企业文化，有效的激励机制

奥赛康药业践行新发展理念，坚持稳中求进、推动高质量发展，在质子泵抑制剂、抗肿瘤药等医药市场细分领域持续为临床提供优质药物，为患者解决疾病痛苦，满足奥赛康药业及相关方的获得感和幸福感。

3. 股东情况

截至 2018 年 12 月 31 日，公司前 5 大股东情况见表 60。

表 60　2018 年底奥赛康前 5 大股东情况

排名	股东名称	股东性质	持股数量（股）	占总股本比例（%）
1	陈会利	自然人	13852763	8.0400
2	曲维孟	自然人	3272500	1.9000
3	胡德新	自然人	3026000	1.7600
4	赵小奇	自然人	2998641	1.7400
5	王宝成	自然人	2148800	1.2500

资料来源：公司 2018 年年报，中关村上市公司协会整理。

4. 财务分析

（1）基本财务数据

表 61　2018 年底奥赛康基本财务数据情况

单位：万元

项目	2018 年末	2017 年末	2016 年末
资产总计	295825.45	86657.42	69057.45
归属母公司股东的权益	183821.83	51918.27	50940.37
营业总收入	393188.17	36593.39	17835.79
净利润	66890.37	1726.17	460.46
归属母公司股东的净利润	67007.36	1096.69	460.46
经营活动现金净流量	49715.88	−5030.17	1672.95
期末现金余额	106868.12	17888.74	26328.01

资料来源：公司 2018 年年报，中关村上市公司协会整理。

近三年，营业收入和净利润均出现大幅增长，表现出良好的发展潜力。公司 2018 年前五名客户销售额 34547.84 万元，占年度销售总额 8.79%，客户集中度相对分散。

（2）主要财务指标

表 62　2018 年底奥赛康主要财务指标情况

项目	2018 年末	2017 年末	2016 年末
销售毛利率(%)	92.94	26.66	19.23
销售净利率(%)	17.01	4.72	2.58
资产负债率(%)	37.77	32.49	26.23
流动比率	1.99	2.63	3.52
速动比率	1.82	2.51	3.33
应收账款周转率	7.92	0.96	0.54

资料来源：公司 2018 年年报，中关村上市公司协会整理。

近三年，公司销售毛利率较高，企业盈利能力和收益质量较好。资产负债率及流动比率、速动比率较为适中，表明偿债能力较强，应收账款周转率处在较为良好的水平，应收账款回收情况较好。

（3）收入结构

公司近三年主营业务收入按项目分类情况见表63。

表 63　2018 年底奥赛康主营业务收入分布情况

单位：万元，%

项目	2018 年		2017 年		2016 年	
	金额	比例	金额	比例	金额	比例
消化类	301082.4	76.57	—	—	—	—
抗肿瘤类	83192.58	21.16	—	0.00	—	—
岩土工程	—	—	16592.61	45.34	8519.05	47.76
勘察业务	—	—	12971.58	35.45	9102.09	51.03
设计服务	—	—	4100.78	11.21	—	—
公路改工程	—	—	2640.73	7.22	—	—
其他业务	3071.81	0.78	287.68	0.79	214.65	1.20
其他主营业务	5841.36	1.49	—	0.00	—	—
合计	393188.2	100.00	36593.38	100.00	17835.79	100.00

资料来源：公司 2018 年年报，中关村上市公司协会整理。

公司 2018 年业务类型发生大的变化，由原来主要经营岩石工程和勘察业务两大业务类型转医疗制造业。2018 年主营业务收入以消化类和抗肿瘤类两部分收入为主，两项主营业务收入的变化反映出企业向医疗制造业的成功转型。

5. 股票行情

公司自上市以来股价走势见图 26。

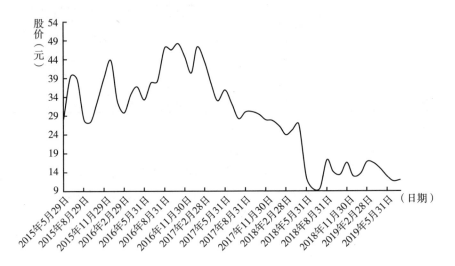

图 26 奥赛康上市以来至 2019 年 7 月底股价走势

资料来源：Wind，中关村上市公司协会整理。

（十四）圣邦股份（300661.SZ）

1. 公司基本信息

圣邦微电子（北京）股份有限公司（简称"圣邦股份"）成立于 2007 年，2017 年于深圳证券交易所创业板上市发行（股票代码：300661.SZ）。截至 2018 年 12 月 31 日，圣邦股份市值为 54.46 亿元。

公司是一家专注于高性能、高品质模拟集成电路芯片设计及销售的高新技术企业。目前拥有 16 大类 1000 余款产品，涵盖信号链和电源管理两大领域，包括运算放大器、比较器、音/视频放大器、模拟开关、电平转换及接口电路、小逻辑芯片、LDO、DC/DC 转换器、OVP、负载开关、LED 驱动器、微处理器电源监控电路、马达驱动及电池管理芯片等。公司产品可广泛应用于消费类电子、通信设备、工业控制、医疗仪器、汽车电子等领域，以及物联网、新能源、可穿戴设备、人工智能、智能家居、无人机、机器人、5G 通信等新兴电子产品领域。

2. 核心竞争力分析

（1）坚持自主创新的技术研发策略，知识产权实力稳步增强

公司经过多年的研发投入和技术积累，在高性能模拟集成电路产品的开发上积累了丰富的经验，形成了一批自主核心技术。公司一直坚持自主创新的技术研发策略，全部产品均为正向设计，知识产权实力稳步增强。截至2018 年底公司累计已获得授权专利 50 件（其中 31 件为发明专利），已登记的集成电路布图设计登记证书 80 件，已注册商标 41 件。

（2）产品性能优越、贴近市场更新换代更快

公司专注于模拟芯片的研究开发，产品性能和品质对标世界一流模拟厂商，部分关键性能指标优于国外同类产品。目前公司自主研发的可供销售产品超过千余款，涵盖十多个产品类别，可满足客户的多元化需求。同时，公司持续密切关注市场的发展变化尤其是新兴领域的应用，提前布局、积累相关技术，目前已在物联网、智能家居、无人机、智能制造等领域取得了一定的成绩。

（3）先进的质量管理体系及生产流程，确保产品的优越性能

公司按业界最严格标准建立了完备的品质保证体系，秉承"技术先进、质量可靠、顾客满意、持续改进"的品质管理方针，对每一款产品的质量与性能进行严格把关，一方面选择具有高可靠性、高良率的晶圆代工厂和封测厂作为供应商，另一方面对每一款新产品进行全套高标准的测试，在不断丰富产品线的同时保证了产品的质量、可靠性与一致性。

（4）优质的上下游资源和人才优势

公司非常注重与供应商保持稳定和持续的战略合作。同时，通过经销和直销等渠道，公司陆续成为联想、中兴、小米、海尔、长虹、华为等国内外领先品牌的原厂供应商。优质的上下游资源使公司获得了良好的行业品牌认

知度。公司的技术研发团队、生产管理团队和市场销售团队的核心成员均由国际资深专家组成，拥有在国际著名半导体公司多年的工作和管理经验。

3. 股东情况

截至 2018 年 12 月 31 日，公司前 5 大股东情况见表 64。

表 64　2018 年底圣邦股份前 5 大股东情况

排名	股东名称	股东性质	持股数量（股）	占总股本比例（%）
1	北京鸿达永泰投资管理有限责任公司	法人	16648928	20.97
2	北京宝利鸿雅投资管理有限责任公司	法人	7647412	9.63
3	哈尔滨珺霖投资咨询公司	法人	7069754	8.91
4	CV VI HOLDING, LIMITED	法人	5758577	7.25
5	IPV CAPITAL I HK LIMITED	法人	5241467	6.60

资料来源：公司 2018 年年报，中关村上市公司协会整理。

4. 财务分析

（1）基本财务数据

表 65　2018 年底圣邦股份基本财务数据情况

单位：万元

项目	2018 年末	2017 年末	2016 年末
总资产	106230.60	94137.19	39182.60
归属母公司的股东权益	87649.07	76130.30	26265.98
营业收入	57239.27	53150.53	45196.19
净利润	10369.41	9387.10	8069.31
归属母公司股东的净利润	10369.41	9387.10	8069.31
经营活动现金净流量	8367.47	12142.66	7773.42
期末现金余额	22589.83	37362.06	25750.88

资料来源：公司 2018 年年报，中关村上市公司协会整理。

近三年，公司总资产、营业收入和净利润均稳定增长，表现出良好的发展潜力。公司 2018 年前五名客户合计销售金额 29665.73 万元，占年度销售总额比例51.82%，客户集中度相对较高。

（2）主要财务指标

表66　2018年底圣邦股份主要财务指标情况

项目	2018年末	2017年末	2016年末
销售毛利率（%）	45.94	43.43	40.24
销售净利率（%）	18.12	17.66	17.85
资产负债率（%）	17.49	19.13	32.97
流动比率	6.38	6.25	3.87
速动比率	5.63	5.81	3.25
应收账款周转率	16.65	14.15	14.23

资料来源：公司2018年年报，中关村上市公司协会整理。

近三年，公司销售毛利率相对较高，资产负债率较低，流动比率、速动比率较高，表明偿债能力较强，应收账款周转率较高，应收账款回收更为容易。

（3）收入结构

公司近三年主营业务收入按项目分类情况见表67。

表67　2018年底圣邦股份主营业务收入分布情况

单位：万元，%

项目	2018年		2017年		2016年	
	金额	比例	金额	比例	金额	比例
电源管理产品	34415.68	60.13	32002.36	60.21	26712.38	59.10
信号链产品	22823.59	39.87	21148.17	39.79	18481.92	40.89
技术服务	—	—	—	—	—	1.89	—
合计	57239.27	100.00	53150.53	100.00	45196.19	100.00

资料来源：公司2018年年报，中关村上市公司协会整理。

近三年，公司主营业务以电源管理产品和信号链产品为主，这两部分业务收入逐年稳步增长，收入占比较为稳定。

5. 股票行情

公司自上市以来股价走势见图27。

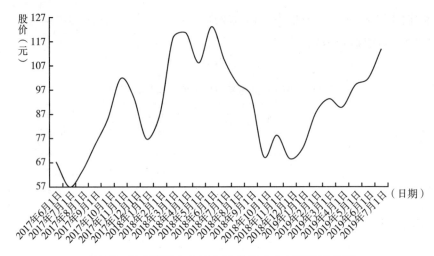

图 27 圣邦股份上市以来至 2019 年 7 月底股价走势

资料来源：Wind，中关村上市公司协会整理。

（十五）东易日盛（002713.SZ）

1. 公司基本信息

东易日盛家居装饰集团股份有限公司（简称"东易日盛"）成立于1997 年，2014 年于深圳证券交易所中小企业板上市发行（股票代码：002713.SZ）。截至 2018 年 12 月 31 日，东易日盛市值为 41.19 亿元。

公司主要从事面对个人客户的整体家装设计、工程施工、主材代理、自产的木作产品配套、软装设计及精装后的家居产品等系列服务。

2. 核心竞争力分析

（1）研发技术优势

科技家装全景：公司自主研发的数字化科技家装全景，运用数字化、信息化等技术手段联通家装全业务，将实现家装全链条智能化运营管理；高科技技术研究成果：目前公司已拥有 100 余项专利，是家装行业中率先通过国家认证的高新技术企业、国家装配式建筑产业基地。

（2）产品优势

公司多年专注家装业务发展，以"有机整体家装解决方案"进行创造性拓展，旗下子品牌全面覆盖多层次市场需求，"睿筑"开辟高端别墅细分市场，专注为国内外顶层财智人士搭建专业化的豪宅别墅装饰整合服务；"东易日盛装饰业务"是公司的传统业务与中坚业务，定位于中高端大户型市场；"速美"业务是产品化、互联网化瞄准追求品质生活的中小户型性价比家装业务；"精装"业务瞄准未来定制化精装市场。

（3）设计优势

公司开创了中国家装聘外籍设计师先河，组建了国际化设计团队，通过汲取国际水准的设计理念，结合中国本土家居文化，创造出适合中国人生活方式的家居艺术和室内设计流行风格。2018年公司被北京市科委评定为北京市设计创新中心，体现了公司设计创新能力在行业内具有卓越的竞争优势。

（4）仓储物流体系优势

家装行业因业务特点对仓储、物流运输均有特殊要求，公司应需建设了供需链智能物流仓储管理平台。专属服务家装行业的家装云仓，覆盖30个省市的中转仓，手持智能扫描仪智能扫描商品溯源档案检测，当日达、次达和隔日达的运输配送时效（含上楼），全透明运输配送信息化展示、百城次日达的运配承诺，自配、众包等多种运配方式提高效率节省成本，都为家装行业提供了专业仓储物流保障。

3. 股东情况

截至2018年12月31日，公司前5大股东情况见表68。

表68 2018年底东易日盛前5大股东情况

排名	股东名称	股东性质	持股数量（股）	占总股本比例（％）
1	北京东易天正投资有限公司	法人	161798714	61.60
2	天津晨鑫商务咨询有限公司	法人	8208244	3.12
3	中国工商银行－嘉实策略增长混合型证券投资基金	其他	6070399	2.31
4	杨劲	自然人	4757200	1.81
5	陈辉	自然人	4757200	1.81

资料来源：公司2018年年报，中关村上市公司协会整理。

4. 财务分析

（1）基本财务数据

表69   2018年底东易日盛基本财务数据情况

单位：万元

项目	2018年末	2017年末	2016年末
总资产	330343.28	354805.96	265877.45
归属母公司的股东权益	119235.13	131909.23	104414.11
营业收入	420339.24	361249.34	299890.59
净利润	30787.38	27291.96	20313.37
归属母公司股东的净利润	25264.60	21757.67	17287.08
经营活动现金净流量	20490.13	56939.11	44670.92
期末现金余额	83003.19	122158.06	103174.68

资料来源：公司2018年年报，中关村上市公司协会整理。

近三年，公司营业收入和净利润均稳定增长，表现出良好的发展潜力。公司2018年前五名客户合计销售金额5498.87万元，占年度销售总额比例1.33%，客户集中度非常低。

（2）主要财务指标

表70   2018年底东易日盛主要基本财务指标情况

项目	2018年末	2017年末	2016年末
销售毛利率(%)	37.16	36.91	37.22
销售净利率(%)	7.32	7.55	6.77
资产负债率(%)	60.55	59.29	57.83
流动比率	0.89	1.00	1.03
速动比率	0.81	0.92	0.92
应收账款周转率	12.51	14.52	16.41

资料来源：公司2018年年报，中关村上市公司协会整理。

近三年，公司销售毛利率相对较高，资产负债率相对适中，流动比率、速动比率适中，表明偿债能力较强，应收账款周转率较高，应收账款回收更为容易。

（3）收入结构

公司近三年主营业务收入按项目分类情况见表71。

表71　2018年底东易日盛主营业务收入分布情况

单位：万元，%

项目	2018年		2017年		2016年	
	金额	比例	金额	比例	金额	比例
工程施工	365220.01	86.89	320396.25	88.69	263520.62	87.87
装饰设计	45133.18	10.74	34949.53	9.67	31099.64	10.37
商品销售	2174.01	0.52	1057.22	0.29	1881.6	0.63
特许加盟	667.34	0.16	777	0.22	701.57	0.23
运装收入（产品）	432.97	0.10	—	—	—	—
软件转让（产品）	71.27	0.02	—	—	—	—
其他业务	6640.46	1.58	4011.94	1.11	2687.16	0.90
其他主营业务	—	—	57.41	0.02	—	—
合计	420339.24	100.00	361249.34	100.00	299890.59	100.00

资料来源：公司2018年年报，中关村上市公司协会整理。

近三年，公司主营业务以工程施工与装修设计为主，这两部分业务收入逐年稳步增长，且两项业务收入之和占比达到总收入的95%以上。

5. 股票行情

公司自上市以来股价走势见图28。

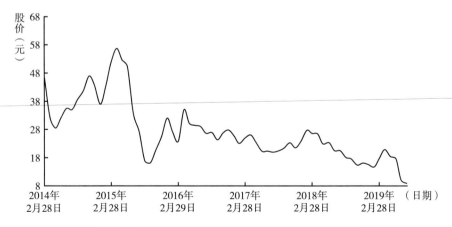

图28　东易日盛上市以来至2019年7月底股价走势

资料来源：Wind，中关村上市公司协会整理。

（十六）万集科技（300552.SZ）

1. 公司基本信息

北京万集科技股份有限公司（简称"万集科技"）成立于 1994 年，2016 年于深圳证券交易所创业板上市发行（股票代码：300552.SZ）。截至 2018 年 12 月 31 日，万集科技市值为 15.50 亿元。

公司从事的主要业务包括为公路交通和城市交通客户提供专用短程通信（DSRC）、激光检测、动态称重系列产品的研发和生产，智能网联交通系统，多线束激光雷达系列产品的研发与交通大数据平台，是国内领先的智能交通产品与服务提供商。

2. 核心竞争力分析

（1）技术与研发优势

公司在专用短程通信、激光雷达、智能网联、动态称重等领域都形成了自己的核心技术和专利，在智能网联 V2X 领域持续深耕，报告期内完成了基于 LTE－V2X 通信模组和 T－BOX 的车载通信终端和路侧设备的开发，并且在重庆、天津、西安等多个测试场地安装和测试；自主研发的汽车电子标识读写设备通过公安部交通管理科学研究所检测认证；公司的专利数量持续增长，报告期内，新增 9 项发明专利，136 项实用新型专利，4 项外观专利，17 项软件著作权。在 V2X、多线束激光雷达、汽车电子标识、ETC 复合通行卡等方面均有新的专利授权。截至报告期末，公司已获得 57 项发明专利，413 项实用新型专利，15 项外观专利，121 项软件著作权，另有 277 项专利正在审查阶段。

（2）营销网络优势

公司拥有覆盖全国的销售网络，在北京、上海、重庆、广州等一、二线城市成立了分公司，以分公司为支点建立了覆盖区域的销售网络，并且公司在智能交通领域深耕多年，多种产品及相应服务在广大客户中形成了较好的口碑和较高的认知度，有较高的客户黏度，这种积累将有助于未来新产品在智能交通领域的迅速推广。

（3）资质优势

公司拥有计算机信息系统集成企业二级资质、建筑企业资质、安全生产许可证，通过了 ISO 9001 质量管理体系认证、ISO 27001 信息安全管理体系认证、QC080000 有害物质管理体系认证、ISO 14001 环境管理体系认证以及 OHSAS 18001 职业健康安全管理体系认证，通过了汽车电子供应商所必备的 IATF 16949 汽车件质量管理体系符合性认证，同时取得了 CMMI_ DEV ML3 能力成熟度三级正式评估和 CNAS 实验室认证。

（4）服务优势

针对公司实施项目多，项目定制化程度高，服务项目分散等特点，公司设立了技术服务多级管理体系：在总部设立客户服务中心，在各区域设立了区域服务管理中心，在 30 个城市设立服务中心、服务站，由总部客户服务中心对全国的施工、服务项目进行统一协调和管理。公司有较强的研发、设计、生产制造能力，公司服务与工程人员遍布全国，通过与技术研发人员、质量管理部等多部门协同，能够快速响应及满足客户需求其提供整体解决方案，具备快速响应提供服务能力。

（5）管理人才优势

公司管理团队具有丰富的管理经验、专业素质和行业资源，对行业、产品技术发展方向的把握有较高的敏感性和前瞻性，同时公司核心技术团队已成为行业专家并经常参与行业标准起草。公司通过自身优势、地理位置优势以及激励制度，不断吸引优秀人才加入，优化企业运营的人才体系和人才结构。

3. 股东情况

截至 2018 年 12 月 31 日，公司前 5 大股东情况见表 72。

表 72　2018 年底万集科技前 5 大股东情况

排名	股东名称	股东性质	持股数量（股）	占总股本比例（%）
1	翟军	自然人	56170720	52.19
2	崔学军	自然人	6478800	6.02
3	北京银汉创业投资有限公司	法人	3935520	3.66
4	田林岩	自然人	3135480	2.91

续表

排名	股东名称	股东性质	持股数量（股）	占总股本比例（%）
5	北京银汉兴业创业投资中心（有限合伙）	有限合伙	2361280	2.19

资料来源：公司 2018 年年报，中关村上市公司协会整理。

4. 财务分析

（1）基本财务数据

表73　2018 年底万集科技基本财务数据情况

单位：万元

项目	2018 年末	2017 年末	2016 年末
总资产	125098.61	111671.82	109133.65
归属母公司的股东权益	75787.40	75747.79	74389.46
营业收入	69226.15	62856.69	63572.89
净利润	618.88	3790.33	6934.76
归属母公司股东的净利润	657.64	3790.33	6934.76
经营活动现金净流量	-2473.34	-7746.32	-1208.68
期末现金余额	20299.55	18597.37	29694.12

资料来源：公司 2018 年年报，中关村上市公司协会整理。

近三年，公司的总资产、营业收入均逐年增长，表现出良好的发展潜力。公司 2018 年前五名客户销售额 14168.91 万元，占年度销售总额 20.56%，客户集中度相对分散。

（2）主要财务指标

表74　2018 年底万集科技主要财务指标情况

项目	2018 年末	2017 年末	2016 年末
销售毛利率（%）	34.69	38.66	38.95
销售净利率（%）	0.89	6.03	10.91
资产负债率（%）	39.14	32.17	31.84
流动比率	2.27	2.51	2.83
速动比率	1.82	2.13	2.34
应收账款周转率	1.37	1.51	1.98

资料来源：公司 2018 年年报，中关村上市公司协会整理。

近三年，公司的销售毛利率较高，资产负债率、流动比率及速度比率适中，表明企业偿债能力良好，应收账款周转率较低，表明企业回款能力较差。

（3）收入结构

公司近三年主营业务收入按项目分类情况见表75。

表75　2018年底万集科技主营业务收入分布情况

单位：万元，%

项目	2018年		2017年		2016年	
	金额	比例	金额	比例	金额	比例
专用短程通信系列	30138.92	43.54	22117.56	35.19	36013.39	56.65
动态称重系列	33848.67	48.90	34663.63	55.15	24313.56	38.25
激光检测系列	2937.89	4.24	6043.05	9.61	3245.93	5.10
系统集成设备	1957.25	2.82	—		—	
其他业务	343.41	0.50	32.45	0.05	—	
合计	69226.15	100	62856.69	100	63572.89	100

资料来源：公司2018年年报，中关村上市公司协会整理

近两年公司的主营业务从2016年的专用短程通信系列转为动态称重系列，其收入占比最大；2018年新设立的控股子公司万集信息工程新增了系统集成设备业务，依托渠道优势，开拓了多个地市的智能交通、智慧城市、公共安全等系统集成业务，为客户提供如视频监控等集成解决方案。

5. 股票行情

公司自上市以来股价走势见图29。

（十七）四维图新（002405.SZ）

1. 公司基本信息

北京四维图新科技股份有限公司（简称"四维图新"）成立于2002年，2010年于深圳证券交易所中小企业板上市发行（股票代码：002405.SZ）。截至2018年12月31日，四维图新市值为184.77亿元。

公司从事的主要业务包括导航地图业务、车联网业务、汽车电子芯片业务、自动驾驶业务、位置大数据服务业务。公司经过多年运作，基于成熟的多源大

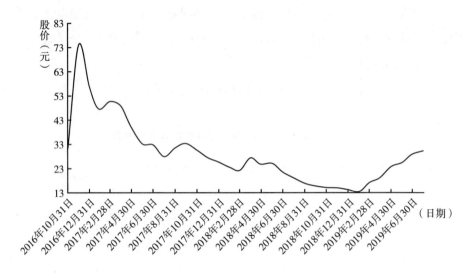

图29 万集科技上市以来至2019年7月底股价走势

资料来源：Wind，中关村上市公司协会整理。

数据、核心算法和移动互联网等技术优势，搭建起企业级别位置大数据平台MineData已在多个细分行业取得进展，在交警、公安、交通、规划等重点领域建立了客户集群和行业生态，并在新加坡等海外地区进行本地化部署和联测。

2. 核心竞争力分析

（1）兼具汽车和互联网两大前沿领域的跨界融合发展能力

公司在多年的与顶尖车厂、互联网高科技客户合作与共同开发中，一直秉承汽车行业严谨、高效、注重品质的理念与工作方式。它不仅使公司在车载前装领域持续多年保持市场领先地位，同时，面对互联网领域日益激烈的市场环境，也使公司能够抓住市场机遇，与滴滴、腾讯、搜狗、华为、微软建立了良好的全面合作关系。公司在服务互联网客户过程中形成的产品升级换代与创新，同时也极大地提升了汽车领域客户的用户体验，形成了融合发展、持续提升的良性循环。

（2）围绕长期稳定的优质客户、合作伙伴构建的行业生态

公司基于自身的行业地位及资源优势，围绕智能驾驶及位置大数据平台搭建了业务孵化体系，对自动驾驶相关的环境感知、人工智能（深度学

习）、大数据分析等具有独特竞争优势和商业潜力的新兴业务进行资源扶持，协助新兴业务参与市场竞争。面向未来产品和市场的竞争将具备全球化的特点，公司积极筹措国际化发展布局。公司在美国硅谷、荷兰、新加坡、日本东京等设立了全资子公司，深入跟踪自动驾驶等领域的前沿技术发展，也为公司在该领域的业务拓展逐渐建立起广泛的产业联系，Minedata 大数据平台、商用车联网解决方案、实时交通等产品和服务已经在新加坡等国家和地区进行本地化部署和联测。

（3）长期耕耘专业领域所形成的行业人才竞争优势

公司拥有一支具有十余年导航电子地图、汽车和互联网领域技术研发经验的高学历、高素质、年轻化的专业技术团队，核心技术员工在汽车导航电子地图、测绘工程、计算机视觉、深度学习算法、芯片、微电子、半导体、大数据、汽车电子等领域具有丰富专业经验。公司在连续十多年的高速发展过程中，面对专业人才的引进、培养、使用、激励、优化，搭建了一整套完善的管理机制，通过合理有效的任职资格管理体系及培训机制，促进和推动员工的职业技能和能力提升，并且在美国硅谷、荷兰、新加坡、日本东京设立了子公司，为公司进一步促进掌握全球最前沿科技的专业人才交流与合作、占领人才高地奠定了基础；公司通过内部创业、业务拓展等方式，为专业人才提供更为广阔和有吸引力的实践平台和实战契机。

3. 股东情况

截至 2018 年 12 月 31 日，公司前 5 大股东情况见表 76。

表 76　2018 年底四维图新前 5 大股东情况

排名	股东名称	股东性质	持股数量（股）	占总股本比例（％）
1	中国四维测绘技术有限公司	法人	130252434	9.95
2	深圳市腾讯产业投资基金有限公司	法人	127575793	9.74
3	天安财产保险股份有限公司－保赢1号	法人	45828437	3.50
4	中央汇金资产管理有限责任公司	法人	43453950	3.32
5	北京芯动能投资基金（有限合伙）	有限合伙	23501762	1.79

资料来源：公司 2018 年年报，中关村上市公司协会整理。

4. 财务分析

（1）基本财务数据

表77　2018年底四维图新基本财务数据情况

单位：万元

项目	2018年末	2017年末	2016年末
总资产	921510.53	979891.71	412224.27
归属母公司的股东权益	720123.18	663615.46	279341.75
营业收入	213365.91	215648.78	158530.63
净利润	37741.82	21232.17	11625.89
归属母公司股东的净利润	47907.07	26519.96	15656.91
经营活动现金净流量	37074.97	39031.41	39861.71
期末现金余额	208179.98	168997.55	136396.43

资料来源：公司2018年年报，中关村上市公司协会整理。

2016～2017年总资产增长迅速，2018年较2017年虽然略有下降但波动不大，营业收入与净利润也呈上涨趋势，表现出良好的发展潜力。公司2018年前五名客户销售额75456.77万元，占年度销售总额35.36%，客户集中度相对较高。

（2）主要财务指标

表78　2018年底四维图新主要财务指标情况

项目	2018年末	2017年末	2016年末
销售毛利率(%)	70.65	75.38	76.85
销售净利率(%)	17.69	9.85	7.33
资产负债率(%)	19.67	29.85	23.06
流动比率	1.98	1.60	2.53
速动比率	1.94	1.57	2.47
应收账款周转率	4.01	4.15	3.96

资料来源：公司2018年年报，中关村上市公司协会整理。

近三年，公司的销售毛利率较高，资产负债率、速度比率较为适中，偿债能力较强；应收账款周转率适中，回款能力良好。

（3）收入结构

公司近三年主营业务收入按项目分类情况见表 79。

表 79　2018 年底四维图新主营业务收入分布情况

单位：万元，%

项目	2018 年		2017 年		2016 年	
	金额	比例	金额	比例	金额	比例
导航	77512.91	36.33	94103.30	43.64	81521.37	51.42
芯片	57899.37	27.14	51731.38	23.99	——	——
车联网	54218.53	25.41	47453.60	22.01	52633.70	33.20
企服及行业应用	17572.49	8.24	17733.07	8.22	22070.42	13.92
高级辅助驾驶及自动驾驶	5292.81	2.48	4263.64	1.98	2247.99	1.42
其他业务	869.80	0.40	363.79	0.17	57.16	0.04
合计	213365.91	100	215648.78	100	158530.63	100

资料来源：公司 2018 年年报，中关村上市公司协会整理。

近三年，公司的主营业务以导航为主，其收入占比最大；2017 年起增加了芯片业务为主营业务，且收入占比逐年上涨。

5. 股票行情

公司自上市以来股价走势见图 30。

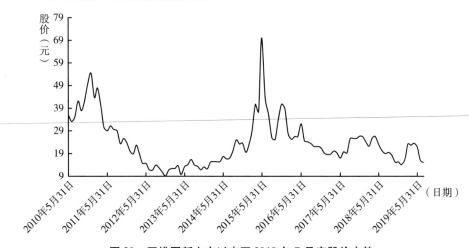

图 30　四维图新上市以来至 2019 年 7 月底股价走势

资料来源：Wind，中关村上市公司协会整理。

（十八）四方股份（601126.SH）

1. 公司基本信息

北京四方继保自动化股份有限公司（简称"四方股份"）成立于1994年，2010年于上海证券交易所主板上市发行（股票代码：601126.SH）。截至2018年12月31日，四方股份市值为41.39亿元。

公司从事的主要业务包括变电站自动化系统、继电保护、配网自动化系统、调度自动化系统、发电厂自动控制系统、电力安全稳定控制系统、广域测量与保护系统、微网控制系统、储能控制系统、电能质量管理系统、高压直流输电控制保护系统、电力仿真培训系统、能源管理系统、轨道交通自动化系统、工业控制系统及各类相关产品等。

2. 核心竞争力分析

（1）技术与创新能力分析

公司拥有继电保护、过程控制、稳定控制及系统保护、配网自动化、电厂自动化、电力电子等24个产品系列，其中多个系列产品被鉴定为国内首创、国际领先水平，公司持续进行研发投入，近三年公司的年均研发费用占营业收入的比例基本保持在10%以上。

（2）公司品牌维护发展情况分析

作为国内电力系统二次设备制造知名品牌企业之一，公司已经累积二十多年的行业运行经验，在二次设备技术方面持续创新，拥有多个首创和第一，尤其在继电保护装置及变电站自动化系统的研发、制造和销售方面，产品遍布全国，获得业内广泛好评，继电保护和变电站自动化设备市场占有率稳居行业前列。报告期内，公司作为国家高新技术企业荣膺"2018年国家技术创新示范企业"称号，入选"2018年中国电子信息行业社会贡献企业50强"、"2018年北京软件和信息服务业综合实力百强企业"，并获得"送电、变电、新能源专业设计乙级资质"等多项国家和市区级荣誉、资质。

（3）人力资源分析

公司不断挖掘引进行业高端人才，由高校、企业、科研机构组建的人才结构，使科研能力与现场实践有机结合，成为公司发展的强大动力。为鼓励技术升级与创新，公司组建了高水平的研发队伍，可以针对电力系统客户的个性化需求进行产品开发。此外公司高度重视员工自身的学习和发展，通过完善的培训体系，不断提升员工技能水平，建立了完善的企业培训体系。

（4）管理能力建设情况分析

2018年，公司进一步加强营销及市场拓展能力、不断提升交付能力和服务水平，先后启动了"营销业务流程优化项目"、"D30交付链过程改进项目"、"质量零缺陷项目"等，按照ISO20000管理标准成功建立了服务管理平台，大大提升了服务水平；通过先进的信息化手段，初步构建出一整套的过程改进方法体系和过程改进项目运作模式，使公司信息化系统建设覆盖到研发、销售、交付、售后全流程业务链，为全面提升公司内部运营效率，降低运营成本和质量风险提供管理支撑，同时也提升了公司的数据洞察能力，为高层决策，快速响应市场提供了可靠依据。

3. 股东情况

截至2018年12月31日，公司前5大股东情况见表80。

表80　2018年底四方股份前5大股东情况

排名	股东名称	股东性质	持股数量（股）	占总股本比例（%）
1	四方电气（集团）股份有限公司	法人	366929706	45.12
2	洪泽君	自然人	40630000	5.00
3	北京中电恒基能源技术有限公司	法人	38196804	4.70
4	中国证券金融股份有限公司	法人	25891390	3.18
5	北京四方继保自动化股份有限公司回购专用证券账户	其他	17655401	2.17

资料来源：公司2018年年报，中关村上市公司协会整理。

4. 财务分析

（1）基本财务数据

表81　2018年底四方股份基本财务数据情况

单位：万元

项目	2018年末	2017年末	2016年末
总资产	562867.25	550842.19	552299.25
归属母公司的股东权益	397241.53	394888.22	384875.86
营业收入	352868.86	318240.91	313920.96
净利润	20081.62	23024.15	28349.38
归属母公司股东的净利润	21699.71	23801.19	29593.60
经营活动现金净流量	51919.22	41144.75	15127.15
期末现金余额	50501.68	34528.37	34762.27

资料来源：公司2018年年报，中关村上市公司协会整理。

近三年，公司的总资产、营业收入稳定增长，发展潜力良好。公司2018年前五名客户销售额64754.75万元，占年度销售总额18.35%，客户集中度相对较低。

（2）主要财务指标

表82　2018年底四方股份主要财务指标情况

项目	2018年末	2017年末	2016年末
销售毛利率(%)	42.57	41.45	40.03
销售净利率(%)	5.69	7.23	9.03
资产负债率(%)	29.78	28.23	30.27
流动比率	2.69	2.71	2.53
速动比率	2.23	2.23	2.09
应收账款周转率	1.31	1.18	1.14

资料来源：公司2018年年报，中关村上市公司协会整理。

近三年，公司的销售毛利率较高，资产负债率和速动比率适中，偿债能力较强；应收账款周转率偏低，回款能力较弱。

（3）收入结构

公司近三年主营业务收入按项目分类情况见表83。

表83　2018年底四方股份主营业务收入分布情况

单位：万元，%

项目	2018年		2017年		2016年	
	金额	比例	金额	比例	金额	比例
继电保护及变电站自动化系统	202353.66	57.35	198228.66	62.29	204048.66	65.00
配电开关产品	31111.35	8.82	9310.54	2.93	—	
发电厂自动化系统	30328.11	8.59	28079.49	8.82	33213.75	10.58
电力系统安全稳定监测控制系统	21257.48	6.02	12628.05	3.97	13476.90	4.29
配网自动化系统	20495.61	5.81	19959.56	6.27	16266.43	5.18
电力电子产品	20202.15	5.73	26885.44	8.45	24377.30	7.77
电网继电保护及故障信息系统	7457.13	2.11	7215.39	2.27	6077.44	1.94
轨道通自动化系统	4282.87	1.21	4328.74	1.36	5575.05	1.78
集成变电站	—	—	5316.15	1.67	11710.71	3.73
其他主营业务	14066.65	3.99	4700.94	1.48	9590.76	3.06
其他业务	1313.85	0.37	1587.95	0.50	1295.12	0.41
合计	352868.86	100	318240.91	100	313920.96	100

资料来源：公司2018年年报，中关村上市公司协会整理。

近三年，公司的主营业务以继电保护及变电站自动化系统为主，其收入占比最大；另外从2017年开始新增加配电开关产品作为主营业务，且收入呈上涨趋势；集成变电站业务自2016年逐年下降，2018年已不作为主营业务收入。

5. 股票行情

公司自上市以来股价走势见图31。

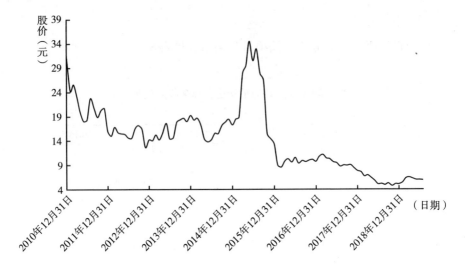

图31 四方股份上市以来至 2019 年 7 月底股价走势

资料来源：Wind，中关村上市公司协会整理。

（十九）江河集团（601886.SH）

1. 公司基本信息

江河创建集团股份有限公司（简称"江河集团"）成立于 1999 年，2011 年于上海证券交易所主板上市发行（股票代码：601886.SH）。截至 2018 年 12 月 31 日，江河集团市值为 86.44 亿元。

公司从事的主要业务包括建筑装饰业务和医疗健康业务两大板块。公司以"为了人类的生存环境和健康福祉"为企业使命，致力于提供绿色建筑系统和高品质医疗健康服务，坚持"双主业，多元化"发展战略，旗下拥有 JANGHO 江河幕墙、Sundart 承达集团、港源装饰、港源幕墙、SLD 梁志天设计集团、Vision、江河泽明等行业知名品牌，业务遍布全球多个国家和地区，在建筑幕墙、室内装饰与设计、眼科医疗等专业领域居世界领先水平。

2. 核心竞争力分析

（1）品牌优势

公司的建筑装饰业务主要包括建筑幕墙、室内装饰和室内设计，旗下拥有 JANGHO 江河幕墙、Sundart 承达集团、港源装饰、港源幕墙、SLD 梁志天设计集团。其中江河幕墙是全球高端幕墙领先品牌，在全球各地承建了数百项地标性建筑，为幕墙行业领军者；承达集团是源自香港的全球顶级室内装饰品牌，是亚太地区装饰行业发展的引领者；梁志天设计是享誉全球的顶级建筑及室内设计公司，是亚洲最大的室内设计公司之一；港源装饰位居中国建筑装饰行业百强前列、北方地区第一内装品牌，"港源"连续多年被评为北京市著名商标。

公司的医疗健康板块业务主要定位包括眼科、第三方诊断的医疗服务行业，旗下拥有 Vision、江河泽明知名品牌。Vision 是澳大利亚最大眼科医疗机构，是世界首家上市连锁眼科医院，拥有全球一流的医疗团队；江河泽明依托 Vision 品牌优势，已成为区域领先的知名眼科医疗品牌、地区百姓最信赖的医院之一，旗下已拥有近十家专业眼科机构；Healius 为澳大利亚最大的医疗中心、病理学以及影像学为主营的上市公司之一，公司为 Healius 第一大股东。目前公司在国内已收购了以第三方检验为主的江河华晟医学，日后拟将依托 Healius 的品牌、技术、管理等优势与江河华晟医学形成国内外联动之势，做大做强公司国内病理、第三方检验及影像等专科业务。

（2）技术优势

建筑装饰业务方面，公司拥有国家级企业技术中心，为全国首批 55 家国家技术创新示范企业之一，是国家火炬计划重点高新技术企业，中国建设科技自主创新优势企业和北京市专利示范单位。目前公司与中国建筑科学研究院、浙江大学共同承担了公共安全领域国家级课题研究。

医疗健康业务方面，Vision 的医疗专家团队开拓并推动了世界眼科医疗领域中若干技术的进步，包括率先在白内障手术中应用超声乳化白内障吸出术、率先开展 CMICS "同轴"微创白内障手术、南半球首例激光白内障手术等，Vision 在澳大利亚率先使用了最新激光眼科手术机 SMILE，是世界公认的眼科医疗技术研究领导者。江河泽明汇集了一批知名眼科专家，搭建了学科齐全、经验丰富的医生梯队。同时，公司不断引进国际最新的眼科诊疗技术和先进设备。

3. 股东情况

截至 2018 年 12 月 31 日，公司前 5 大股东情况见表 84。

表 84　2018 年底江河集团前 5 大股东情况

排名	股东名称	股东性质	持股数量（股）	占总股本比例（%）
1	北京江河源控股有限公司	法人	315645200	27.35
2	刘载望	自然人	289307866	25.07
3	天津江河汇众企业管理合伙企业（有限合伙）	合伙企业	156137600	13.53
4	北京城建集团有限责任公司	法人	27240000	2.36
5	中央汇金资产管理有限责任公司	法人	18839600	1.63

资料来源：公司 2018 年年报，中关村上市公司协会整理。

4. 财务分析

（1）基本财务数据

表 85　2018 年底江河集团基本财务数据情况

单位：万元

项目	2018 年末	2017 年末	2016 年末
总资产	2728872.25	2410591.85	2535080.78
归属母公司的股东权益	761776.27	689260.47	668179.86
营业收入	1603726.17	1529657.25	1523958.55
净利润	73860.59	59155.05	46896.60
归属母公司股东的净利润	60860.65	46646.00	35156.18
经营活动现金净流量	140859.67	138930.49	130836.69
期末现金余额	287797.54	232209.97	369357.80

资料来源：公司 2018 年年报，中关村上市公司协会整理。

近三年，公司总资产、营业收入和净利润稳步增长，表现出良好的发展潜力。公司 2018 年前五名客户销售额 214843.23 万元，占年度销售总额 13.40%，客户集中度相对较低。

（2）主要财务指标

表86　2018年底江河集团主要财务指标情况

项目	2018年末	2017年末	2016年末
销售毛利率（%）	18.46	15.12	13.94
销售净利率（%）	4.61	3.87	3.08
资产负债率（%）	67.45	68.38	70.80
流动比率	1.23	1.15	1.17
速动比率	1.11	1.02	1.05
应收账款周转率	1.39	1.30	1.34

资料来源：公司2018年年报，中关村上市公司协会整理。

近三年，公司销售毛利率较高，资产负债率和速动比率处于合理的区间范围，偿债能力较强；应收账款周转率较低，回款能力较弱。

（3）收入结构

公司近三年主营业务收入按项目分类情况见表87。

表87　2018年底江河集团主营业务收入分布情况

单位：万元，%

项目	2018年		2017年		2016年	
	金额	比例	金额	比例	金额	比例
建筑装饰业	1524655.13	95.07	1451955.28	94.92	1460527.95	95.84
医疗健康	79071.04	4.93	77701.97	5.08	63015.85	4.14
其他业务	—	—	—	—	414.76	0.02
合计	1603726.17	100	1529657.25	100	1523958.55	100

资料来源：公司2018年年报，中关村上市公司协会整理。

公司的主营业务分为建筑装饰和医疗健康两大业务板块，近三年公司以建筑装饰业务为主，其收入占比最大。

5. 股票行情

公司自上市以来股价走势见图32。

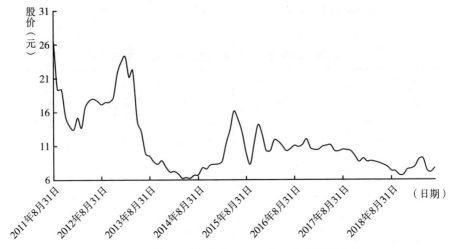

图 32　江河集团上市以来至 2019 年 7 月底股价走势

资料来源：Wind，中关村上市公司协会整理。

（二十）利亚德（300296. SZ）

1. 公司基本信息

利亚德光电股份有限公司（简称"利亚德"）成立于 1995 年，2012 年于深圳证券交易所创业板上市发行（股票代码：300296. SZ）。截至 2018 年 12 月 31 日，利亚德市值为 195.55 亿元。

公司从事的主要业务包括智能显示、夜游经济、文旅新业态、VR 体验。集团内各板块业务最大的优势在于：所处行业均处于高速成长期，且在集团资源整合的平台上，业务相互促进与协同。

2. 核心竞争力分析

（1）技术优势

在智能显示领域，公司的 LED 小间距产品为公司首创的原发技术，目前仍处于全球领先地位；最新推出的 Micro-Led 代表行业技术前沿；VR 体验拥有全球领先的光学动作捕捉技术。

（2）知识产权优势

智能显示领域，拥有国内发明专利 93 个，国内实用新型专利 287 个，国内外观专利 123 个，海外已授权专利 77 个，软件著作权 151 个；照明领域拥有国内实用新型专利 107 个，发明专利 10 个，国内外观专利 31 个，软件著作权 53 个；文旅新生态领域拥有国内发明专利 115 个，国内实用新型专利 36 个，国内外观专利 19 个，软件著作权 36 个；VR 领域拥有海外已授权专利 10 个。

（3）市场优势

在智能显示领域，公司为全球 LED 影像显示屏市场占有率第一；夜游经济业务规模全国领先；VR 体验净利润规模全球领先，且 OptiTrack 在 VR 应用领域知名度极高，拥有大量高端行业客户资源。

3. 股东情况

截至 2018 年 12 月 31 日，公司前 5 大股东情况见表 88。

表 88   2018 年底利亚德前 5 大股东情况

排名	股东名称	股东性质	持股数量（股）	占总股本比例（%）
1	李军	自然人	768354900	30.22
2	周利鹤	自然人	73203912	2.88
3	利亚德光电股份有限公司—第一期员工持股计划	其他	67370529	2.65
4	国寿安保基金－交通银行－民生信托－中国民生信托·至信 437 号利亚德定向增发集合资金信托计划	其他	56280587	2.21
5	谭连起	自然人	54144000	2.13

资料来源：公司 2018 年年报，中关村上市公司协会整理。

4. 财务分析

（1）基本财务数据

近三年，公司总资产、营业收入和净利润稳步增长，表现出良好的发展潜力。公司 2018 年前五名客户销售额 99976.86 万元，占年度销售总额 12.98%，客户集中度相对较低。

表89　2018 年底利亚德基本财务数据情况

单位：万元

项目	2018 年末	2017 年末	2016 年末
总资产	1459372.26	1265774.76	821580.86
归属母公司的股东权益	775884.32	561988.68	445403.00
营业收入	770062.15	647080.33	437793.52
净利润	126385.20	121088.71	66626.85
归属母公司股东的净利润	126452.76	120978.15	66882.95
经营活动现金净流量	82053.87	77891.52	1376.95
期末现金余额	227661.61	137234.11	87924.99

资料来源：公司 2018 年年报，中关村上市公司协会整理。

（2）主要财务指标

表90　2018 年底利亚德主要财务指标情况

项目	2018 年末	2017 年末	2016 年末
销售毛利率(%)	38.75	40.48	38.43
销售净利率(%)	16.41	18.71	15.22
资产负债率(%)	46.75	55.49	45.61
流动比率	1.73	1.39	2.07
速动比率	1.00	0.85	1.28
应收账款周转率	1.30	1.51	1.73

资料来源：公司 2018 年年报，中关村上市公司协会整理。

近三年，公司销售毛利率较高，资产负债率、流动比率和速动比率适中，说明公司偿债能力较强。

（3）收入结构

公司近三年主营业务收入按项目分类情况见表91。

近三年，公司的主营业务以智能显示为主，其收入所占比重最大；2017年新增加 VR 体验为主营业务，且收入占比有上升趋势。

表91　2018年底利亚德主营业务收入分布情况

单位：万元，%

项目	2018年		2017年		2016年	
	金额	比例	金额	比例	金额	比例
智能显示	511735.28	66.45	385256.93	59.54	306276.21	69.96
LED产品销售	153142.60	19.89	172664.78	26.68	86693.48	19.80
文化旅游	69436.40	9.02	61172.15	9.45	42215.43	9.64
VR体验	33746.23	4.38	24103.05	3.73	—	—
其他业务	2001.64	0.26	—	—	—	—
LED相关其他	—	—	3883.42	0.60	2608.40	0.60
合计	770062.15	100.00	647080.33	100.00	437793.52	100.00

资料来源：公司2018年年报，中关村上市公司协会整理。

5. 股票行情

公司自上市以来股价走势见图33。

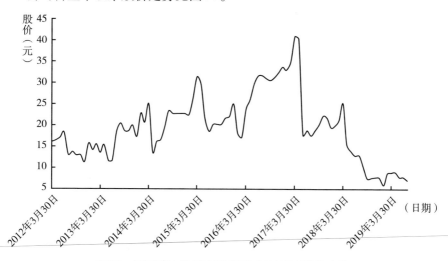

图33　利亚德上市以来至2019年7月底股价走势

资料来源：Wind，中关村上市公司协会整理。

（二十一）蓝色光标（300058. SZ）

1. 公司基本信息

北京蓝色光标数据科技股份有限公司（简称"蓝色光标"）成立于

2002 年，2010 年于深圳证券交易所创业板上市发行（股票代码：300058.SZ）。截至 2018 年 12 月 31 日，蓝色光标市值为 94.70 亿元。

公司从事的主要业务包括营销服务（数字营销、公共关系、活动管理等）、数字广告（移动广告、智能电视广告、中国企业出海数字广告）以及国际业务，服务内容涵盖营销传播整个产业链，以及基于营销科技的智慧经营服务，服务地域基本覆盖全球主要市场。

2. 核心竞争力分析

（1）优质客户资源

公司服务品牌客户主要来自消费电子、互联网、游戏、汽车、消费品及金融行业等，持续服务各行业领先品牌及世界 500 强企业。公司将继续顺应传播发展趋势，利用营销科技强化专业服务技能，深度发掘客户需求，增强客户黏性，持续稳定促进公司业务成长。

（2）服务技术优势

公司业务方面已初步完成营销科技技能的建设应用，通过技术优势驱动实现融合"技术＋创意"实现为客户提供智慧经营整合赋能服务。利用大数据分析与算法优化技术能力，优化展现更全面的需求信息并挖掘价值数据用于分析判断，帮助客户利用数据及社交网络实现与消费者效果直达的沟通及互动，实现直接经营顾客效果。

3. 股东情况

截至 2018 年 12 月 31 日，公司前 5 大股东情况见表 92。

表 92　2018 年底蓝色光标前 5 大股东情况

排名	股东名称	股东性质	持股数量（股）	占总股本比例（%）
1	西藏耀旺网络科技有限公司	法人	191695111	8.78
2	赵文权	自然人	145064320	6.65
3	建信基金－兴业银行－北京领瑞投资管理有限公司	其他	143325141	6.57
4	李芃	自然人	95243181	4.36
5	陈良华	自然人	84496281	3.87

资料来源：公司 2018 年年报，中关村上市公司协会整理。

4. 财务分析

（1）基本财务数据

表 93　2018 年底蓝色光标基本财务数据情况

单位：万元

项目	2018 年末	2017 年末	2016 年末
总资产	1696250.20	1673181.82	1652917.15
归属母公司的股东权益	633376.10	617002.80	542218.37
营业收入	2310396.85	1523083.77	1231910.59
净利润	41232.02	24797.02	68944.77
归属母公司股东的净利润	38895.42	22227.85	63967.55
经营活动现金净流量	189276.03	-12391.06	-9011.12
期末现金余额	147934.89	107370.80	101484.58

资料来源：公司 2018 年年报，中关村上市公司协会整理。

近三年，公司总资产和营业收入稳定增长，净利润较 2017 年有所增加。公司 2018 年前五名客户销售额 388472.16 万元，占年度销售总额 16.81%，客户集中度相对分散。

（2）主要财务指标

表 94　2018 年底蓝色光标主要财务指标情况

项目	2018 年末	2017 年末	2016 年末
销售毛利率(%)	11.72	18.20	21.66
销售净利率(%)	1.78	1.63	5.60
资产负债率(%)	61.95	62.08	64.45
流动比率	1.02	1.05	1.04
速动比率	1.02	1.05	1.03
应收账款周转率	3.82	2.74	2.87

资料来源：公司 2018 年年报，中关村上市公司协会整理。

近三年，公司销售净利率、流动比率相对较低，销售毛利率、速动比率较为适中，公司短期偿债能力处于中等水平。

（3）收入结构

公司近三年主营业务收入按项目分类情况见表95。

表95 2018年底蓝色光标主营业务收入分布情况

单位：万元，%

项目	2018年		2017年		2016年	
	金额	比例	金额	比例	金额	比例
出海广告投放	1210083.22	52.38	—	—	—	—
全案推广服务	547269.47	23.69	—	—	—	—
海外公司业务	278677.85	12.06	—	—	—	—
全案广告代理	268712.36	11.63	—	—	—	—
数据产品服务	5653.96	0.24	—	—	—	—
数字营销	—	—	1322462.41	86.83	1010744.79	82.05
传统营销	—	—	200489.04	13.16	221008.61	17.94
其他业务	—	—	132.32	0.01	157.19	0.01
合计	2310396.86	100.00	1523083.77	100.00	1231910.59	100.00

资料来源：公司2018年年报，中关村上市公司协会整理。

近三年，公司主营业务产生变动。2016年和2017年以数字营销和传统营销作为主营业务，而2018年转而从事出海广告投放、全案推广服务、海外公司业务、全案广告代理、数据产品服务，且出海广告投放所占比例最大。主营业务的变更反映出企业对主营业务做出了转型升级。

5.股票行情

公司自上市以来股价走势见图34。

（二十二）嘉寓股份（300117.SZ）

1.公司基本信息

北京嘉寓门窗幕墙股份有限公司（简称"嘉寓股份"）成立于1987年，2010年于深圳证券交易所创业板上市发行（股票代码：300117.SZ）。截至2018年12月31日，嘉寓股份市值为29.82亿元。

公司从事的主要业务包括节能门窗幕墙、太阳能光伏和高端智能装备。

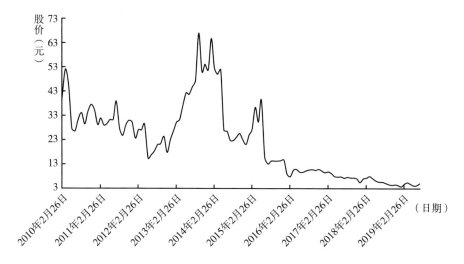

图34 蓝色光标上市以来至2019年7月底股价走势

资料来源：Wind，中关村上市公司协会整理。

公司专业从事节能门窗幕墙行业三十余年，为国内外领先的建筑节能门窗幕墙系统提供商；公司全资子公司徐州嘉寓具备高效组件生产到光伏电站EPC的产业链；公司全资子公司奥普科星是专业从事新能源领域自动化设备设计与制造的国家高新技术企业，专注于光伏、光热行业高端装备的研发设计与制造。

2. 核心竞争力分析

（1）三大主业协同发展的战略布局

公司制定了中长期发展战略规划，确定了三大主业协同发展的战略布局，在稳步发展节能门窗幕墙业务的同时，进入太阳能光伏光热、智能装备领域，公司根据战略发展规划进一步明确核心客户导向，快速扩大市场份额，实现三大主业协同发展。

（2）技术和产品优势

公司在节能门窗幕墙业务方面整合了国际国内领先的门窗幕墙技术和产品，推出了能够满足不同气候条件的完整系统解决方案，形成了具有完全自主知识产权的嘉寓－朗尚门窗幕墙系统。在太阳能光伏业务方面，拥有国内一流的全自动光伏组件生产线。在智能装备业务方面，拥有光伏边框自动化生产线、中高温集热管自动化总成装配线和全自动自润滑轴套成型机。公司的产品和技术均处于同行业领先水平，在国内细分行业具有较强竞争优势。

3. 股东情况

截至2018年12月31日，公司前5大股东情况见表96。

表96　2018年底嘉寓股份前5大股东情况

排名	股东名称	股东性质	持股数量（股）	占总股本比例（%）
1	嘉寓新新投资（集团）有限公司	法人	298597706	41.66
2	李兰	自然人	111185915	15.51
3	北京嘉寓门窗幕墙股份有限公司 -第三期员工持股计划	其他	12025650	1.68
4	北京嘉寓门窗幕墙股份有限公司 -第四期员工持股计划	其他	8053821	1.12
5	张初虎	自然人	3300000	0.46

资料来源：公司2018年年报，中关村上市公司协会整理。

4. 财务分析

（1）基本财务数据

表97　2018年底嘉寓股份基本财务数据情况

单位：万元

项目	2018年末	2017年末	2016年末
总资产	676353.90	556053.88	453817.38
归属母公司的股东权益	137088.04	147093.34	141555.91
营业收入	425454.62	292985.70	215220.26
净利润	6092.30	7764.10	7627.17
归属母公司股东的净利润	5872.73	6374.03	7627.17
经营活动现金净流量	-13137.93	5046.02	-4056.67
期末现金余额	47284.89	43383.46	25230.98

资料来源：公司2018年年报，中关村上市公司协会整理。

近三年，公司总资产、营业收入和期末现金余额均稳定增长。公司2018年前五名客户销售额229893.85万元，占年度销售总额54.03%，客户集中度偏高。

（2）主要财务指标

表 98　2018 年底嘉寓股份主要财务指标情况

项目	2018 年末	2017 年末	2016 年末
销售毛利率(%)	15.85	16.45	14.47
销售净利率(%)	1.43	2.65	3.54
资产负债率(%)	79.73	72.65	68.81
流动比率	1.24	1.36	1.35
速动比率	0.63	0.62	0.51
应收账款周转率	3.28	3.42	3.08

资料来源：公司 2018 年年报，中关村上市公司协会整理。

近三年，公司销售净利率、速动比率及应收账款周转率相对较低，资产负债率较高，表明偿债能力较弱，应收账款回收比较困难。

（3）收入结构

公司近三年主营业务收入按项目分类情况见表 99。

表 99　2018 年底嘉寓股份主营业务收入分布情况

单位：万元，%

项目	2018 年		2017 年		2016 年	
	金额	比例	金额	比例	金额	比例
门窗	271588.52	63.83	152777.30	52.14	127543.41	59.26
幕墙	67110.99	15.77	71038.67	24.25	85961.34	39.94
光伏业务收入	37123.81	8.73	52552.26	17.94	—	
光伏组件	32245.29	7.58	—		—	
专用设备销售收入	13703.40	3.22	15376.00	5.25	—	
其他业务	3682.61	0.87	1241.47	0.42	1715.51	0.80
合计	425454.62	100.00	292985.70	100.00	215220.26	100.00

资料来源：公司 2018 年年报，中关村上市公司协会整理。

近三年，公司主营业务以门窗服务为主，其收入占比最大；幕墙服务所占比重逐年下降。近两年，公司新增了光伏组件等相关业务。

5. 股票行情

公司自上市以来股价走势见图 35。

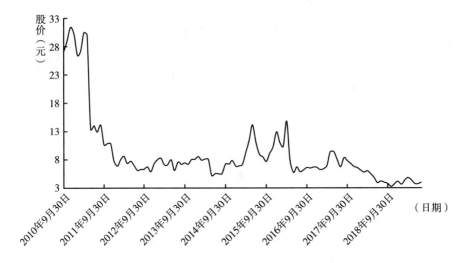

图 35 嘉寓股份上市以来至 2019 年 7 月底股价走势

资料来源：Wind，中关村上市公司协会整理。

（二十三）东方园林（002310. SZ）

1. 公司基本信息

北京东方园林环境股份有限公司（简称"东方园林"）成立于 1992 年，2009 年于深圳证券交易所中小企业板上市发行（股票代码：002310. SZ）。截至 2018 年 12 月 31 日，东方园林市值为 186. 91 亿元。

公司从事的主要业务包括水环境治理、工业危废处置和全域旅游。水环境综合治理业务主要是与地方政府合作解决最重要、最紧迫的生态环境问题，业务纳入地方政府发展规划，同时公司紧密跟随国家有关政策，开拓乡村振兴、生态修复等领域的业务；工业危废处置业务主要是从污染的最上游源头工业生产开始，实现污染物的减量化、无害化甚至于资源化回收再利用；全域旅游业务实现了良好生态环境的增值，带动地方旅游经济发展，形成良好的社会和经济效应。

2. 核心竞争力分析

（1）水环境综合治理技术优势

公司目前拥有生态景观规划设计院、生态城市规划院、水利工程规划设计院、文旅规划设计院及生态环境研究总院等多个专业研发设计部门，以自主研发的水环境治理及水生态修复专利技术为基础，以水环境治理及河流湿地建设为实施目标，开展具有广泛适宜性的集功能性和景观性为一体的城市水环境综合治理技术体系研究和示范推广，探索搭建了适宜的水文水生态环境监测系统和信息化平台。公司于2016年收购的上海立源与中山环保，进一步优化了公司在水处理方面的技术优势。

（2）工业危废处置竞争优势

公司加快布局危废处置市场，在石油、化工、金属冶炼、电子机械及城市管理行业内储备大量实用技术与专利，逐步形成工业危废处置行业全覆盖的综合竞争力。公司工业危废处置业务目前已形成了标准化的危废处理工艺模块。公司主要通过新建、并购等模式拓展业务布局，从工业危废处置和驻场服务两个维度加强全国范围内的业务拓展，截至目前，公司取得工业危险废弃物环评批复为178万吨。

3. 股东情况

截至2018年12月31日，公司前5大股东情况见表100。

表100　2018年底东方园林前5大股东情况

排名	股东名称	股东性质	持股数量（股）	占总股本比例（%）
1	何巧女	自然人	1030853695	38.39
2	唐凯	自然人	154012147	5.74
3	北京朝投发投资管理有限公司－北京市盈润汇民基金管理中心（有限合伙）	合伙企业	134273101	5.00
4	中海信托股份有限公司－中海信托－安盈19号东方园林员工持股计划集合资金信托	其他	84993922	3.16
5	全国社保基金一零四组合	其他	67888744	2.53

资料来源：公司2018年年报，中关村上市公司协会整理。

4. 财务分析

（1）基本财务数据

表 101　2018 年底东方园林基本财务数据情况

单位：万元

项目	2018 年末	2017 年末	2016 年末
总资产	4209262.92	3511433.68	2400587.10
归属母公司的股东权益	1275511.79	1131452.81	918547.08
营业收入	1329315.92	1522610.17	856399.70
净利润	159097.32	222062.59	138110.55
归属母公司股东的净利润	159592.12	217792.17	129560.85
经营活动现金净流量	5092.92	292356.19	156796.83
期末现金余额	77026.13	214397.35	212266.94

资料来源：公司 2018 年年报，中关村上市公司协会整理。

近三年，公司总资产和归属母公司的股东权益均稳定增长。公司 2018 年前五名客户销售额 190977.85 万元，占年度销售总额 14.36%，客户集中度较为分散。

（2）主要财务指标

表 102　2018 年底东方园林主要财务指标情况

项目	2018 年末	2017 年末	2016 年末
销售毛利率(%)	34.07	31.56	32.83
销售净利率(%)	11.97	14.58	16.13
资产负债率(%)	69.33	67.62	60.68
流动比率	0.99	1.13	1.59
速动比率	0.43	0.54	0.78
应收账款周转率	1.62	2.42	1.92

资料来源：公司 2018 年年报，中关村上市公司协会整理。

近三年，公司销售净利率、速动比率、应收账款周转率相对较低，资产负债率相对较高，表明偿债能力较弱，应收账款回收比较困难。

（3）收入结构

公司近三年主营业务收入按项目分类情况见表103。

表103　2018年底东方园林主营业务收入分布情况

单位：万元，%

项目	2018年		2017年		2016年	
	金额	比例	金额	比例	金额	比例
水系治理	587646.67	44.20	700453.11	46.00	227037.03	26.51
园林工程施工	315141.75	23.71	459601.62	30.19	293306.97	34.25
全域旅游	207738.24	15.63	110239.55	7.24	—	—
固废处置	87214.87	6.56	150449.96	9.88	121660.46	14.21
园林景观设计	68218.48	5.13	52272.76	3.44	32013.71	3.74
苗木对外销售	48401.36	3.64	31966.60	2.10	10325.95	1.21
设备安装	5159.48	0.39	2154.65	0.14	1333.27	0.15
土壤矿山修复	4381.37	0.33	13276.91	0.87	99.56	0.01
生态修复工程收入	—	—	—	—	170531.68	19.91
其他业务	5413.70	0.41	2195.02	0.14	—	0.00
其他主营业务	—	—	—	—	91.09	0.01
合计	1329315.92	100.00	1522610.18	100.00	856399.72	100.00

资料来源：公司2018年年报，中关村上市公司协会整理。

近三年，公司主营业务以水系治理为主，其收入占比最大；园林工程施工、固废处置所占比重均有所下降；生态修复工程和其他主营业务在2017年后均无收入。

5. 股票行情

公司自上市以来股价走势见图36。

（二十四）三夫户外（002780.SZ）

1. 公司基本信息

北京三夫户外用品股份有限公司（简称"三夫户外"）成立于2001年，2015年于深圳证券交易所中小企业板上市发行（股票代码：002780.SZ）。截至2018年12月31日，三夫户外市值为14.16亿元。

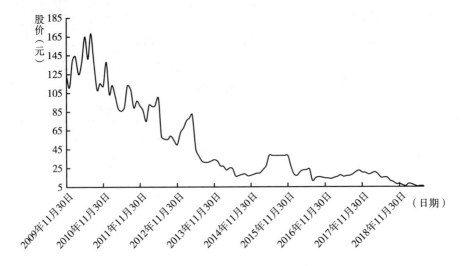

图36 东方园林上市以来至2019年7月底股价走势

资料来源：Wind，中关村上市公司协会整理。

公司从事的主要业务包括销售户外运动用品、组织户外赛事、活动及团建、运营亲子户外乐园。公司代理、经销国内外400余个中高端专业户外运动品牌，已将线上线下销售服务一体化和现代物流建设进行深度融合，建立了成熟的产品品牌、销售渠道、顾客消费和活动赛事参与数据库。公司不仅利用经营户外市场多年的实战经验推出自有品牌，还向产业链上游延伸，成为多个知名国际户外品牌的中国区总代理。

2.核心竞争力分析

（1）完整的户外产业运营平台

公司通过户外运动产品、户外赛事团建、亲子户外乐园三大业务板块经营人和链接人，打造以经营用户为核心的户外生态平台，将人与户外品牌相链接，人与户外产品相链接，人与户外活动相链接，人与户外教育相链接，在不同板块间实现客群转化，从而构建完整的户外产业运营平台。

（2）户外多品牌、全品类的产品结构

公司作为较早从事户外产业的企业之一，自1997年成立以来，不断进行产业深耕，与国内外数百个户外品牌建立起持久稳定的合作关系，深知不同品牌、不同品类、不同产品的核心优势和适用情境，对产品特性形成了深入的洞察和理解，进而针对不同场景下的不同消费者提供专业化、个性化的产品选择建议，深度服务用户群体。目前公司代理、经销400余个户外知名品牌，产品品类涵盖户外运动各种场景。

（3）全方位的销售渠道布局

公司目前已开设40家专业户外用品连锁店，覆盖东北、华北、华东、华中、华南、西南地区17个城市，包括旗舰店、标准店、精品店和滑雪店。公司已建立全面的开店评估体系，从地域选择、消费能力、支付意愿、客流资源、地理位置、租金成本、投资回报等多方面综合考量，保证店面持续盈利。

（4）自主品牌研发能力强

公司利用自身对户外产品、户外人群的深入理解，十分注重自有品牌的研发，为此成立了专业化的设计研发团队。目前公司拥有 ANEMAQEN、SANFO、KIDSANFO、SANFO PLUS、LYSO 等多个自有品牌。公司设计研发团队注重版型设计、工艺优化、生产品控等关键环节，聚焦目标市场细分，以多元化的产品设计方向，在面料选择及功能性上不断改革创新。公司自有品牌产品投入市场以来，已获得良好的市场口碑。自有品牌对提高公司核心竞争力及毛利率水平都将得到有力保障。

3. 股东情况

截至 2018 年 12 月 31 日，公司前 5 大股东情况见表 104。

表 104 2018 年底三夫户外前 5 大股东情况

排名	股东名称	股东性质	持股数量（股）	占总股本比例（%）
1	张恒	自然人	31291041	27.91
2	天津亿润成长股权投资合伙企业（有限合伙）	合伙企业	8463585	7.55
3	上海歌金企业管理有限公司	法人	6863704	6.12
4	赵栋伟	自然人	5409130	4.82
5	朱艳华	自然人	5073026	4.52

资料来源：公司 2018 年年报，中关村上市公司协会整理。

4. 财务分析

（1）基本财务数据

表105 2018年底三夫户外基本财务数据情况

单位：万元

项目	2018年末	2017年末	2016年末
总资产	87124.60	82152.29	48291.13
归属母公司的股东权益	63913.18	63478.93	39193.64
营业收入	42033.40	35139.57	35325.48
净利润	472.06	−1320.00	3538.45
归属母公司股东的净利润	502.87	−1290.87	3537.16
经营活动现金净流量	1987.08	−3490.30	−91.23
期末现金余额	24295.73	39752.63	15267.58

资料来源：公司2018年年报，中关村上市公司协会整理。

近三年，公司总资产、营业收入均稳定增长，净利润较2017年有所增加。公司2018年前五名客户销售额6202.59万元，占年度销售总额14.76%，客户集中度相对分散。

（2）主要财务指标

表106 2018年底三夫户外主要财务指标情况

项目	2018年末	2017年末	2016年末
销售毛利率(%)	42.86	42.76	46.23
销售净利率(%)	1.12	−3.76	10.02
资产负债率(%)	26.66	22.72	18.84
流动比率	3.57	4.89	5.11
速动比率	2.62	3.52	3.41
应收账款周转率	16.11	8.80	8.25

资料来源：公司2018年年报，中关村上市公司协会整理。

近三年，公司销售毛利率、流动比率、速动比率相对较高，资产负债率相对较低，表明偿债能力较强。

（3）收入结构

公司近三年主营业务收入按项目分类情况见表107。

表107　2018年底收三夫户外主营业务收入分布情况

单位：万元，%

项目	2018年		2017年		2016年	
	金额	比例	金额	比例	金额	比例
服 装 类	24692.42	58.75	21040.75	59.88	21028.03	59.53
鞋 袜 类	7651.36	18.20	5957.83	16.95	6524.89	18.47
装 备 类	6897.58	16.41	6395.86	18.20	6411.72	18.15
其他业务	2792.04	6.64	1745.13	4.97	1360.84	3.85
合　　计	42033.40	100.00	35139.57	100.00	35325.48	100.00

资料来源：公司2018年年报，中关村上市公司协会整理。

近三年，公司主营业务以服装类业务为主，其收入占比最大，各主营业务收入占比较为稳定。整体来看，公司主营业务收入呈上升趋势。

5. 股票行情

公司自上市以来股价走势见图37。

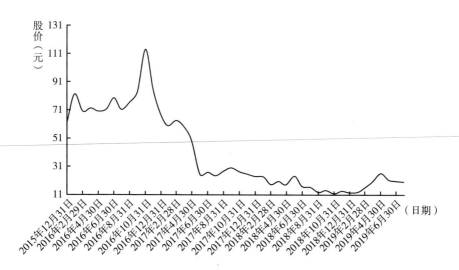

图37　三夫户外上市以来至2019年7月底股价走势

资料来源：Wind，中关村上市公司协会整理。

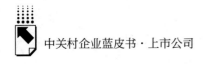

（二十五）华扬联众（603825. SH）

1. 公司基本信息

华扬联众数字技术股份有限公司（简称"华扬联众"）成立于1994年，2017年于上海证券交易所主板上市发行（股票代码：603825. SH）。截至2018年12月31日，华扬联众市值为31.92亿元。

公司从事的主要业务是为客户提供互联网广告服务。作为一家在国内互联网广告服务领域内具有一定竞争力的老牌企业，公司在深入了解客户业务与品牌发展战略的基础上针对客户的广告需求制定符合客户品牌与业务发展战略规划的互联网整合营销整体解决方案，并通过制作相应的广告内容、采购互联网媒体资源进行广告投放；同时运用技术手段分析和监测广告投放进程和结果，并对客户下一阶段的互联网营销策略提出调整优化建议。

2. 核心竞争力分析

（1）创新能力优势

公司长期注重对行业专业知识的研究和积累，不断投入人力、物力进行技术研发和产品开发，通过互动创意实验室和数字营销研究院两大机构对互联网热门前沿技术开展深入研究，开发相应的技术产品，紧密跟踪互联网发展的趋势，有力保证了公司持续具备为客户提供创新服务，以及基于前沿技术和大数据才能实现的特定营销手段。

（2）数据资源优势

公司每年为客户策划和执行大量的互联网广告活动，多年来积累了丰富的消费者特征、行为和反馈数据，每日可分析大量的互联网用户的行为数据。通过技术系统自动化的数据积累，结合先进的技术分析能力，公司在数据资源方面已建立起一定的竞争优势。

（3）技术优势

公司拥有庞大的技术团队，每年均能孵化一批新技术和应用平台，在激烈的行业竞争中始终保持强大的技术优势。另外，公司在业务辅助系统的技术领域也具有一定竞争优势，这些自行研发的业务辅助系统较好地帮助公司实现了业务数据管理系统化、自动化，能够高效地辅助业务人员完成数据统计分析和日常运营管理工作，对降低公司运营成本、保证优质服务水平有重要帮助。

（4）互联网媒体合作优势

公司合作的互联网媒体包括了所有国内知名的互联网公司。公司与这些互联网公司合作的时间相对较长，合作较为稳定，合作金额巨大。多年稳定的合作关系与强大的创新和技术研发优势支撑，促使这些互联网媒体愿意与公司共同探讨、尝试全新的营销技术应用、更多创新的营销表现形式，不断探索互联网行业发展的方向，从而可以形成行业内独有的媒体合作优势。

3. 股东情况

截至 2018 年 12 月 31 日，公司前 5 大股东情况见表 108。

表 108　2018 年底华扬联众前 5 大股东情况

排名	股东名称	股东性质	持股数量（股）	占总股本比例（%）
1	苏同	自然人	65807311	28.60
2	姜香蕊	自然人	39484385	17.16
3	上海华扬联众企业管理有限公司	法人	26322923	11.44
4	东方富海（芜湖）股权投资基金（有限合伙）	合伙企业	8774304	3.81
5	中信信托有限责任公司 – 中信信托成泉汇涌八期金融投资集合资金信托计划	其他	6770926	2.94

资料来源：公司 2018 年年报，中关村上市公司协会整理。

4. 财务分析

（1）基本财务数据

近三年，公司总资产、营业收入和归属母公司股东的净利润均稳定增长，表现出良好的发展潜力。公司 2018 年前五名客户销售额 366132.60 万元，占年度销售总额 34.06%，客户集中度相对较高。

表 109　2018 年底华扬联众基本财务数据情况

单位：万元

项目	2018 年末	2017 年末	2016 年末
总资产	621205.16	476301.61	392393.30
归属母公司的股东权益	134292.91	120660.87	63832.63
营业收入	1074770.66	821643.82	663873.06
净利润	11622.47	12408.16	10051.82
归属母公司股东的净利润	12835.88	12670.79	10267.35
经营活动现金净流量	−45062.37	−28025.55	−17527.57
期末现金余额	33990.16	39908.04	27742.56

资料来源：公司 2018 年年报，中关村上市公司协会整理。

（2）主要财务指标

表 110　2018 年底华扬联众主要财务指标情况

项目	2018 年末	2017 年末	2016 年末
销售毛利率(%)	11.54	11.22	11.94
销售净利率(%)	1.08	1.51	1.51
资产负债率(%)	78.38	74.39	83.34
流动比率	1.23	1.24	1.08
速动比率	1.18	1.21	1.08
应收账款周转率	2.92	2.78	2.72

资料来源：公司 2018 年年报，中关村上市公司协会整理。

近三年，公司销售净利率相对较低，速动比率较为适中，资产负债率偏高，应收账款周转率较低，应收账款回收比较困难。

（3）收入结构

公司近三年主营业务收入按项目分类情况见表 111。

近三年，公司主营业务以互联网广告服务为主，其收入占比最大；买断式销售代理和影视节目所占比重较为稳定。整体来看，公司主营业务收入呈上升趋势。

表 111   2018 年底华扬联众主营业务收入分布情况

单位：万元，%

项目	2018 年		2017 年		2016 年	
	金额	比例	金额	比例	金额	比例
互联网广告服务	1010855.41	94.05	767606.34	92.54	596750.95	88.79
买断式销售代理	45685.29	4.25	54037.48	6.51	67122.11	9.99
影视节目	18229.95	1.70	7812.93	0.94	8230.28	1.22
合计	1074770.65	100.00	829456.75	100.00	672103.34	100.00

资料来源：公司 2018 年年报，中关村上市公司协会整理。

5. 股票行情

公司自上市以来股价走势见图 38。

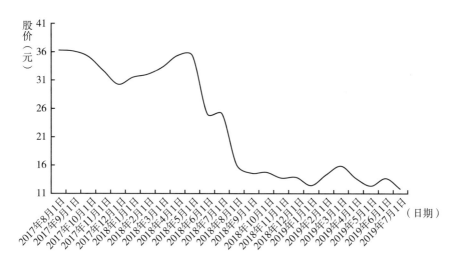

图 38   华扬联众上市以来至 2019 年 7 月底股价走势

资料来源：Wind，中关村上市公司协会整理。

（二十六）昆仑万维（300418.SZ）

1. 公司基本信息

北京昆仑万维科技股份有限公司（简称"昆仑万维"）成立于 2008 年，2015 年于深圳证券交易所创业板上市发行（股票代码：300418.SZ）。截至

2018 年 12 月 31 日，昆仑万维市值为 148.14 亿元。

公司是一家全球领先、业内前沿的综合性互联网集团。公司聚焦"打造海外领先的社交媒体和内容平台"的发展战略，围绕研发及运营的核心优势，逐渐在全球范围内形成了由移动游戏平台（GameArk）、休闲娱乐社交平台（闲徕互娱）、社交平台（Grindr）、信息咨询（Opera）等四大业务板块组成的社交媒体和内容平台，并通过构建集团大数据系统驱动各板块产生协同效应。

2. 核心竞争力分析

（1）具备发现并把握优质资产的能力

上市后，公司先后收购了全球最大的 LGBT 社交平台 Grindr、面向 3 - 6 线城镇居民的社交娱乐平台闲徕互娱、投资了全球互联网知名品牌 Opera 等极具特点的平台型资产，成功从单一的游戏业务战略延伸至平台业务。不但使公司避免了单一业务带来的业绩波动性，更是从战略上进阶到全球化的平台型公司，迅速实现了弯道超车。

（2）具备互联网平台的运作能力

公司通过集团化管理，深入挖掘 Grindr 和闲徕互娱的商业潜力，使其在稳定现有成绩的同时激发出全新的业务增长点。Grindr 被收购以来，注册用户数、活跃用户数、付费用户转化率均在稳步增长，会员费收入也随之提升。闲徕互娱从棋牌平台延伸至娱乐社交平台，平台价值倍增。

（3）成熟的商业化变现能力

Grindr 的会员费和广告收入每年均保持25％以上的增长、闲徕互娱在棋牌收入以外增加了游戏联运和广告的商业化变现模式，管理团队将成熟的互联网平台商业化变现能力带到了公司各项业务中去。

（4）通过产品矩阵积累了全球海量用户

公司目前已经初步形成了平台级应用产品矩阵，其中 GameArk 是全球范围内的移动游戏平台、闲徕互娱是 3 - 6 线城镇居民的社交娱乐平台、Grindr 是全球最大的 LGBT 社交平台，未来公司将通过平台间的业务联动，覆盖全球更多的互联网用户，成为全球范围内重要的互联网流量入口，并通过数据互通，形成集团层面的网络效应。

（5）具备平台级应用和多元化变现方式，使得各业务板块间协同发展

公司目前已形成移动游戏平台、休闲娱乐平台、社交平台、投资等四大业务板块，具备为全球互联网用户提供综合性互联网增值服务的能力，商业模式也丰富至道具付费、时长付费、内容付费、会员付费、广告收入、投资收益等多元化的变现方式。与此同时，公司各个业务板块之间相互支持，实现了资源的有效整合，形成了良好的协同效应。

（6）游戏业务具备全球发行能力

GameArk 的发行能力覆盖国内、东南亚、港澳台、日本、欧美、南美等地区，成功避免了国内竞争激烈等外界因素带来的阶段性冲击。游戏类型从重度游戏拓展至女性向游戏和休闲类小游戏等，且与其他平台业务之间形成联动，从项目制转型成为游戏平台，夯实了游戏业务的稳定性，并顺应了公司向平台型公司转型的战略目标。

（7）良好的投资回报为主营业务锦上添花

上市以来，公司陆续在社交平台、O2O、视频直播、亚文化等方向进行了投资布局，并在 Qudian、映客、汇量科技、有米科技等项目中获得了持续且较为可观的投资收益。

3. 股东情况

截至 2018 年 12 月 31 日，公司前 5 大股东情况见表 112。

表 112　2018 年底昆仑万维前 5 大股东情况

排名	股东名称	股东性质	持股数量（股）	占总股本比例（%）
1	新余盈瑞世纪软件研发中心（有限合伙）	合伙企业	200408085	17.40
2	李琼	自然人	195872245	17.00
3	周亚辉	自然人	188550513	16.37
4	王立伟	自然人	58408789	5.07
5	广东恒阔投资管理有限公司	法人	14426000	1.25

资料来源：公司 2018 年年报，中关村上市公司协会整理。

4. 财务分析

（1）基本财务数据

表 113　2018 年昆仑万维基本财务数据情况

单位：万元

项目	2018 年末	2017 年末	2016 年末
总资产	882931.64	1206140.57	630605.05
归属母公司的股东权益	515549.12	870973.07	315202.79
营业收入	357717.85	343636.97	242467.06
净利润	149746.11	141868.64	54525.09
归属母公司股东的净利润	100605.08	99866.61	53149.71
经营活动现金净流量	147296.52	104579.60	35712.10
期末现金余额	117570.13	202459.17	105709.78

资料来源：公司 2018 年年报，中关村上市公司协会整理。

2018 年，昆仑万维总资产同比减少 26.80%，营业收入、净利润出现小幅增长。公司 2018 年前五名客户销售额 274983.8799 万元，占年度销售总额 76.87%，客户集中度相对较高。

（2）主要财务指标

表 114　2018 年昆仑万维主要财务指标情况

项目	2018 年末	2017 年末	2016 年末
销售毛利率(%)	82.61	79.79	52.99
销售净利率(%)	41.86	41.28	22.49
资产负债率(%)	39.79	26.52	49.56
流动比率	0.71	1.46	0.87
速动比率	0.71	1.46	0.87
应收账款周转率	9.26	6.94	5.58

资料来源：公司 2018 年年报，中关村上市公司协会整理。

近三年，公司销售毛利率相对较高且远高于同行业的销售毛利率中位数，公司盈利能力较好。资产负债率较为适中，表明偿债能力较强，应收账款周转率适中，应收账款回收情况良好。

（3）收入结构

公司近三年主营业务收入按项目分类情况见表115。

表115　2018年昆仑万维主营业务收入分布情况

单位：万元，%

项目	2018年		2017年		2016年	
	金额	比例	金额	比例	金额	比例
增值服务收入－社交网络收入	190714.98	53.32	164348.81	47.83	—	0.00
增值服务收入－游戏收入	145814.51	40.76	156457.35	45.53	195583.86	80.66
网络广告收入	15348.59	4.29	20990.73	6.10	—	0.00
软件应用商店	—	0.00	—	0.00	15852.64	6.54
社交游戏	—	0.00	—	0.00	—	0.00
其他互联网产品	5839.77	1.63	1840.09	0.54	31030.56	12.80
其他业务	357717.85	100.00	343636.98	100.00	242467.1	100.00

资料来源：公司2018年年报，中关村上市公司协会整理。

近三年，公司主营业务以增值服务的社交网络、游戏两部分为主，其收入占比较大。其中增值服务——社交网络服务从2017年开始开展业务，并占有一定比例。网络广告和其他互联网产品业务收入相对占比较低。公司主营业务收入构成情况反映出公司主营业务定位明确。

5. 股票行情

公司自上市以来股价走势见图39。

（二十七）碧水源（300070.SZ）

1. 公司基本信息

北京碧水源科技股份有限公司（简称"碧水源"），成立于2001年，2010年于深圳证券交易所创业板上市发行（股票代码：300070.SZ）。截至2018年12月31日，碧水源市值为245.74亿元。

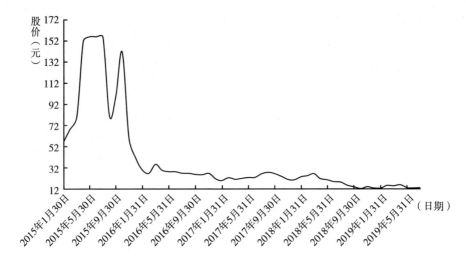

图39　昆仑万维上市以来至 2019 年 7 月底股价走势

资料来源：Wind，中关村上市公司协会整理。

公司专业从事环境保护及水处理业务，在水处理领域拥有全产业链。公司主要采用先进的膜技术为客户一揽子提供建造给水与污水处理厂或再生水厂与海水淡化厂及城市生态系统的整体技术解决方案，包括技术方案设计、工程设计、技术实施与系统集成、运营技术支持和运营服务等，并制造和提供核心的膜组器系统和核心部件膜材料；同时公司研发、生产与销售家用及商用净水器产品，并提供城市光环境整体技术解决方案、城市生态环境治理、市政与给排水的工程建设服务。

2. 核心竞争力分析

（1）技术创新优势

碧水源公司具有完全自主知识产权的全产业链膜技术（微滤、超滤、纳滤、反渗透），是中国唯一一家集全系列膜材料研发、全系列膜与设备制造、膜技术工艺应用于一体的企业，现已发展为全球最全的膜产品生产商之一和先进的环保设备制造商之一。公司可以将污水通过自主创新的"MBR + DF"技术直接处理为地表水Ⅱ类或Ⅲ类的高品质再生水，是国内唯一拥有该技术并完成大规模工程应用的高科技企业。拥有多项专利技术同时承担了多项国家级科研项目。

（2）管理模式创新

公司持续通过外部引进与内部培养相结合的方式组建了一支强大的管理团队。同时，公司根据发展战略，确定薪酬与激励水平，实施公司股权激励计划，以吸引更多的优秀人才，不断增强企业的核心竞争优势。

3. 股东情况

截至 2018 年 12 月 31 日，公司前 5 大股东情况见表 116。

表 116　2018 年底碧水源前 5 大股东情况

排名	股东名称	股东性质	持股数量（股）	占总股本比例（%）
1	文剑平	自然人	717466634	22.77
2	刘振国	自然人	424996847	13.49
3	新华基金 - 民生银行 - 新华基金 - 民生银行 - 碧水源定增 1 号资产管理计划	其他	137786698	4.37
4	何愿平	自然人	134603877	4.27
5	陈亦力	自然人	114103202	3.62

资料来源：公司 2018 年年报，中关村上市公司协会整理。

4. 财务分析

（1）基本财务数据

表 117　2018 年碧水源基本财务数据情况

单位：万元

项目	2018 年末	2017 年末	2016 年末
总资产	5669016.63	4563693.89	3180643.01
归属母公司的股东权益	1880910.41	1807257.45	1552107.89
营业收入	1151780.94	1376728.61	889228.51
净利润	135153.51	259136.49	184972.88
归属母公司股东的净利润	124451.95	250938.39	184576.00
经营活动现金净流量	130492.64	251394.27	75183.01
期末现金余额	624553.67	610638.53	755857.42

资料来源：公司 2018 年年报，中关村上市公司协会整理。

公司近三年总资产出现大幅增长，其营业收入、净利润在 2018 年出现下降，主要系公司的经营环境发生了剧烈变化。公司 2018 年前五名客户销售额 190919.5 万元，占年度销售总额 16.58%，客户集中度相对较为分散。

（2）主要财务指标

表 118　2018 年碧水源主要财务指标情况

项目	2018 年末	2017 年末	2016 年末
销售毛利率（%）	29.81	28.96	31.39
销售净利率（%）	11.73	18.82	20.80
资产负债率（%）	61.46	56.44	48.65
流动比率	0.91	0.89	1.12
速动比率	0.82	0.81	1.09
应收账款周转率	0.90	1.48	1.75

资料来源：公司 2018 年年报，中关村上市公司协会整理。

近三年，公司销售毛利率相对较高，公司盈利能力与收益质量较好。资产负债率、速动比率较为适中，表明偿债能力较强且资本结构合理。

（3）收入结构

公司近三年主营业务收入按项目分类情况见表 119。

表 119　2018 年底碧水源主营业务收入分布情况

单位：万元，%

项目	2018 年		2017 年		2016 年	
	金额	比例	金额	比例	金额	比例
污水处理整体解决方案	782868.06	67.97	880297.04	63.94	449725.13	50.57
城市光环境解决方案	223862.69	19.44	110172.41	8.00	—	—
市政工程	122343.34	10.62	360940.62	26.22	416248.8	46.81
净水器	22706.86	1.97	25318.54	1.84	23254.59	2.62
膜销售						
其他业务						
合计	1151780.95	100.00	1376728.61	100.00	889228.52	100.00

资料来源：公司 2018 年年报，中关村上市公司协会整理。

近三年，公司污水处理整体解决方案业务收入占公司主营业务收入的比例较大。市政工程业务收入占比逐年递减，主要为根据国家政策调整，公司主动加强 PPP 项目的风险控制力度，根据项目风险级别及项目的融资进展来调整项目施工进度，相应地减少了 PPP 项目的投资力度。

5. 股票行情

公司自上市以来股价走势见图 40。

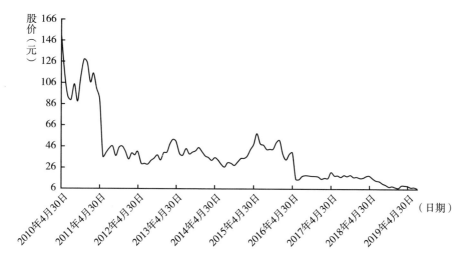

图 40　碧水源上市以来至 2019 年 7 月底股价走势

资料来源：Wind，中关村上市公司协会整理。

（二十八）神州泰岳（300002.SZ）

1. 公司基本信息

北京神州泰岳软件股份有限公司（简称"神州泰岳"），成立于 2001 年，2009 年于深圳证券交易所创业板上市发行（股票代码：300002.SZ）。截至 2018 年 12 月 31 日，神州泰岳市值为 64.72 亿元。

公司多年来秉承专注专业的精神，坚持计算机软件、通信技术的自主研发与创新，始终以市场为导向，深耕细作、创新拓展，致力于将人工智能/大数据技术、物联网通信技术、ICT 技术进行融合，大力提升行业/企业组织信息化、智能化的质量与效率。目前公司核心业务模块为：物联网通信、人工智能/大数据、ICT 运营管理、手机游戏。

2. 核心竞争力分析

（1）技术研发实力

公司拥有深厚的计算机软件研发实力，拥有经验丰富的研发团队。公司及子公司连续多年被认定为国家规划布局内重点软件企业及高新技术企业，具备 ISO9001：2000 质量管理体系认证、安防工程企业涉及施工维护能力一级等多项资质。报告期内，公司新申请专利 122 件，软件著作权登记 138 件，注册商标 41 件。公司的软件著作权及专利规模，充分体现了公司的技术创新能力、研发实力、拓展能力、企业经营能力，成为企业长期持续健康发展的有力支撑。

（2）信息技术创新能力

公司不断寻找新的业绩增长点积极转型，大力度投入基础研究和行业创新，尤其在人工智能大数据、物联网领域体现明显。物联网方案中添加智能过滤算法 AI/大数据与现有技术融合，此技术可基于信号波动特征值的分类算法触发初判，基于端对端的神经网络 AI 算法过滤干扰确认报警。自主研发了基于机器学习的 Camel Shield 语义过滤系统为游戏玩家构建公平的竞争环境。研发的新一代神州泰岳"智能运维 AIOPS"解决方案，形成了自身独特的面向全生产场景的全栈智能化运维管理解决方案，可为企业运维转型升级、提升信息化水平提供强有力的技术支撑。

（3）行业客户资源优势

公司拥有兼顾金融、政府、能源、交通等行业中的大中型企业以及政府机构的优质客户资源，主要包括中国移动、人民银行、上海证券交易所、中国证券登记结算公司、中海油等众多客户。公司也与中核、中广核以及公安、军队、文博类用户进行业务合作。

3. 股东情况

截至 2018 年 12 月 31 日，公司前 5 大股东情况见表 120。

表 120　2018 年底神州泰岳前 5 大股东情况

排名	股东名称	股东性质	持股数量（股）	占总股本比例(%)
1	李　力	自然人	258307304	13.17
2	王　宁	自然人	126958612	6.47
3	齐　强	自然人	88698900	4.52
4	黄松浪	自然人	88086127	4.49
5	安　梅	自然人	85474443	4.36

资料来源：公司 2018 年年报，中关村上市公司协会整理。

4. 财务分析

（1）基本财务数据

表 121　2018 年神州泰岳基本财务数据情况

单位：万元

项目	2018 年末	2017 年末	2016 年末
总资产	663498.01	692462.54	703110.88
归属母公司的股东权益	523923.38	514619.92	503334.92
营业收入	201945.57	202649.87	293658.19
净利润	7884.31	9705.79	46905.91
归属母公司股东的净利润	8024.76	11955.01	50733.17
经营活动现金净流量	27214.82	54066.48	9129.14
期末现金余额	50746.49	77743.52	84311.06

资料来源：公司 2018 年年报，中关村上市公司协会整理。

公司近三年总资产、营业收入、净利润都出现一定程度的减小，主要系 AI/ICT 运营管理中的系统集成业务战略收缩所致。公司业务板块中除游戏业务外，主要客户为大型企业集团，2018 年前五名客户销售额 71519.84 万元，占年度销售总额 35.42%，客户集中度相对较高。

（2）主要财务指标

近三年，公司销售毛利率相对较高，公司盈利能力与收益质量较好。资产负债率、流动比率、速动比率较为适中，表明偿债能力较强且资本结构合理。

表122　2018年神州泰岳主要财务指标情况

项目	2018年末	2017年末	2016年末
销售毛利率(%)	71.22	69.28	41.66
销售净利率(%)	3.9	4.79	15.97
资产负债率(%)	21.17	25.77	28.4
流动比率	1.82	1.9	1.82
速动比率	1.7	1.75	1.63
应收账款周转率	1.78	1.81	2.92

资料来源：公司2018年年报，中关村上市公司协会整理。

（3）收入结构

公司近三年主营业务收入按项目分类情况见表123。

表123　2018年底神州泰岳主营业务收入分布情况

单位：万元，%

项目	2018年		2017年		2016年	
	金额	比例	金额	比例	金额	比例
ICT运营管理	113281.4	56.10	41243.93	20.35	151886.3	51.72
手机游戏业务	61349.06	30.38	—	—	—	—
创新孵化业务	15438.49	7.64	—	—	—	—
物联网技术应用	8138.13	4.03	—	—	—	—
技术服务	—	—	138020.3	68.11	116609.8	39.71
软件产品开发与销售	—	—	20244.91	9.99	21529.48	7.33
电子商务						
移动互联网业务						
运维管理业务						
其他主营业务	—	—	—	—	—	—
其他业务	3738.46	1.85	3140.75	1.55	3632.6	1.24
合计	201945.6	100	202649.9	100	293658.2	100

资料来源：公司2018年年报，中关村上市公司协会整理。

2018年，神州泰岳新增加了手机游戏业务、创新孵化业务、物联网技术应用等方面的业务，同时对于2017年、2016年营业收入占比较高的技术服务做出调整。2018年神州泰岳主营业务方向发生一定变化。

5. 股票行情

公司自上市以来股价走势见图41。

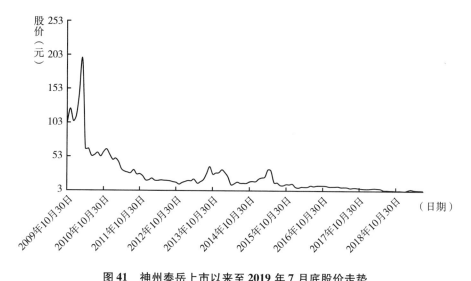

图41　神州泰岳上市以来至2019年7月底股价走势

资料来源：Wind，中关村上市公司协会整理。

（二十九）中科金财（002657.SZ）

1. 公司基本信息

北京中科金财科技股份有限公司（简称"中科金财"），成立于2003年，2012年于深圳证券交易所中小板上市发行（股票代码：002657.SZ）。截至2018年12月31日，中科金财市值为42.40亿元。

公司主要经营活动为计算机软件技术开发、计算机系统集成及服务与计算机技术相关的产品销售及其他衍生业务。

2. 核心竞争力分析

（1）坚定的发展战略和健康的品牌形象

公司坚持实施以金融科技综合服务为核心的发展战略，深入推进相关业务落地，得到政府部门、资本市场与社会各界的广泛认可。公司是北京区块链技术应用协会会长单位、中国互联网金融协会首批理事单位。

（2）前瞻性及完备的金融科技服务能力

公司长期以来为人民银行、邮储银行等上百家银行及金融机构客户提供金融科技综合服务，能够敏锐地洞察传统金融行业的需求，前瞻性地规划发展布局，抢占市场先机，在智能银行、开放银行等领域持续保持领先优势，并深入推进人工智能、大数据、云服务、区块链等科技创新业务，基本具备金融科技全业务链的服务能力。

（3）专业的技术实力

公司具备国家规划布局内重点软件企业等系列资质。还通过了 ISO20000 服务管理体系认证等多项行业核心资质，被认定为"北京市企业技术中心"及"北京工程实验室"。公司软件服务业资质完整性目前居中国软件行业前列。

（4）开放的经营理念和卓越的经营人才吸引和培养能力

公司建立并推行了"中科金财多层级合伙人经营责任制"，实现了全员参与的经营模式。开放且共享的经营理念以及经营人才的吸引、发掘、培养能力已经成为公司重要的核心竞争力之一。

（5）价值共享的产业互联网科技赋能能力

公司依托长年扎根金融、政府与公共事业、企业 IT 领域所积累的丰富专业经验和优质客户资源，立足于产业链上中小企业的需求，能够为产业链上下游的优秀行业销售合作伙伴、产品与解决方案合作伙伴提供科技赋能、经营赋能、管理赋能、商业模式赋能、资本赋能等整套赋能服务体系。

3. 股东情况

截至 2018 年 12 月 31 日，公司前 5 大股东情况见表 124。

表 124 2018 年底中科金财前 5 大股东情况

排名	股东名称	股东性质	持股数量（股）	占总股本比例（%）
1	沈飒	自然人	57092918	16.91
2	华夏幸福基业控股股份公司	法人	15700000	4.65
3	刘开同	自然人	13457490	3.99
4	天津滨河数据信息技术有限公司	法人	7843666	2.32
5	赫喆	自然人	6566378	1.95

资料来源：公司 2018 年年报，中关村上市公司协会整理。

4. 财务分析

（1）基本财务数据

表 125　2018 年中科金财基本财务数据情况

单位：万元

项目	2018 年末	2017 年末	2016 年末
资产总计	380952.27	454957.07	365439.09
归属母公司股东的权益	252574.24	251753.16	277095.80
营业总收入	148562.53	122601.77	138012.39
净利润	−1295.01	−25810.10	17774.18
归属母公司股东的净利润	820.95	−23666.12	17793.39
经营活动现金净流量	−2825.16	10842.82	26755.03
期末现金余额	32863.44	54665.96	72295.75

资料来源：公司 2018 年年报，中关村上市公司协会整理。

公司近三年总资产持续稳定，其营业收入出现一定幅度的增加。公司净利润虽然在 2018 年出现一定幅度的上升但仍旧为负值。公司 2018 年前五名客户销售额 39268.69 万元，占年度销售总额 26.42%，客户集中度相对分散。

（2）主要财务指标

表 126　2018 年中科金财主要财务指标情况

项目	2018 年末	2017 年末	2016 年末
销售毛利率（%）	19.65	28.81	27.52
销售净利率（%）	−0.87	−21.05	12.88
资产负债率（%）	33.30	43.87	22.58
流动比率	1.99	1.8	3.82
速动比率	1.59	1.56	3.34
应收账款周转率	14.82	14.64	17.05

资料来源：公司 2018 年年报，中关村上市公司协会整理。

近三年，公司销售净利率相对较低，公司盈利能力与收益质量有待提高。资产负债率、速动比率较为适中，表明偿债能力较强且资本结构合理。

近三年，公司应收账款周转率较为稳定且处在良好的区间中，表明公司营运能力较好。

（3）收入结构

公司近三年主营业务收入按项目分类情况见表127。

表127　2018年中科金财主营业务收入分布情况

单位：万元，%

项目	2018 年		2017 年		2016 年	
	金额	比例	金额	比例	金额	比例
数据中心综合服务	91216.79	61.40	71175.16	58.05	79954.58	57.93
银行影像解决方案	56917.87	38.31	50268.46	41.00	56841.82	41.19
系统集成设备	—	—	—	—	—	—
软件产品	—	—	—	—	—	—
技术服务	—	—	—	—	—	—
其他业务	427.86	0.29	1158.15	0.95	1215.99	0.88
合计	148562.52	100.00	122601.77	100.00	138012.39	100.00

资料来源：公司2018年年报，中关村上市公司协会整理。

近三年，公司业务主要集中在数据中心综合服务、银行影像解决方案两方面。主营业务经营具有一定的季节性特征。公司的金融科技综合服务和数据中心综合服务业务主要面向金融机构、政府与公共事业和企业客户，该类客户大多执行预算决算体制，其预算、立项、招标、采购和实施都有明显的季节性特征，尤其是第四季度业务收入高于前三季度。

5.股票行情

公司自上市以来股价走势见图42。

（三十）北京君正（300223.SZ）

1.公司基本信息

北京君正集成电路股份有限公司（简称"北京君正"）成立于2005年，2011年于深圳证券交易所创业板上市发行（股票代码：300223.SZ）。截至

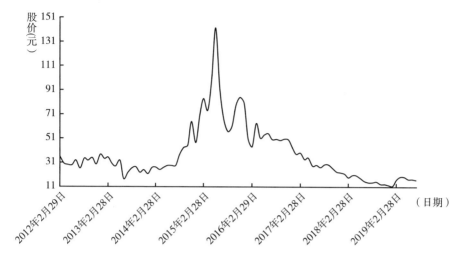

图42 中科金财上市以来至 2019 年 7 月底股价走势

资料来源：Wind，中关村上市公司协会整理。

2018 年 12 月 31 日，北京君正市值为 36.62 亿元。

公司为集成电路设计企业，拥有全球领先的 32 位嵌入式 CPU 技术和低功耗技术，主营业务为微处理器芯片、智能视频芯片等产品及整体解决方案的研发和销售。目前，公司已形成可持续发展的梯队化产品布局，基于自主创新的 XBurst CPU 和视频编解码等核心技术，公司推出了一系列具有高性价比的微处理器芯片产品和智能视频芯片产品。

2. 核心竞争力分析

（1）技术优势

公司积累了多项关键性核心技术，拥有全球领先的 32 位嵌入式 CPU 技术和低功耗技术。针对近两年 RISC－V 开源架构的发展，公司适时展开了基于 RISC－V 架构的 CPU 研发。公司对重点市场所涉及的关键性核心技术进行了持续的技术研发和自主创新形成微处理器和智能视频领域完整的自主技术体系和产业化体系。

（2）产品优势

公司面向智能家居家电、二维码、智能门锁、智能穿戴、生物识别和智能视频等领域推出了多个系列的芯片产品，公司的芯片产品在性价比和功耗方面具有突出的优势，同时，公司各系列的芯片产品在音频处理、多媒体性能、视频编解码性能以及智能化处理等方面各有优势。

（3）团队及人才优势

公司持续加大内部培养和外部引进人才的力度，加强员工岗前培训和团队建设培训。同时，公司积极培养复合型人才，形成合理的人才梯队，培养了一批具有领军精神的人才，为公司进一步的发展提供了有效的支持。

（4）专利情况

截至报告期末，公司及全资子公司累计共获得授权的专利证书 49 项，其中发明专利 22 项，实用新型专利 27 项；累计共获得计算机软件著作权登记证书共 78 项。

3. 股东情况

截至 2018 年 12 月 31 日，公司前 5 大股东情况见表 128。

表 128　2018 年底北京君正前 5 大股东情况

排名	股东名称	股东性质	持股数量（股）	占总股本比例（%）
1	刘强	自然人	40475544	20. 17
2	李杰	自然人	25728023	12. 82
3	冼永辉	自然人	10908659	5. 44
4	张紧	自然人	10894285	5. 43
5	中央汇金资产管理有限责任公司	法人	3461080	1. 72

资料来源：公司 2018 年年报，中关村上市公司协会整理。

4. 财务分析

（1）基本财务数据

公司近三年总资产持续稳定，其营业收入、净利润也稳步增长，表现出较好的发展潜力。公司 2018 年前五名客户销售额 14112.14 万元，占年度销售总额 54.35%，客户集中度相对较高。

表 129　2018 年北京君正基本财务数据情况

单位：万元

项目	2018 年末	2017 年末	2016 年末
资产总计	119798.02	115676.00	113482.85
归属母公司股东的益	114192.69	112482.76	109759.37
营业总收入	25967.01	18446.70	11168.58
净利润	1351.54	650.11	705.21
归属母公司股东的润	1351.54	650.11	705.21
经营活动现金净流量	3637.07	− 3069.40	− 6572.33
期末现金余额	16060.18	4079.91	20509.64

资料来源：公司 2018 年年报，中关村上市公司协会整理。

（2）主要财务指标

表 130　2018 年北京君正主要财务指标情况

项目	2018 年末	2017 年末	2016 年末
销售毛利率(%)	39.86	37.01	46.36
销售净利率(%)	5.20	3.52	6.31
资产负债率(%)	4.68	2.76	3.28
流动比率	39.45	49.63	42.48
速动比率	36.00	43.51	38.35
应收账款周转率	14.60	12.72	9.45

资料来源：公司 2018 年年报，中关村上市公司协会整理。

近三年，公司销售毛利率相对较高，公司盈利能力与收益质量较好。公司资产负债率相对较低，而流动比率和速动比率则较高，表明公司偿债能力较强。近三年，公司应收账款周转率较为稳定且处在良好的区间中，表明公司营运能力较好。

（3）收入结构

公司近三年主营业务收入按项目分类情况见表 131。

表131 2018年底北京君正主营业务收入分布情况

单位：万元，%

项目	2018年		2017年		2016年	
	金额	比例	金额	比例	金额	比例
芯片	24431.00	94.08	17149.17	92.96	10078.19	90.24
技术服务	115.22	0.44	104.80	0.57	96.29	0.86
其他主营业务	354.47	1.37	163.75	0.89	109.86	0.98
其他业务	1066.32	4.11	1028.98	5.58	884.23	7.92
合计	25967.01	100.00	18446.70	100.00	11168.57	100.00

资料来源：公司2018年年报，中关村上市公司协会整理。

近三年，公司业务主要集中在集成电路芯片设计方面，其营业收入占比在90%以上。且报告期内，公司产品在物联网和智能视频等领域的销售收入持续增长，尤其在物联网市场的销售收入增长幅度明显，为满足市场的销售需求，公司产品的生产量也同比增长。

5. 股票行情

公司自上市以来股价走势见图43。

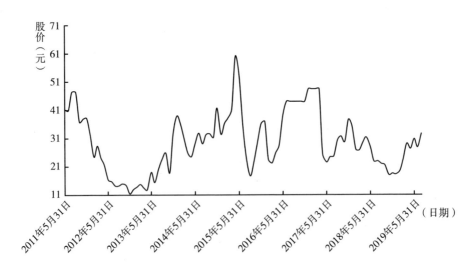

图43 北京君正上市以来至2019年7月底股价走势

资料来源：Wind，中关村上市公司协会整理。

参考文献

金碚：《企业竞争力测评的理论与方法》，《中国工业经济》2003 年第 3 期。

张进财、左小德：《企业竞争力评价指标体系的构建》，《管理世界》2013 年第 10 期。

中国企业联合会课题组：《企业竞争力指标彼系前日发与应用》，《经济与管理研究》1999 年第 6 期。

杨梅英、熊飞：《高新技术企业竞争力评价指标体系与评价方法研究及其应用》，《科技管理研究》2007 年第 27 期。

王敬敏、孙艳复、康俊杰：《基于熵权法与改进 TOPSIS 法的电力企业竞争力评价》，《华北电力大学学报》2010 年第 6 期。

王宗军、陈世状：《通信设备制造业竞争力的评价模型及其应用》，《科技管理研究》2007 第 6 期。

李存芳、周德群：《基于模糊数学的企业综合竞争力评价和实证》，《控制与决策》2007 年第 3 期。

专 题 篇

Special Reports

B.9

2018年中关村上市公司应收账款分析

天逸金融研究院*

摘　要：　本文从中关村上市公司近年来的应收账款总规模、行业分类、流动性风险等方面进行分析研究。结论显示，近年来中关村的上市公司应收账款总量持续增长，但增速有所放缓；民营上市公司应收账款逐年持续增加，特别是其应收账款占流动资产的比例居高不下，长期容易引发流动性风险；目前中关村的上市公司应收账款主要集中在工业、信息技术、材料、可选消费和金融五大类行业中，这与国内外经济发展有着密切联系；中关村的上市公司中目前能源和公用事业等行业的应收账款占流动资产的比例较高，存在一定的流动性风险，

---

* 天逸金融研究院是一家集中优势行业资源并基于自身的专业分析及内容制作能力，致力于为行业从业者和企业提供研究报告、投融资顾问等服务研究机构，长期积极探索前沿趋势研究及实践落地，助力供应链金融行业健康持续发展。

需加强对这些行业进行有效的应收账款管理的指导，降低流动性风险发生的可能性。

关键词： 中关村 上市公司 应收账款 流动资产 金融风险

近年来随着全球经济持续恶化，贸易争端迟迟未得到妥善解决，中关村上市公司的经营管理也受到极大影响，除了净利润会受到影响外，中关村上市公司的应收账款也在 2018 年表现出一些新的特征。截至 2018 年底，中关村上市公司共有 324 家，其中境内上市公司 228 家，境外上市公司 96 家。2018 年中关村上市公司的营业收入达 5.55 万亿元人民币[①]，比上年度增长 14.37%；2018 年中关村上市公司净利润 664.13 亿元人民币，比上年度下降 32.3%。

一 中关村上市公司应收账款总规模及增长率

从中关村上市公司的应收账款总额来看，2018 年达 10027 亿元，为近年来的新高，但 2018 年其增长率为近年来新低，为 0.26%。其中，有 227 家中关村上市公司的应收账款较 2017 年有所上涨，占比 70%；另有 97 家公司的应收账款较 2017 年有所下降，占比 30%。2018 年联络智能、团车、新体育和 UT 斯达康等上市公司的应收账款增长率较 2017 年底有较大增幅，分别为 897%、517%、510%、277%。

从资本市场分布来看，受企业数量影响，2018 年中关村境内上市公司的应收账款总额最高，为 6318 亿元，占中关村上市公司应收账款总额的

---

① 基于境内上市公司和境外上市公司的会计制度不同，此次分析均以 wind 数据库的数据为基础；中关村上市公司 2018 年新上市的公司有 10 家，此次计算营业收入、净利润的增长率也将这 10 家公司 2011~2017 年的数据一并纳入分析。

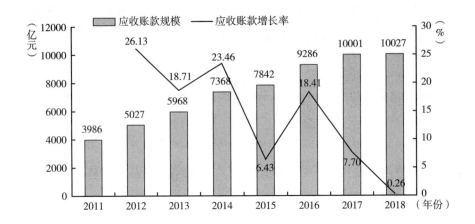

图1　近年中关村上市公司应收账款规模

资料来源：Wind 数据库，天逸金融研究院分析整理。

63%；其次是港股上市公司，应收账款为 3111 亿元，占中关村上市公司应收账款总额的 31%；而美股上市公司的应收账款为 599 亿元，占中关村上市公司应收账款总额的 6%。

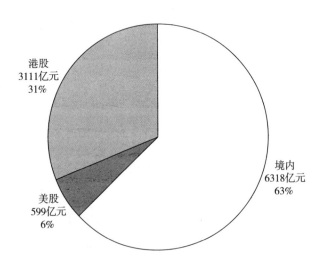

图2　2018 年各资本市场中关村上市公司应收账款构成

资料来源：Wind 数据库，天逸金融研究院分析整理。

2018 年中关村上市公司应收账款同比 2017 年的增长来看，港股上市公司的应收账款增长较多，达 582 亿元，同比增长率为 23.02%；其次美股上市公司的应收账款增长 54 亿元，同比增长率为 9.85%；境内上市公司的应收账款减少了 609 亿元，同比下降 8.8%。

表 1　2017～2018 年中关村上市公司各板块应收账款及增长率

板块	2017 年(亿元)	2018 年(亿元)	增长率(%)
境内	6927	6318	-8.80
美股	545	599	9.85
港股	2529	3111	23.02

资料来源：Wind 数据库，天逸金融研究院分析整理。

二　中关村上市公司应收账款排名

2018 年中关村上市公司中排名前 30 的应收账款总额为 7398 亿元，占中关村上市公司当年应收账款总额的 73.78%。从图 3 可以看出，2018 年中国中铁、中国铁建、中国交建和中国建材这四家上市公司的应收账款均超过 500 亿元，其次联想控股、联想集团的应收账款也居高不下。比较 2017 年这几家企业的应收账款规模，2018 年仅中国中铁和中国铁建的应收账款较同期有所下降，从公开资料信息来看，主要是由于 2018 年中国中铁和中国铁建积极开展了应收账款资产证券化业务。2018 年 9 月 17 日，中铁建设集团有限公司成功发行 2018 年第一期应收账款资产支持专项计划，发行 12.23 亿元。2018 年 12 月 10 日，中铁建工集团成功发行二期应收账款资产支持专项计划，发行规模 28 亿元。

从行业分类来看，根据 Wind 一级行业划分标准，这 30 家公司主要集中在工业（14 家）和信息技术（6 家）两大行业，另外包含材料（2 家）、公用事业（2 家）、金融（1 家）、可选消费（3 家）、医疗保健（2 家）等行业。

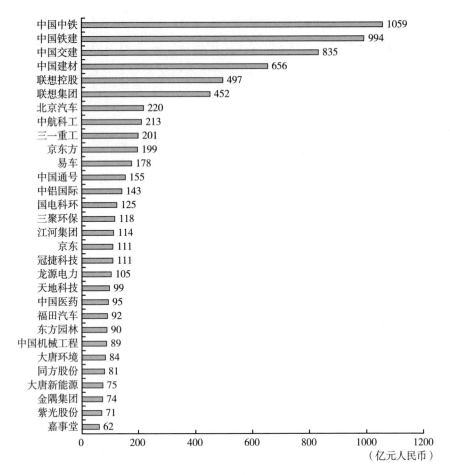

图3　2018年中关村上市公司应收账款排名（前30名）

资料来源：Wind数据库，天逸金融研究院分析整理。

从前30家上市公司的上市地点来看，境内上市公司16家、港股上市公司12家、美股上市公司2家。而从这30家上市公司的公司属性来看，国有企业25家，民营企业3家，另美股两家企业wind数据库没有统计公司属性。

从中关村应收账款占比较大的30家上市公司的各种特征来看，境内上市的国有企业是当前中关村的上市公司应收账款的主要来源，应该加强对这类企业资金管理、业务经营等方面的监督管理，防范系统性金融风险的发生。

三　不同属性的中关村上市公司应收账款现状

根据公司大股东/实际控制人判断公司属性，目前公司属性主要分为国有企业（包括中央国有企业和地方国有企业）、民营企业、外资企业（包括中外合资企业和外商独资企业）、集体企业以及公众企业。此次数据采集来自 Wind 数据库，但此数据库没有对境外上市公司进行公司属性的完整统计，故这里仅分析中关村境内上市公司不同的属性与其应收账款的关系。

从现有的数据来看，中关村境内上市公司的应收账款逐年增加，但2018 年首次出现少量下跌，达到 6318 亿元。其中 2017 年 6927 亿元，达到近年来中关村境内上市公司应收账款的高峰。从增长率来看，近年中关村境内上市公司的应收账款增长率呈下降趋势。

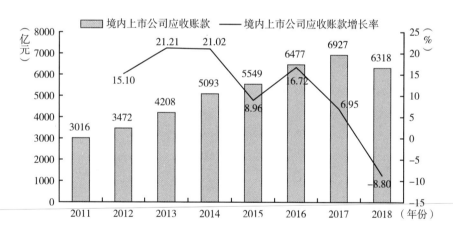

图4　近年中关村境内上市公司应收账款规模及增长率状况

资料来源：Wind 数据库，天逸金融研究院分析整理。

从企业属性来看，2018 年中关村境内上市公司的应收账款构成中，中央国有企业和地方国有企业的占比较大，分别为 61.93% 和 9.16%；民营企业应收账款占比为 27.17%。比较上年同期各类型公司的应收账款，中关村上市公司中中央国有企业的应收账款同比下降15.84%，下降幅度较大；其次是公众企业有所下降。基于近年经济环境恶劣的现状，2018年这些企业在国家各部门的指导下密切关注应收账款的规模，企业的资金流动和日常经营，积极进行应收账款管理，比如中国中铁积极开展应收账款资产证券化业务，减少企业应收账款的存量。

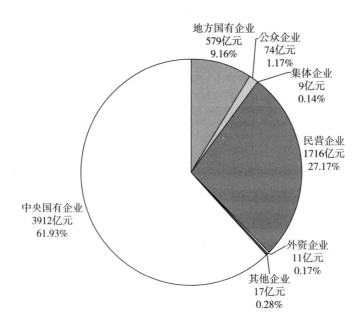

图5 2018年中关村境内上市公司应收账款构成

资料来源：Wind数据库，天逸金融研究院分析整理。

2018年中关村境内上市公司中，民营企业的应收账款出现了较大幅度的增长，较上年同期增加了116亿元的应收账款，增幅达到7.27%。

从图6民营上市公司应收账款占流动资产的比例来看，中关村境内上市公司中应收账款占流动资产的比例一直居高不下，除了2011年，其他年份占比均超过40%，说明中关村的民营上市公司长期以来都存在着资金的流动性问题，容易产生流动性风险。

民营上市公司近年业务增长快速，但大部分公司为了保证持续的增长规模，在公司的产品销售上采取了更多的金融措施，比如越来越多的公司愿意

图6　中关村境内民营上市公司应收账款规模状况

资料来源：Wind 数据库，天逸金融研究院分析整理。

通过赊销来增加产品销售规模，扩大市场占有率。而这种方式会给公司的资金周转带来流动性风险，作为民营公司需要密切关注财报中应收账款的规模，加强对其进行有效的管理和控制，防止坏账的产生。

四　中关村上市公司应收账款行业分布

从 2018 年中关村上市公司的行业分布来看，目前 324 家公司主要分布在信息技术（129 家）、工业（77 家）、可选消费（46 家）、医疗保健（32家）、材料（16 家）、能源（6 家）、公用事业（6 家）、日常消费（5 家）、房地产（3 家）、金融（3 家）和电信服务（1 家）等行业。

而各行业的应收账款如图 7 所示，工业行业的应收账款总额最高，为4988 亿元，占 2018 年中关村所有上市公司应收账款总额的 49.74%；其次是信息技术行业应收账款总额为 2305 亿元，占 2018 年中关村上市公司应收账款总额的 22.98%；材料行业应收账款总额为 855 亿元，占 2018 年中关村上市公司应收账款总额的 8.53%；可选消费行业应收账款总额为 771 亿元，占 2018 年中关村上市公司应收账款总额的 7.69%。

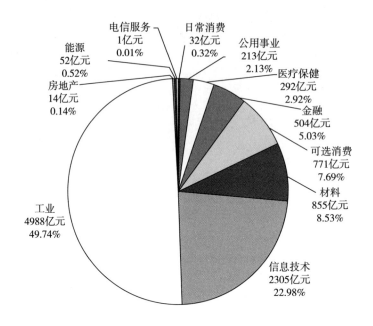

图7　2018年中关村上市公司各行业应收账款分布

资料来源：Wind数据库，天逸金融研究院分析整理。

就2018年各行业增长率来说，增长最多的是电信行业的企业，达105.03%，其次是公用事业行业，达42.62%。而工业行业的企业应收账款也出现了一定程度的下跌，跌幅为11.23%；其次是可选消费行业2018年应收账款总额较上年度有较大的跌幅，下跌了9.98%。

从各行业绝对增长量上来看，2018年信息技术行业的增长量最大。信息技术行业的上市企业中，联想集团、京东方、微博、新浪等企业的应收账款较2017年有较大增长，其中联想集团较2017年应收账款增加138.29亿元，增长率为44%；京东方较2017年应收账款增加43.67亿元，增长率为28%；微博较2017年应收账款增加19.87亿元，增长率为212%；新浪较2017年应收账款增加17.56亿元，增长率为94%。据公开信息来看，京东方应收账款增加主要是由于公司业务规模扩大，产品销量增加，赊账的企业增多，京东方应该加强对其应收账款的管理，以防出现流动性风险。

表2 2018年中关村上市公司各行业应收账款增长率

行业	2017（亿元）	2018（亿元）	增长率（%）
电信服务	0.64	1.30	105.03
公用事业	149.54	213.26	42.62
材　料	637.83	854.90	34.03
日常消费	24.22	32.29	33.34
医疗保健	244.57	292.32	19.52
信息技术	1941.33	2304.77	18.72
房　地　产	13.17	14.35	8.98
金　融	466.60	504.06	8.03
能　源	48.27	51.66	7.03
可选消费	856.49	771.03	-9.98
工　业	5618.40	4987.58	-11.23
总　计	10001.06	10027.53	0.26

资料来源：Wind数据库，天逸金融研究院分析整理。

从上面的分析来看，中关村目前的上市公司中应收账款主要集中在工业、信息技术、材料和可选消费、金融这五大类型的行业中。基于目前全球经济疲软、贸易争端频繁、汇率不稳定的现状，需要对这些行业的上市公司加强风险管理，控制应收账款规模，合理引导上市公司进行多种金融工具的运用，减少系统性风险发生的可能性。

五　中关村上市公司应收账款风险分析

公司的应收账款属于其流动资产的一部分，但应收账款一般缺乏流动性，如果应收账款没有得到有效的管理，会影响公司的资金周转。从2018年中关村上市公司的应收账款占流动资产的比例来看，中关村上市公司的流动性风险近年呈逐年下降的趋势。但依据不同的行业来看，2018年中关村的上市公司应收账款主要集中的五大类型行业的应收账款占流动资产的比例分别是：工业行业为20.66%、信息技术行业为21.68%、材料行业为

22.79%、可选消费行业为15.86%、金融行业为18.53%。同比2017年应收账款占流动资产的比例来看，这五大类行业比例在2018年均有不同程度的下降。

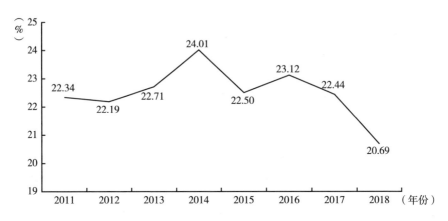

图8 近年中关村上市公司应收账款占流动资产的比例

资料来源：Wind数据库，天逸金融研究院分析整理。

从数据分析来看，目前中关村上市公司的应收账款占流动资产的比例较高的有公用事业行业和能源行业。其中能源行业的应收账款占流动资产的比例近年缓慢上升，2018年为31.81%；公用事业的应收账款占流动资产的比例也呈逐年上升的趋势，2018年达到53.12%。不断上升的应收账款占流动资产的比例表示这些行业的资金可能存在流动性风险，需要加强对这些行业的密切关注和管理。

能源行业以恒泰艾普、华油能源和安东油田服务这几家企业的应收账款占流动资产比例较高，分别为54.09%、45.96%、45.89%。公用事业行业主要是大唐新能源、龙源电力和节能风电这几家占比较高，分别为58.38%、59.27%和44.35%。过高的应收账款对流动资产的占比可能对企业的资金周转存在一定的挑战，需要警惕流动性风险。

结语：从报告的分析来看，目前中关村的上市公司应收账款呈持续增长的趋势，特别是民营上市公司，应收账款总量持续增长，同时应收账款占流动资产的比例也居高不下，需要加强对各企业特别是民营上市公司的应收账

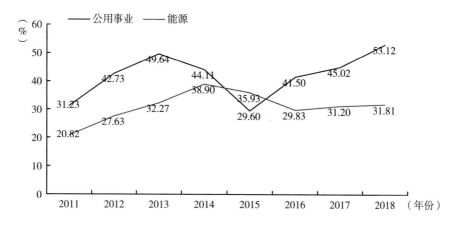

图9 近年中关村上市公司部分行业应收账款占流动资产的比例

资料来源：Wind 数据库，天逸金融研究院整理。

款进行持续有效的管理和指导，减少流动性风险。能源和公用事业行业的应收账款居高不下，这些行业的企业在当前经济趋缓的大环境下，容易产生资金周转不灵，流动性匮乏等问题。

B.10
救助上市民营企业　盼纾困政策落地

中关村上市公司协会研究部

摘　要：　2018 年，受宏观经济形势和中美经贸战等多方因素影响，
国内民营企业普遍出现了严重的资金不足问题，民营上市公
司股权质押风险爆发。在习近平总书记和民营企业家座谈会
后，各界发起了对民营企业"纾困"的行动。然而纾困至
今，民营企业获得的实际帮助却依然有限。本文分析了纾困
资金的落地情况、民营上市公司股权质押率现状及其形成的
原因，并有针对性地提出了降低民营企业股权质押风险的相
关建议。

关键词：　民营企业　股权质押　纾困

自 2018 年 11 月习近平总书记在民营企业座谈会上发表重要讲话以来，
一系列帮助民营企业纾困的金融政策相继出台，各地方政府和相关机构也相
继设立纾困项目，缓解民营上市公司及大股东流动性风险。但在复杂的内外
部环境下，实际获得纾困资金的上市公司依然有限，落地资金规模远低于纾
困资金总规模。

一　纾困资金总规模达7000亿元，
实际落地规模仍然有限

截至 2019 年 4 月，包括地方政府纾困基金、券商支持民营企业发展集

合资产管理计划、保险资产管理公司专项产品、纾困专项债及信托、私募等其他机构的资金在内，市场上的纾困资金总规模可达 7000 亿元①。

　　根据东方财富 choice 统计数据显示，截至 2019 年 9 月 30 日，全国共166 家上市公司获得纾困资金支持，其中 102 家已完成实施或正在实施中，3 家停止实施②，还有接近四成的公司仍处于更早期的达成意向或董事会预案等阶段。纾困的方式主要包括质押融资、股权转让、借款、增资等。目前，已披露的正式落地的纾困资金共计 599. 70 亿元，与 7000 亿元的总量有十余倍的差距。从受到纾困资金支持的上市公司地域分布情况来看，广东③获得纾困资金支持的企业数量最多，达到 74 家（占全国受到纾困资金支持企业总量的 44. 58%），已披露的获得纾困资金总额为 150. 53 亿元（占全国纾困资金总量的 25. 10%）；其次为北京和浙江，各 16 家④（占全国受到纾困资金支持企业总量的 9. 64%），北京地区已披露的获得纾困资金总额为33. 75 亿元（占全国纾困资金总量的 5. 63%），浙江地区已披露的获得纾困资金总额为 42. 34 亿元（占全国纾困资金总量的 7. 06%）；江苏紧随其后，有 11 家上市公司获得纾困支持，已披露的获得纾困资金总额为 105. 17 亿元（占全国纾困资金总量的 17. 54%）。除此以外，其余各省市获得纾困基金支持的上市公司数量均在 10 家以下。

　　通过以上数据可发现，目前受到纾困基金支持的民营上市公司主要集中在广东（尤其是深圳），其余地区民营上市公司受到纾困资金支持的力度仍然有限，各地区民营上市公司的发展状况仍需要受到进一步关注。

---

①　该数据引自《长城证券股票质押风险及纾困资金进展专题报告：股票质押风险仍有待进一步化解》：地方政府纾困基金规模超过 3500 亿元，券商设立的支持民营企业发展集合资产管理计划（母计划＋子计划）最终有望撬动 2000 亿元纾困资金，保险资产管理公司已登记的专项产品目标规模合计 1160 亿元，已发行的 15 只纾困专项债总额合计 193 亿元。再加上信托、私募等其他机构的资金，估算目前纾困资金的总规模约为 7000 亿元。

②　停止实施的 3 家企业分别为湖北省的回天新材（300041. SZ）、江苏省的金通灵（300091. SZ）和广东省的＊ST 欧浦（002711. SZ）。

③　广东受到纾困资金支持的上市公司当中，深圳有 57 家，已披露资金总额为 133. 13 亿元。

④　北京受到纾困资金支持的 16 家上市公司中有 15 家属于中关村园区的民营上市公司。

二 上市公司股票质押风险虽有缓解，
但整体情况仍不乐观

在 2018 年 10 月中旬大规模纾困基金落地之前，存在股票质押的 A 股上市公司共 3481 家，占 A 股所有上市公司数量的 98%；其中存在股票质押的民营上市公司达到 2206 家，占 A 股存在股票质押的公司数量的 63.37%。从大股东累计质押数占持股数比例分布来看，A 股共有 2132 家民营上市公司存在大股东股权质押情况，其中 1110 家 A 股民营上市公司大股东累计质押数占持股数比例超过 50%，占比 52.06%；768 家持股比例超过 70%，占比 36.02%；超过 90% 的有 434 家，占比 20.36%。

经过近一年各类纾困基金的积极援助，截至 2019 年 9 月 30 日，存在股票质押的 A 股上市公司仍有 3169 家，占 A 股所有上市公司总量的 85.46%；其中存在股票质押的民营上市公司共 1984 家，占 A 股存在股票质押的公司数量的 62.60%。从大股东累计质押数占持股数比例分布来看，全国 A 股仍有 1489 家民营上市公司存在大股东股权质押情况，其中 974 家 A 股民营上市公司大股东累计质押数占持股数比例超过 50%，占比 65.41%；624 家持股比例超过 70%，占比 41.90%；超过 90% 的有 370 家，占比 24.84%。

通过这两组数据对比可看出，和各类纾困基金大规模落地之前相比，目前存在股票质押的民营上市公司数量有所下降，大股东累计质押数占持股数的比例也有些许好转，但仍然存在相当体量的民营上市公司大股东股票质押情况存在危机，需进一步关注。根据目前的数据可发现，全国仍然有 370 家 A 股民营上市公司的大股东或实际控制人股票质押比例超过 90%，面临爆仓情形，且已经无法通过个人能力融资来进行还钱，为了不被强行平仓，要么通过进一步补仓缓解形势，要么极有可能面临实际控制人变更的风险，已经直接影响到上市公司的信用、现金流和正常经营，还会影响到上下游关联企业，甚至会引发大规模的失业率上升、银行坏账增多等重大经济社会问题。

三　民营上市公司股票质押率如此之高，原因何在？

（一）民营上市公司融资渠道进一步受限

我国民营上市公司普遍股票质押率较高的根本原因在于民营企业融资渠道的单一。长期以来，我国中小型民营企业面临着直接融资渠道阻塞、间接融资渠道受歧视的困境。中小型民营企业通过 IPO、定增、发行信用债等方式进行直接融资往往要面对较高的政策门槛和长时间的审核，而通过银行信贷获得间接融资也常因为"轻资产"特征而导致信用评级较低没有获得同等对待。在这样的现状下，对于已经上市的民营企业而言，股权作为一种流动性相对较好的标准抵押品，是能够受到金融机构较多认可的资产，利用股权质押获得融资便成为较优秀的已上市民营企业的必然选择。再加之去年下半年至今，受宏观经济环境影响，民营企业更难从银行获得新增贷款，甚至部分存量贷款也得不到足额续期，股票市场也随着投资者预期的下降，股价一路下跌。民营上市公司既要用股权质押的方式获得短期资金，也要为以前的质押进行补仓，随之便发生了民营企业股权质押风险较高的现象。

民营企业融资困难是长久以来就存在的问题，而在"去杠杆"的过程中进一步凸显。具体来看，民营上市公司的债权融资和股权融资都出现前所未有的困难。

在债权融资方面，因部分民营企业的信用风险及流动性问题，导致市场资金普遍对民营企业一刀切，主要反映在：（1）市场化的资金（如基金、券商等）受部分负面消息影响，对民营企业融资极为谨慎，极少关注企业自身基本面及流动性，从而导致特殊期限的信用债券到期后难以存续，带来短期资金压力，以及新发债券难度大，即使评级 AAA 的债券，因主体为民营企业发行仍然较难。（2）民营企业及其股东融资均受限：银行非标贷款规模收缩，券商提供的股权质押融资中部分资金是用于偿还之前银行的非标借款；而监管部门限制金融机构以自有资金发放股权质押融资的规模，难以满足民营企业股东新增的融资需求。

在股权融资方面，当前上市公司股权再融资不畅通，各融资品种难以满足上市公司融资需求，亟待修改对应规则，才能改善日趋严峻的再融资窘境。具体来看，（1）非公开发行股票：当前非公开发行股票规则下，股票发行价差小且锁定期较长，在盈利空间有限且减持退出缓慢的情况下，投资者参与积极性大幅降低，逐渐退出市场，上市公司通过非公开发行股票方式来融资变得愈发困难。（2）可转债：对上市公司盈利、分红等条件有要求，满足发行条件的上市公司数量较少；要求累计债券余额不超过公司净资产的40%，导致发行规模也受限制。此外，对创业板上市公司还有资产负债率的要求，要求最近一期资产负债率高于45%，这限制了很多创业板公司采用可转债方式进行再融资。（3）公开增发：对上市公司有着较多的要求，包括对现金分红和财务指标均有严格指标限制，证监会在审核方面也较为严格。另外，公开增发采用市价发行（发行价格应不低于公告招股意向书前二十个交易日公司股票均价或前一个交易日的均价），而发行价格确定后到申购日期间2个交易日的敞口期使得"破发"风险几乎难以掌控，在此情况下，发行面临极大的风险，包销和发行压力巨大，一般企业和承销商也很难选择，此法很少被民营企业采用。（4）配股：向原股东配售，认购比例低于70%则发行失败，因此通常要求大股东等比例参与，在大股东资金比较紧张的情况下，大部分上市公司不会选择该种融资手段，此手段基本绝迹。

（二）大量应收账款难以收回影响民营企业自身造血

如果民营企业自身的造血功能——经营产生的现金流能够支持企业的正常运转，企业也就不会出现资金短缺的问题，但目前实际情况则是民营企业应收账款难以收回，经营性现金流有出难进，成为民营企业脱困的重大障碍。各地政府及国企、央企是重要的市场需求方，我国约60%的GDP由政府、国企、央企等用于开支和投资，因此有相当多的民营企业业务依赖或间接依赖于政府、国企、央企。在这其中，民营企业也形成了巨额的应收账款，甚至有些工程全部完工才仅仅获得 20%～30% 的合同款。究其原因，民营企业在政府和国企面前属于弱势群体，并不是地位对等的合作关系，政府和国企作为商业关系中强势一方，常常拖欠民营企业的工程款，而民营企业却不敢或无法通过司法手段来维护自己的正当权利。民营企业投入了成本却无法及时收回资金，形成的应收账款的大量累积致使资金周转困难，同时也形成了民营企业间大量的相互拖欠（三角债），最终导致整个社会民营企业普遍的资金短缺。

（三）纾困欠缺适当的主体和行动

在民营企业股票质押爆仓风险显现后，市场各界便喊出了为民营企业"纾困"的口号，然而时至今日，民营企业股票质押率仍然较高，接受"纾困"的企业仅为少数，主要原因在于适当的纾困主体和行动的欠缺。虽然现阶段包括政府和各方社会资本已大量介入，但出于资本的逐利性和收益风险匹配的考量，多数资本抱以"投资"甚至是"抄底"的心态而非真正的"纾困"来进入这些上市公司。目前，尽管各级政府不断强调要采取措施为民营企业纾困，然而却没有明确的政府部门组织落实，也没有具体的纾困工作落实指标和任务，更无从谈起纾困工作的考核与监管机制。如果希望尽快解决民营企业资金短缺的现状，支持民营企业健康发展，只有政府财政手段的介入才能够以最快的速度为优质民营企业注入资金。

民营经济是社会主义市场经济的重要组成部分，民营企业的发展关系到我国经济的健康增长。2019 年，我国经济下行压力依然巨大，消费增速继续回落，内生性需求不足，同时受中美经贸战的影响，中美贸易额也明显下滑，因而，投资成为 GDP 增长的重要动力。民间资本作为社会投资的重要推动力，其增速明显高于整体投资增速，是稳投资的重要支撑。作为民间资本主要来源的民营企业，应是支撑我国投资增长、经济发展的重要力量。但囿于当下诸多民营上市公司的高质押率，使其融资能力受限，也进一步制约了民营企业的投资能力。因此，尽快解决民营上市公司股权质押风险过高、融资困难等问题具有重要意义。

四 建议尽快出台组合政策，解决
民营企业大股东质押率危机

（一）建议中央成立"振兴民营经济"领导小组，重点解决民营企业应收账款拖欠问题

建议中央成立"振兴民营经济"领导小组，由政治局常委任组长，协同发改委、工信部、财政部等相关部门，统一协调解决民营企业发展过程中面临的各种问题。其中，针对民营企业应收账款拖欠问题应开展专项治理工作，建议全面普查地方政府、国企、央企拖欠民营企业账款情况，建立专门台账，梳理出每笔应付账款未付原因、预计付款期限及付款进度，并下达应收账款清欠目标任务单，定期将清欠结果汇报给领导小组，对欠款限时清零。同时，建议将对民营企业应收账款的清欠结果纳入地方政府政绩、央企或国企领导业绩考核指标体系当中，形成相应体制保障。通过彻底解决民营企业应收账款的拖欠问题，切实推动民营经济健康发展，进而拉动我国整体经济的稳增长。

（二）建议明确相应的纾困主体、纾困任务和考核指标，设立一定的容错机制

建议明确纾困主体，根据各地实际情况，明确解救辖区内上市公司的纾困工作具体由哪一层级政府、哪个部门来主导；明确具体的纾困任务和考核指标，根据当地民营上市公司经营情况和困难程度，确定具体的支援名单，切实落实民营企业纾困事宜；明确纾困工作的绩效考核机制和惩处机制，设立一定的容错机制，以增强主管部门落实民营企业纾困事宜的动力。由于需要纾困的企业本身具有一定的风险，出于合理理由的救助也可能产生纾困投入无法收回的结果，为避免主管部门因惧怕出风险受追责而"懒政"的现象出现，绩效考评的标准应以整体纾困效果为依据，设立一定比例的容错

率，倘若出现纾困资金无法收回的现象，应有专门监管部门调查，对出于正常支持民营企业发展的原因的事件给予宽容处理。

（三）建议政府增信支持股票质押率较高的优质民营上市公司

出于风险考量，银行等金融机构对于股权质押比例过高的企业不再提供贷款或要求较高的资金成本，而这些企业往往处于资金需求最大的状态，资金来源渠道的封闭将对企业的正常持续经营产生巨大冲击，使企业现金流更为紧张，经营陷入恶性循环。因此，对于股权质押比例过高的优质民营上市公司，建议根据企业实际经营情况和未来发展前景，对真正具有核心竞争力的企业，由政府出面提供增信担保，如通过政府支持的再担保公司对担保增信，来支持受困的大股东及优质民营企业上市公司；通过政府增信来协调银行、债权机构，延长到期贷款还贷时间、对到期债务予以宽限等组合拳，以防止民营企业上市公司及大股东信用破产，使大股东及企业得以喘息和有足够的时间自救，从而支持实体经济度过危局。

（四）建议改变传统式信用评级方式，充分考量企业未来发展前景

2017 年 4 月开始执行的《质押式回购资格准入标准及标准券折扣系数取值业务指引（2017 年修订版）》规定，开展债券质押式回购，信用债券需满足债项评级 AAA 级、主体评级 AA 级及以上。这一规定的执行，较大程度限制了民营企业通过发行债券募集资金。由于民营企业资产规模普遍较少，信用评级也因此较低，多数债项评级在 AAA 级以下。民营企业由于信用评级不高，常通过债券质押式回购为发行的债券提供增信保障，该规定的出台，无疑导致债券评级 AAA 以下的民营企业债券无法再进行此项操作，进而导致融资成本过高或无投资人愿意购买，最终使债券发行失败，通过发行信用债券募集资金的融资渠道也被阻断。因此，建议证监会等机构出台指导意见，改变现有的以资产、市场规模、净利润规模等为导向的信用评级方式，增加评价企业未来发展前景的相关指标，以帮助科技型民营企业获得较

高的信用评级；或由政策性担保机构为民营企业提供增信服务，提升债券评级。

（五）建议适当放宽股票质押融入资金用途

2018 年 1 月，中证登、交易所正式发布了《股票质押式回购交易及登记结算业务办法》（简称"质押新规"），明确规定融入资金应当用于实体经济生产经营并专户管理。民营上市公司目前获得的贷款多为 1 年期的流动性贷款，到期必须还款，不能续贷，大股东如想通过减持来获得资金又会直接影响到公司股价，所以目前来看，除了成本非常高的过桥资金以外，民营上市公司基本没有新的还款来源。质押新规当中对于融入资金用途的限制堵住了民营企业解决流动性危机的路径。基于此，建议在不违背质押融入资金应服务实体经济发展的大原则下，适当放宽民营上市公司股票质押的资金用途，允许融入资金可在一定情况下用于偿还到期贷款或债务，从而支持实体经济度过危机。

（六）建议适当放宽上市公司大股东减持和解禁限制

证监会现有的《上市公司大股东、董监高减持股份的若干规定》中相关条例规定上市公司大股东在三个月内通过证券交易所集中竞价交易减持股份的总数，不得超过公司股份总数的百分之一，《上市公司非公开发行股票实施细则》中明确规定上市公司控股股东等投资人在取得定向增发的股份36 月内不得转让，这两条规定虽是出于保护投资者利益的角度设立，但在一定程度上限制了民营上市公司的融资能力。在当前民营上市公司流动性资金存在严重短缺的情况下，建议根据上市公司股东过往交易情况及其为上市公司提供资金支持的记录，对达到一定条件且存在短期资金需求的上市公司大股东适当放宽减持及解禁限制，允许大股东通过出售手中持有的股票获得现金无偿提供给上市公司，以解决上市公司短期流动性资金不足的问题。

（七）解决当下民营企业困境的根本出路在于政府及国企、央企

针对地方政府部门对于民营企业的欠款，建议由地方政府发行专项债，

专门用于归还欠民营企业的账款，并由证监会等监管部门严格监督债券募集资金的用途，确保资金能够回到民营企业手中。针对国企、央企对民营企业的欠款，建议相关政府部门引导更多的核心企业强化供应链意识，推动供应链金融生态的搭建，促进产业链上下游的中小企业通过应收账款进行融资。如中关村上市公司协会正在和某供应链金融服务商合作的针对中国移动集团供应链产品的融资方案，中关村上市公司当中，凡是中国移动各省公司及分公司所对应的供应商，均可进行业务申请，融资金额依买卖双方交易金额而定，融资成本为年化6%~9%，按天计息，具体依风险定价，且确权环节直接由该金融服务商与核心企业进行确权，无需融资方再与核心企业进行确权事宜的沟通。该融资方案简化了企业融资手续，降低了融资难度。如果该模式可复制到更多的国企、央企等核心企业，将会在很大程度上解决大批民营企业应收账款问题。

附　　录

Appendices

B.11

附录一：

2018年中关村上市公司行业分布状况

一级行业	家数	二级行业	家数	三级行业	家数	四级行业	家数
信息技术	129	半导体与半导体生产设备	7	半导体产品与半导体设备	7	半导体产品	6
						半导体设备	1
		技术硬件与设备	30	电脑与外围设备	4	电脑存储与外围设备	1
						电脑硬件	3
				电子设备、仪器和元件	18	电子设备和仪器	12
						电子元件	3
						技术产品经销商	3
				通信设备Ⅲ	8	通信设备	8
		软件与服务	92	互联网软件与服务Ⅲ	28	互联网软件与服务	28
				软件	34	家庭娱乐软件	5
						系统软件	3
						应用软件	26
				信息技术服务	30	数据处理与外包服务	3
						信息科技咨询与其他服务	27

续表

一级行业	家数	二级行业	家数	三级行业	家数	四级行业	家数
工业	77	材料Ⅱ	1	化工	1	化肥与农用化工	1
		商业和专业服务	17	商业服务与用品	12	环境与设施服务	10
						商业印刷	1
						综合支持服务	1
				专业服务	5	调查和咨询服务	5
		运输	2	公路与铁路运输	1	公路运输	1
				航空货运与物流Ⅲ	1	航空货运与物流	1
		资本货物	57	电气设备	16	电气部件与设备	13
						重型电气设备	3
				航空航天与国防Ⅲ	9	航天航空与国防	9
				机械	8	工业机械	7
						建筑机械与重型卡车	1
				建筑产品Ⅲ	6	建筑产品	6
				建筑与工程Ⅲ	14	建筑与工程	14
				贸易公司与工业品经销商Ⅲ	3	贸易公司与工业品经销商	3
				综合类Ⅲ	1	综合类行业	1
可选消费	46	零售业	10	多元化零售	1	百货商店	1
				互联网与售货目录零售	6	互联网零售	6
				消费品经销商Ⅲ	1	消费品经销商	1
				专营零售	2	电脑与电子产品零售	1
						汽车零售	1
		媒体Ⅱ	17	媒体Ⅲ	17	出版	3
						电影与娱乐	4
						广播	1
						广告	7
						有线和卫星电视	2
		耐用消费品与服装	6	纺织品、服装与奢侈品	6	服装、服饰与奢侈品	6
		汽车与汽车零部件	2	汽车	2	汽车制造	2
		消费者服务Ⅱ	11	酒店、餐馆与休闲Ⅲ	2	酒店、度假村与豪华游轮	2
				综合消费者服务Ⅲ	9	教育服务	9

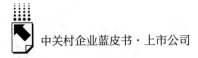

续表

一级行业	家数	二级行业	家数	三级行业	家数	四级行业	家数
医疗保健	32	医疗保健设备与服务	11	医疗保健设备与用品	8	医疗保健设备	6
						医疗保健用品	2
				医疗保健提供商与服务	3	保健护理产品经销商	2
						保健护理设施	1
		制药、生物科技与生命科学	21	生命科学工具和服务Ⅲ	1	生命科学工具和服务	1
				生物科技Ⅲ	10	生物科技	10
				制药	10	西药	8
						中药	2
材料	16	材料Ⅱ	16	化工	3	基础化工	2
						特种化工	1
				建材Ⅲ	7	建材	7
				金属、非金属与采矿	5	金属非金属	5
				容器与包装	1	金属与玻璃容器	1
公用事业	6	公用事业Ⅱ	6	独立电力生产商与能源贸易商Ⅲ	3	新能源发电业者	3
				复合型公用事业Ⅲ	1	复合型公用事业	1
				燃气Ⅲ	1	燃气	1
				水务Ⅲ	1	水务	1
能源	6	能源Ⅱ	6	能源设备与服务	5	石油天然气设备与服务	5
				石油、天然气与供消费用燃料	1	煤炭与消费用燃料	1
日常消费	5	食品、饮料与烟草	5	食品	4	农产品	2
						食品加工与肉类	2
				饮料	1	啤酒	1
房地产	3	房地产Ⅱ	3	房地产管理和开发	3	房地产服务	1
						房地产开发	2
金融	3	多元金融	3	多元金融服务	1	多领域控股	1
				消费信贷Ⅲ	1	消费信贷	1
				资本市场	1	多元资本市场	1
电信服务	1	电信服务Ⅱ	1	多元电信服务	1	非传统电信运营商	1

资料来源：Wind，中关村上市公司协会整理。

B.12

附录二：2017 ~2018年连续两年盈利且平均净利润不低于1亿元的中关村上市公司

序号	证券代码	证券简称	行业	2017 年净利润（万元）	2018 年净利润（万元）	平均净利润（万元）
1	601800. SH	中国交建	工 业	2131878. 01	2029375. 51	2080626. 76
2	BIDU. O	百度	信息技术	1828800. 00	2258200. 00	2043500. 00
3	601390. SH	中国中铁	工 业	1420354. 10	1743627. 80	1581990. 95
4	1958. HK	北京汽车	可选消费	1099830. 10	1427133. 30	1263481. 70
5	3323. HK	中国建材	材 料	634014. 00	1406044. 90	1020029. 45
6	3396. HK	联想控股	金 融	485769. 30	754097. 40	619933. 35
7	000725. SZ	京东方	信息技术	786041. 16	287987. 41	537014. 28
8	0916. HK	龙源电力	公用事业	454969. 80	492122. 00	473545. 90
9	600031. SH	三一重工	工 业	222708. 50	630348. 70	426528. 60
10	3969. HK	中国通号	工 业	351306. 20	379573. 10	365439. 65
11	601992. SH	金隅股份	材 料	295034. 87	428142. 52	361588. 70
12	WB. O	微博	信息技术	228935. 50	393000. 56	310968. 03
13	000938. SZ	紫光股份	信息技术	263087. 04	293323. 48	278205. 26
14	600271. SH	航天信息	信息技术	243835. 78	277236. 65	260536. 22
15	SINA. O	新浪	信息技术	228411. 46	292596. 06	260503. 76
16	000666. SZ	经纬纺机	工 业	294419. 08	214920. 25	254669. 66
17	2357. HK	中航科工	工 业	241656. 40	258067. 50	249861. 95
18	MOMO. O	陌陌	信息技术	207803. 24	278854. 70	243328. 97
19	ATHM. N	汽车之家	信息技术	199445. 90	286353. 10	242899. 50
20	000786. SZ	北新建材	材 料	235489. 78	248066. 93	241778. 36
21	0696. HK	中国民航信息网络	信息技术	231858. 90	238176. 30	235017. 60
22	300070. SZ	碧水源	工 业	259136. 49	135153. 51	197145. 00
23	1829. HK	中国机械工程	工 业	171449. 50	213584. 10	192516. 80
24	002310. SZ	东方园林	工 业	222062. 59	159097. 32	190579. 95

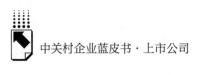
续表

序号	证券代码	证券简称	行业	2017 年净利润 （万元）	2018 年净利润 （万元）	平均净利润 （万元）
25	EDU. N	新东方	可选消费	189973. 40	190659. 70	190316. 55
26	TAL. N	好未来	可选消费	123209. 69	243863. 51	183536. 60
27	600085. SH	同仁堂	医疗保健	174171. 73	182253. 40	178212. 57
28	WUBA. N	58 同城	信息技术	138924. 20	212905. 80	175915. 00
29	600056. SH	中国医药	医疗保健	154267. 58	182084. 02	168175. 80
30	300072. SZ	三聚环保	工 业	265404. 43	58827. 09	162115. 76
31	300418. SZ	昆仑万维	信息技术	141868. 64	149746. 11	145807. 37
32	600299. SH	蓝星新材	医疗保健	167608. 64	121568. 71	144588. 68
33	600977. SH	中国电影	可选消费	113607. 76	162177. 36	137892. 56
34	002271. SZ	东方雨虹	材 料	124213. 47	151093. 46	137653. 47
35	002051. SZ	中工国际	工 业	136180. 49	117878. 17	127029. 33
36	600582. SH	天地科技	工 业	117752. 72	135099. 84	126426. 28
37	CMCM. N	猎豹	信息技术	137566. 30	115272. 30	126419. 30
38	300296. SZ	利亚德	信息技术	121088. 71	126385. 20	123736. 95
39	1798. HK	大唐新能源	公用事业	90267. 00	142638. 50	116452. 75
40	300003. SZ	乐普医疗	医疗保健	99367. 99	125487. 39	112427. 69
41	000839. SZ	中信国安	可选消费	30070. 80	191925. 00	110997. 90
42	300251. SZ	光线传媒	可选消费	82121. 42	136611. 89	109366. 66
43	600161. SH	天坛生物	医疗保健	124603. 42	73589. 65	99096. 53
44	1666. HK	同仁堂科技	医疗保健	96989. 20	100585. 30	98787. 25
45	600062. SH	华润双鹤	医疗保健	88210. 00	98945. 25	93577. 63
46	1358. HK	普华和顺	医疗保健	15134. 20	166631. 30	90882. 75
47	002385. SZ	大北农	日常消费	131813. 62	48597. 20	90205. 41
48	600138. SH	中青旅	可选消费	86284. 72	91782. 50	89033. 61
49	1272. HK	大唐环境	工 业	91491. 20	78322. 30	84906. 75
50	601101. SH	昊华能源	能 源	72396. 26	82554. 37	77475. 31
51	002065. SZ	东华软件	信息技术	66529. 47	79780. 87	73155. 17
52	600037. SH	歌华有线	可选消费	76130. 52	69421. 66	72776. 09
53	600588. SH	用友网络	信息技术	56002. 26	81018. 71	68510. 48
54	002373. SZ	千方科技	信息技术	44531. 79	88948. 94	66740. 36
55	601886. SH	江河集团	工 业	59155. 05	73860. 59	66507. 82
56	0618. HK	北大资源	房 地 产	50558. 00	79664. 60	65111. 30
57	002573. SZ	清新环保	工 业	67353. 54	56614. 12	61983. 83
58	000008. SZ	神州高铁	工 业	88960. 99	34188. 97	61574. 98

续表

序号	证券代码	证券简称	行业	2017年净利润（万元）	2018年净利润（万元）	平均净利润（万元）
59	2331. HK	李宁	可选消费	51515.50	71526.30	61520.90
60	SOGO. N	搜狗	信息技术	53711.12	67795.38	60753.25
61	HOLI. O	和利时自动化	信息技术	46722.36	71086.77	58904.56
62	300182. SZ	捷成股份	信息技术	108269.83	9104.24	58687.04
63	0699. HK	神州租车	工业	88111.10	28984.50	58547.80
64	000065. SZ	北方国际	工业	54316.91	61780.46	58048.69
65	300038. SZ	梅泰诺	信息技术	49552.18	63890.55	56721.37
66	300383. SZ	光环新网	信息技术	44427.83	68397.09	56412.46
67	CYOU. O	畅游	信息技术	53475.24	57599.41	55537.32
68	002038. SZ	双鹭药业	医疗保健	52875.85	56339.38	54607.62
69	1599. HK	城建设计	工业	51200.90	55380.60	53290.75
70	601016. SH	节能风电	公用事业	46158.38	59706.35	52932.36
71	002462. SZ	嘉事堂	医疗保健	46944.39	57061.22	52002.80
72	601068. SH	中铝国际	工业	51020.16	51020.16	51020.16
73	002439. SZ	启明星辰	信息技术	44270.59	56012.55	50141.57
74	300166. SZ	东方国信	信息技术	43937.24	53046.48	48491.86
75	002153. SZ	石基信息	信息技术	42496.41	54266.10	48381.26
76	600118. SH	中国卫星	工业	49313.25	46908.16	48110.71
77	002410. SZ	广联达	信息技术	49405.95	43268.58	46337.26
78	002701. SZ	奥瑞金	材料	68979.33	22363.21	45671.27
79	600658. SH	电子城	房地产	51048.97	39664.43	45356.70
80	ATAI. O	ATA	可选消费	2783.71	85060.15	43921.93
81	600195. SH	中牧股份	医疗保健	42559.27	45003.17	43781.22
82	1515. HK	凤凰医疗	医疗保健	42969.50	43955.60	43462.55
83	300271. SZ	华宇软件	信息技术	37484.46	48875.72	43180.09
84	601908. SH	京运通	信息技术	36968.25	43549.31	40258.78
85	603986. SH	兆易创新	信息技术	39754.42	40397.76	40076.09
86	601858. SH	中国科传	可选消费	36035.07	42611.41	39323.24
87	3636. HK	保利文化	可选消费	40392.20	36828.30	38610.25
88	603025. SH	大豪科技	工业	39722.28	37053.46	38387.87
89	300367. SZ	东方网力	信息技术	37954.60	31352.24	34653.42
90	002755. SZ	东方新星	医疗保健	1726.17	66890.37	34308.27
91	8095. HK	北大青鸟环宇	信息技术	34149.00	32651.10	33400.05
92	300058. SZ	蓝色光标	可选消费	24797.02	41232.02	33014.52

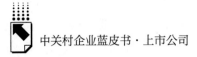

续表

序号	证券代码	证券简称	行业	2017年净利润（万元）	2018年净利润（万元）	平均净利润（万元）
93	603588.SH	高能环境	工 业	24028.08	39679.99	31854.04
94	300212.SZ	易华录	信息技术	27418.57	35775.86	31597.21
95	000970.SZ	中科三环	材 料	33356.73	29781.90	31569.32
96	6188.HK	迪信通	可选消费	32294.70	30620.90	31457.80
97	002368.SZ	太极股份	信息技术	28637.57	31491.38	30064.47
98	2280.HK	慧聪网	信息技术	31731.00	27687.50	29709.25
99	002405.SZ	四维图新	信息技术	21232.17	37741.82	29487.00
100	300324.SZ	旋极信息	信息技术	51068.88	7750.88	29409.88
101	300406.SZ	九强生物	医疗保健	27315.14	30066.53	28690.83
102	300073.SZ	当升科技	材 料	25017.43	31616.15	28316.79
103	603888.SH	新华网	信息技术	28273.79	28286.56	28280.17
104	300485.SZ	赛升药业	医疗保健	28153.14	28316.15	28234.64
105	002392.SZ	北京利尔	材 料	16252.71	33373.47	24813.09
106	603979.SH	金诚信	工 业	20538.83	28862.63	24700.73
107	SVA.O	科兴生物	医疗保健	23983.78	24783.70	24383.74
108	300365.SZ	恒华科技	信息技术	19212.63	27240.69	23226.66
109	002542.SZ	中化岩土	工 业	23870.03	22119.74	22994.88
110	002371.SZ	七星电子	信息技术	16738.32	28284.87	22511.59
111	002649.SZ	博彦科技	信息技术	21901.05	22538.21	22219.63
112	002383.SZ	合众思壮	工 业	24427.72	19042.23	21734.97
113	601126.SH	四方股份	工 业	23024.15	20081.62	21552.89
114	3337.HK	安东油田服务	能 源	17127.40	25072.10	21099.75
115	603098.SH	森特股份	工 业	20040.68	21985.42	21013.05
116	603698.SH	航天工程	工 业	19249.41	22673.58	20961.49
117	300309.SZ	吉艾科技	金 融	20594.88	19917.23	20256.05
118	002612.SZ	朗姿股份	可选消费	19298.04	20433.87	19865.96
119	000729.SZ	燕京啤酒	日常消费	17251.29	22404.57	19827.93
120	300204.SZ	舒泰神	医疗保健	26034.43	13405.84	19720.13
121	002658.SZ	雪迪龙	信息技术	21293.67	17999.64	19646.65
122	603000.SH	人民网	信息技术	10766.66	26213.15	18489.91
123	603060.SH	国检集团	工 业	15522.42	20720.28	18121.35
124	300036.SZ	超图软件	信息技术	18914.09	15620.25	17267.17
125	603603.SH	博天环境	工 业	15230.57	18347.94	16789.25
126	1588.HK	畅捷通	信息技术	22283.70	10681.20	16482.45

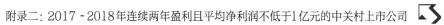
续表

序号	证券代码	证券简称	行业	2017年净利润（万元）	2018年净利润（万元）	平均净利润（万元）
127	002707. SZ	众信旅游	可选消费	27979.59	4942.69	16461.14
128	603803. SH	瑞斯康达	信息技术	19848.98	12433.53	16141.25
129	300369. SZ	绿盟科技	信息技术	15264.63	16747.05	16005.84
130	601558. SH	华锐风电	工业	11479.62	18455.72	14967.67
131	300523. SZ	辰安科技	信息技术	12027.67	17804.15	14915.91
132	300075. SZ	数字政通	信息技术	18445.74	11337.06	14891.40
133	300065. SZ	海兰信	信息技术	15677.52	13732.15	14704.83
134	300444. SZ	双杰电气	工业	11020.89	16436.41	13728.65
135	000605. SZ	渤海股份	公用事业	17513.47	9198.56	13356.01
136	300016. SZ	北陆药业	医疗保健	11881.67	14776.19	13328.93
137	600429. SH	三元股份	日常消费	7874.52	18624.38	13249.45
138	603533. SH	掌阅科技	可选消费	12378.09	13612.59	12995.34
139	300213. SZ	佳讯飞鸿	信息技术	11984.10	13133.04	12558.57
140	600055. SH	万东医疗	医疗保健	10110.24	14921.34	12515.79
141	1789. HK	爱康医疗	医疗保健	10537.60	14493.60	12515.60
142	600386. SH	北巴传媒	可选消费	11813.31	13075.71	12444.51
143	300229. SZ	拓尔思	信息技术	17465.86	7376.38	12421.12
144	002151. SZ	北斗星通	工业	11500.78	13145.93	12323.35
145	600435. SH	北方导航	工业	11753.42	12788.55	12270.98
146	300496. SZ	中科创达	信息技术	7613.86	16686.06	12149.96
147	603825. SH	华扬联众	可选消费	12408.16	11622.47	12015.32
148	300386. SZ	飞天诚信	信息技术	10414.75	13404.74	11909.75
149	300231. SZ	银信科技	信息技术	12300.46	11251.47	11775.96
150	0299. HK	中讯软件	房地产	8513.39	14180.16	11346.77
151	300684. SZ	中石科技	信息技术	8234.38	14116.26	11175.32
152	002599. SZ	盛通股份	工业	9260.30	12554.62	10907.46
153	300353. SZ	东土科技	信息技术	12479.45	9267.51	10873.48
154	300384. SZ	三联虹普	工业	9029.17	11455.43	10242.30
155	603970. SH	中农立华	工业	8969.28	11514.99	10242.13
156	1296. HK	国电科环	工业	9077.00	11236.30	10156.65
157	300045. SZ	华力创通	信息技术	8150.02	11940.50	10045.26

资料来源：Wind，中关村上市公司协会整理。

B.13

附录三：2018年研发强度排名前30的中关村上市公司

序号	代码	公司简称	所属行业	主营产品类型	2018年营业收入（万元）	2018年研发费用（万元）	2018年研发强度(%)
1	ATAI.O	ATA公司	可选消费	提供考试和教育服务	133.86	1959.45	1463.81
2	BGNE.O	百济神州	医疗保健	研发分子靶向药物、创立免疫肿瘤疗法、优化联合的用药方案	136042.35	466014.71	342.55
3	SEED.O	奥瑞金种业	日常消费	进行农作物优良新品种选育、生产、加工、销售及技术服务	1292.70	2713.20	209.89
4	GSUM.O	国双	信息技术	基于云计算和大数据技术的商业智能解决方案提供商	43124.70	53358.60	123.73
5	002405.SZ	四维图新	信息技术	互联网服务	213365.91	127643.59	59.82
6	LLIT.O	联络智能	医疗保健	智能医疗穿戴设备、智能设备及生态平台三大业务板块	383.92	207.07	53.94
7	600485.SH	信威集团	信息技术	通信终端设备、系统集成服务	49896.21	16266.42	32.60
8	3888.HK	金山软件	信息技术	研发游戏，研究、开发及经营信息安全软件、网络浏览器、关键任务手机应用程序；研究、开发及分销办公应用软件，提供跨平台的云储存、云计算及词典服务，并提供在线营销服务	590618.70	183865.80	31.13

续表

序号	代码	公司简称	所属行业	主营产品类型	2018年营业收入（万元）	2018年研发费用（万元）	2018年研发强度(%)
9	8255.HK	神州数字	信息技术	透过促进网上游戏运营商与网上游戏用户之间的交易及向手机用户提供手机话费充值服务来提供网上交易服务	3297.90	939.50	28.49
10	300223.SZ	北京君正	信息技术	行业专用软件、集成电路	25967.01	7396.44	28.48
11	300156.SZ	神雾环保	工业	环保机械	5125.30	1447.59	28.24
12	300312.SZ	邦讯技术	信息技术	传输设备、低压电器类、交换设备、通信系统与平台、网络游戏	17259.05	4761.57	27.59
13	CYOU.O	畅游	信息技术	从事开发、运行和特许大型的多人在线角色扮演游戏，使得成千上万玩家在线互动及竞技	333388.86	85217.61	25.56
14	002410.SZ	广联达	信息技术	行业专用软件	286155.53	72717.30	25.41
15	1588.HK	畅捷通	信息技术	电子计算机软件、硬件及外部设备的技术开发、技术咨询、技术转让、技术服务、技术培训	42894.10	10730.60	25.02
16	300315.SZ	掌趣科技	信息技术	网络游戏	197032.36	46525.84	23.61
17	SOHU.O	搜狐	信息技术	提供媒体资讯、无线增值、互动沟通扩展到产业服务、搜索引擎、网络游戏和生活服务等互联网服务	1292360.46	302777.62	23.43
18	002439.SZ	启明星辰	信息技术	防火墙软件、系统集成服务	252180.58	53430.81	21.19
19	600536.SH	中国软件	信息技术	CRM软件、CTI语音软件、ERP软件、OA软件、SCM软件、操作系统软件、防火墙软件、行业专用软件、软件外包服务	461316.14	97220.85	21.07
20	300369.SZ	绿盟科技	信息技术	行业专用软件	134504.08	27092.22	20.14

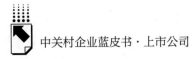

续表

序号	代码	公司简称	所属行业	主营产品类型	2018 年营业收入（万元）	2018 年研发费用（万元）	2018 年研发强度（%）
21	300379. SZ	东方通	信息技术	行业专用软件	37205. 23	7036. 92	18. 91
22	300608. SZ	思特奇	信息技术	行业专用软件	78769. 62	14800. 61	18. 79
23	SOGO. N	搜狗	信息技术	搜索行业的创新者，互联网行业的领导者	771532. 12	138457. 51	17. 95
24	300593. SZ	新雷能	工业	专用设备与零部件	47656. 89	8239. 88	17. 29
25	603516. SH	淳中科技	信息技术	电子设备及加工	27555. 71	4716. 78	17. 12
26	600588. SH	用友网络	信息技术	CRM 软件、ERP 软件、OA 软件、PDM 软件、SCM 软件、财务软件、行业专用软件	770349. 50	130073. 46	16. 88
27	0418. HK	方正控股	信息技术	软件开发、系统集成及信息产品分销	92777. 05	15488. 85	16. 69
28	002829. SZ	星网宇达	工业	通信系统与平台、专用设备与零部件	40232. 04	6636. 63	16. 50
29	1761. HK	宝宝树集团	可选消费	母婴类社区平台，致力于连接及服务年轻家庭	76010. 30	12523. 40	16. 48
30	SINA. O	新浪	信息技术	地区性门户网站、移动增值服务、微博、博客、影音流媒体、相册分享、网络游戏、电子邮件、搜索、分类信息、收费服务、电子商务和企业电子解决方案	1446986. 99	237426. 91	16. 41

B.14
附录四：中关村上市公司名单变动状况

（一）2018年度报告新增公司名单

序号	证券代码	证券简称	上市地点	备注
1	603516. SH	淳中科技	上 交 所	2018 年新上市
2	603871. SH	嘉友国际	上 交 所	2018 年新上市
3	2377. HK	博奇环保	港 交 所	2018 年新上市
4	STG. N	尚德机构	纽 交 所	2018 年新上市
5	IQ. O	爱奇艺	纳斯达克	2018 年新上市
6	UXIN. O	优信	纳斯达克	2018 年新上市
7	6100. HK	有才天下猎聘	港 交 所	2018 年新上市
8	1810. HK	小米集团	港 交 所	2018 年新上市
9	603590. SH	康辰药业	上 交 所	2018 年新上市
10	002933. SZ	新兴装备	深 交 所	2018 年新上市
11	601068. SH	中铝国际	上 交 所	2018 年新上市
12	3690. HK	美团点评	港 交 所	2018 年新上市
13	300674. SZ	宇信科技	深 交 所	2018 年新上市
14	TC. O	团车	纳斯达克	2018 年新上市
15	1761. HK	宝宝树集团	港 交 所	2018 年新上市
16	1675. HK	亚信科技	港 交 所	2018 年新上市

（二）2018年度报告不再统计公司名单

序号	证券代码	证券简称	上市地点	备注
1	BRQS. O	BORQS TECHNOLOGIES	纳斯达克	未公布年报
2	CCIH. O	蓝汛	纳斯达克	未公布年报
3	CNTF. O	泰克飞石	纳斯达克	未公布年报
4	TEDU. O	达内科技	纳斯达克	未公布年报
5	0402. HK	天下图控股	港 交 所	未公布年报
6	0967. HK	桑德国际	港 交 所	未公布年报
7	LKM. N	凌动智行	纽 交 所	退市
8	KANG. O	爱康国宾	纳斯达克	退市
9	600270. SH	外运发展	上 交 所	退市

B.15

附录五：
中关村上市公司协会介绍

中关村上市公司协会

中关村上市公司协会是由多家中关村民营企业家自主发起，于2012年8月16日在北京市民政局正式注册设立的全国性社团组织，中关村管委会为协会业务指导单位。协会以"协助政府传达政策、促进企业资源共享"为宗旨，为会员企业提供专业的政策咨询服务、组织会员围绕重要议题进行交流和讨论、促进会员间的资源共享乃至合作共赢、带领会员进行集体参访以及海外路演等活动。经过7年的努力，协会已经成为政府与企业在政策引导、模式创新、产业升级、资源对接等方面的重要桥梁和专业智库之一。

下一步，中关村上市公司协会将继续在促进上市公司规范运作、健康发展、诚信自律；搭建上市公司和投资者、资本市场监管机构以及政府部门的交流和沟通；加强上市公司之间的资源共享和交流合作等方面发挥更大的作用。

新三板分会

应广大中关村新三板公司的发展需求，在中关村管委会的大力支持下，中关村上市公司协会于 2015 年年度理事会中通过成立中关村上市公司协会新三板分会的决议，并于 2017 年 11 月 21 日正式召开成立大会。新三板分会将致力为会员企业提供政策对接、金融服务、专业培训、区域创新合作、打造品牌等多项服务。

协会定位

- 权威数据观察研究，打造中关村全球定位

协会通过分析上市公司成长数据、总结上市公司发展规律，发布中关村上市公司年度竞争力报告，协助政府有关部门、会员单位以及投资人完成相关专题研究，帮助会员企业制定发展策略。

- 搭建沟通桥梁

协会致力于成为中关村上市企业之间、中关村上市公司与投资者之间、市场监管机构以及政府之间的沟通桥梁，使得各方能够更好地了解彼此需求和建议，从而实现共赢乃至多赢。

- 扶持创新企业

推动中关村的创新型企业发展，大力支持创业板板块企业，促进中关村的科技创新。

- 推动中关村与中关村企业国际化

举办国际性会议和活动，组织企业进行海外路演和参观访问，促进会员企业乃至整个中关村的国际化水平，提升区域国际影响力。

重要工作成果

- 正式出版并发布《中关村新三板企业成长力报告（2018）》、《中关村上市公司竞争力报告（2018）》中英文版本

2018 年，中关村上市公司协会分别与社会科学文献出版社、经济科学

出版社合作，正式出版发行了《中关村新三板企业成长力报告（2018）》和《中关村上市公司竞争力报告（2018）》。北京市地方金融监督管理局、北京证监局、中关村管委会、全国中小企业股份转让系统及中关村知识产权促进局、海淀区政府等各界领导和专家出席发布会，协会及新三板分会多位理事、企业董事长等结合报告热点和本年度公司成长状况与现场多家媒体进行互动。

中关村新三板企业成长力报告（2018）　　中关村上市公司竞争力报告（2018）

此外，协会与德国 Springer Nature 出版社再度合作，在全球正式出版发行了两本报告的英文版本，期待在双方的共同推动下，扩大中关村及其上市公司的国际影响力，让中关村走向世界，也让世界更加了解中关村。

●编制并发布中关村系列指数，与嘉实基金联合推出中关村 A 股 ETF

为更好地推动中关村创新创业企业与资本市场的互动，同时打造中关村企业在资本市场的名片，中关村上市公司协会发起与深交所合作编制中关村系列股票指数的决定。继 2015 年 2 月发布的中关村 A 股综合指数、中关村 A 股 50 指数之后，深证中关村民企 60 指数于 2017 年 1 月 10 日正式发布，该指数可反映深证中关村民营上市企业的市场表现。

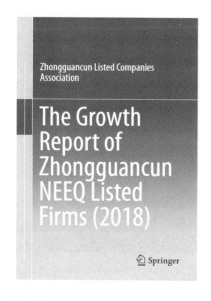 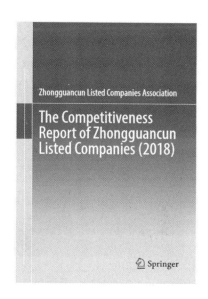

The Growth Report of Zhongguancun NEEQ Listed Firms（2018）

The Competitiveness Report of Zhongguancun Listed Companies（2018）

自 2015 年中关村 A 股指数公布以来，指数表现得到了各方的认可，为了进一步让资本市场了解和分享中关村高科技企业的高成长，在中关村管委会的大力支持下，中关村上市公司协会与嘉实基金联合推出中关村 A 股 ETF。2017 年 5 月 4 日，中关村 A 股 ETF 投资论坛召开；2017 年 6 月 7 日，中关村 A 股 ETF 正式成立。

中关村 A 股 ETF 圆桌论坛

中关村 A 股 ETF 摸球仪式

●搭建中关村中小企业融资服务平台

为助力解决中小微企业融资难问题，促进中小微企业稳健持续发展，2018 年 6 月，中关村上市公司协会联合天逸金融服务集团共同搭建中关村中小企业融资服务平台（http://rz.zlca.org/），该平台汇集银行、保理、基金等金融机构，引进完整的金融服务产业链，涉及资金融通、资产管理、融资中介、资产配套、上市辅导、政策性资金申报等方向，发布金融机构产品、提供对接讯息等，能为中关村一区十六园中小微企业提供丰富和个性化的金融服务。2018 年至今，针对平台产品，协会组织对接座谈会多次，累计 30 余家企业参加，累计帮助企业融资 2000 万元人民币。当前，平台共有金融产品 19 种。

●定期举办投融资路演活动

"中关村企业投融资路演活动"是基于协会与深交所旗下深圳证券信息有限公司的战略合作关系，结合双方科技金融服务与企业基础数据，在政府部门、高新园区、资本市场、创投机构等团体之间实现了信息共享、流程互通、功能互补。该活动旨在促进中关村优质企业项目与投资机构即时沟通交流，丰富企业的融资途径，帮助投资机构近距离接触项目。截至 2019 年 7

平台首页展示

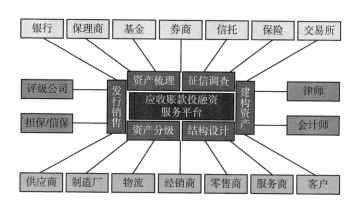

平台汇集资源

月底，该活动已成功举办 14 期。

● 举办"携手分析师寻找下一个千亿市值企业"系列活动

该活动系由中关村上市公司协会主办，北京金融分析师协会协办，自 2018 年 5 月首期活动举办以来，受到了指导单位、分析师和上市公司多方关注。截至目前，该活动已成功举办 3 期，中关村上市公司协会已携上百位分析师先后走进中关村优秀上市企业代表东华软件、利亚德、蓝色光标、东方网力、大北农、荣之联、启明星辰、北斗星通、佳讯飞鸿、神州高铁等。

中关村企业投融资路演嘉宾合影

投融资路演活动现场

通过系列活动的举办加深了市场对中关村上市公司业务和发展状况的深度了解，活动自身取得了良好成效，赢得了上佳口碑。

●组织开展投融资培训及对接活动

协会致力为会员开拓资源打造多层次资本市场平台，每年均分主题举办需求调研、专家培训、银企对接等活动。截至目前，协会已组织了中关村上市公司与渣打银行、工商银行、平安银行、民生银行、交通银行等金融机构的专场对接活动。同时，协会联合天逸金融服务集团推出"中国移动集团

携手分析师走进佳讯飞鸿

携手分析师走进神州高铁

供应链业务"融资产品服务，以较低的融资成本、简单的审批流程，为目标企业提供中国移动应收账款的保理业务。

    •组织与中关村各园区对接交流活动

    协会致力于与中关村各园区积极对接交流，帮助中关村公司寻求更多的发展空间的目的，不断寻找适宜各行业企业拓展业务的区域。协会组织与中关村各园区开展对接活动，目前已完成与延庆园、平谷园的对接，促进了双

境内外联动融资闭门会

银企对接活动

方进一步的交流和合作。

● 举办中关村上市公司联合校园招聘会

自 2014 年 10 月以来，中关村上市公司协会与雁行中国公益组织合作，搭建起为会员单位招聘优秀实习生、员工的公益平台。目前该活动已成功举办 9 期，四年以来，协会先后为会员单位推荐、输送近万份优秀大学生简历，已入职的实习生、员工也得到用人单位的赞扬和认可。

参观平谷高新技术企业

企业代表与区领导互动交流

· 开展中关村上市公司协会雁行青少年公益展翅计划

从2014年起，中关村上市公司协会与公益励学项目"雁行中国"开启会员企业管理储备者展翅计划——"中关村上市公司协会雁行青少年公益

301

招聘会宣讲现场

企业与学生互动交流

展翅计划",目前已成功举办6期。本计划通过"雁行中国"的公益平台,结合中关村上市公司协会的企业资源,开放企业家青年子女和来自雁行中国的清华、北大等十余所知名高校的在校大学生进行相互交流和学习，组织会员及相关青少年子女参与企业间的培训、相互参访及实习活动，帮助企业家青年子女提高企业管理认知及技能，为企业管理储备者提供更好的展翅起飞平台，让优秀青年们一起飞！

野外素质拓展

参观利亚德集团

未来工作重点

•深入制作《中关村上市公司竞争力报告》《中关村新三板企业成长力报告》

——强化数据收集、整理及分析深度

——加强历年数据比较研究

——增加专家学者专题评论

——组织热点专题研讨

•推进中关村系列指数编制、宣传及运营工作

——中关村 50、A 指、60 的维护、宣传

——相关指数基金产品的合作、开发

——中关村创业板指数、港股指数、美股指数等其他指数的开发

•推动中关村企业在各资本市场上市融资

——上市培训：改制、路演、实战经验分享

——增资培训：高端分享、实操解剖

——政策法规培训：相关金融政策、市场监管等法律法规

•推动中关村上市公司在京津冀投资

——通过购买土地等多种方式增强在京津冀的投资

——积极配合相关政府部门，推动中关村上市公司总部园项目

协会架构

指导单位：

中关村科技园区管理委员会

支持单位：

中国证券监督管理委员会、上海证券交易所、中国上市公司协会

北京证监局、北京市金融工作局、北京市海淀区政府、中关村知识产权

促进局

合作单位：

深圳证券交易所、北京大学光华管理学院

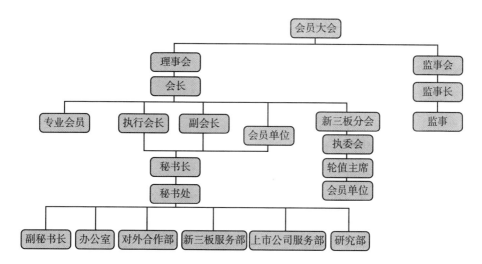

会长：

李　军　利亚德集团董事长兼总裁

执行会长：

牛文文　创业黑马科技集团股份有限公司董事长

李　蓬　联想控股股份有限公司高级副总裁

杜　朋　启迪控股股份有限公司副总裁

副会长（排名不分先后）：

郭　洪　中关村银行董事长

周儒欣　北京北斗星通导航技术股份有限公司董事长

林　菁　北京佳讯飞鸿电气股份有限公司董事长

俞　渝　北京当当网信息技术有限公司董事长

文剑平　北京碧水源科技股份有限公司董事长

韩大庆　北京东方信联科技有限公司董事长

张庆文　邦讯技术股份有限公司董事长

吕　翊　太极计算机股份有限公司总裁

刘天文　软通动力信息技术（集团）有限公司董事长

刁志中　广联达软件股份有限公司董事长

王　佳　北京启明星辰信息技术股份有限公司董事长

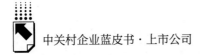

齐　联　紫光股份有限公司总裁

刘　敏　百度在线网络技术（北京）有限公司党委副书记、执行总编辑

徐中兴　北京银行中关村分行行长

赵一弘　碧生源控股有限公司董事长

刘迎建　汉王科技股份有限公司董事长

王志全　神州高铁技术股份有限公司董事长

孙陶然　拉卡拉支付股份有限公司董事长

成九雁　北京股权交易中心有限公司总经理

监事长：

薛向东　东华软件股份有限公司董事长

秘书长：

郭伟琼　中关村上市公司协会

副秘书长：

刘洁萍　中关村上市公司协会

如何加入协会

1. 理事会员

全体会员均可提名或申请，经理事会批准成为理事单位。理事单位代表全体会员审核由办公室提交的有关管理、财务等报告，并针对重大决策进行讨论表决。

2. 普通会员

在中关村示范区内，凡经批准公开发行股票并在证券交易所上市的公司或在代办股份转让系统挂牌交易的非上市股份有限公司，以及境外上市的公司均可通过登记成为协会会员。

3. 专业会员

证券公司、金融中介机构以及科研院所等对协会有帮助、具有良好社会声誉和影响力、有热情参与协会工作的企事业单位，通过两名以上会员推荐，可申请成为协会专业会员，与协会会员享有同等权益。

Abstract

The growth rate of listed companies in Zhongguancun slowed down, and the number of newly listed overseas companies surpassed that of domestic ones. According to the statistics of Zhongguancun Science and Technology Park Management Committee, as of December 31, 2018, the number of listed companies in zhongguancun has reached 330, up 3.13% from 320 in 2017. Zhongguancun listed companies were mainly in the domestic, distributed in the main global capital markets. Among them, there were 228 domestic listed companies and 96 overseas listed companies. In 2018, the number of newly listed companies in Zhongguancun decreased, and the number of newly listed overseas companies surpassed that in the domestic. In 2018, there were 16 new listed companies in zhongguancun, 9 fewer than the 25 new ones in 2017 and 36% lower than last year. In line with the general trend of listing places for newly listed companies nationwide in 2018, the number of Zhongguancun companies that chose to list in A-shares decreased in 2018, while more zhongguancun companies chose to list overseas.

In 2018, Zhongguancun listed companies did not develop well in the capital market, with the total market cap falling sharply. Since 2018, affected by domestic and international situations, the overall a-share and zhongguancun capital markets have performed poorly. As of December 31, 2018, the total market value of Zhongguancun listed companies was 4582.6 billion yuan, down 16.03% from 5458.9 billion yuan in 2017. Among them, the total market value contributed by newly listed Zhongguancun companies in 2018 was 641.8 billion yuan, accounting for 14% of the total market value. The total market value of Zhongguancun listed companies that have been in continuous operation for two consecutive years has decreased from 5443.4 billion yuan in 2017 to 3806.4 billion yuan in 2018, a decrease of 43.01%. From the perspective of the range of change in market value, more than 80% of listed companies that have been operating continuously for two consecutive years have seen their total market value decline to varying degrees. Specifically, of the 305 enterprises that have been in business for two consecutive years, 263 have seen a decline in their total market value, accounting for 86.23%.

Steady growth of revenue, profitability continued to improve. In 2018, the total operating revenue of ZLCs was 5547.1 billion yuan, up 39%. 234 ZLCs that continued to operate achieved positive growth in business income, accounting for 77% of the total number of ZLCs that continued to operate. In 2017 and 2018, there were 219 enterprises with positive revenue growth for two consecutive years, accounting for 72% of the total number of enterprises with continuing operations. In the past five years, the net profit of listed companies in zhongguancun has shown a steady rising trend, with the number of profitable enterprises accounting for more than 80%, and the overall profitability of enterprises is relatively strong. Among them, 262 companies made profits, accounting for 80.86% of the total number of listed companies in zhongguancun, with a total net profit of 268 billion yuan. In 2018, the total net profit of ZLCs was 203.7 billion yuan, up 21.39% year-on-year. The 305 ZLCs that have been operating continuously for two consecutive years have made a total net profit of 180.6 billion yuan, up 6.55% year-on-year.

Innovation input and output continue to climb, innovation awareness is constantly enhanced. In 2018, the innovation capacity of zhongguancun listed companies has been continuously enhanced, with both innovation input and innovation output reaching new highs. In terms of investment in R&D, in 2018, the total R&D expenditure of 294 listed zhongguancun companies that disclosed R&D expenditure reached 161.186 billion yuan, up 32.12% year-on-year. In terms of R&D intensity, the average R&D intensity of zhongguancun listed companies in 2018 was 3.39%, which was basically the same as that in 2017. Among the 294 zhongguancun listed companies, 74 have R&D intensity of more than 10%, accounting for 25.17%. 77 enterprises with R&D intensity of 5% - 10%, accounting for 26.19%. In terms of R&D output, 152 listed companies in zhongguancun filed patent applications in 2018. Patent applications totaled 9388, up 6. 00% year on year. In 2018, 151 listed companies in zhongguancun were granted patents, with 5488 patents granted, up 0. 98 percent year-on-year. As of December 31, 2018, 171 of ZLCs have valid invention patents, with a total of 15533 valid invention patents, up 20. 52% year-on-year, with an average of 90. 84 valid invention patents per company. In 2018, 19 of ZLCs filed PCT patent applications with 1883 applications. Year-on-year growth of 11. 09% .

Cash and its equivalents are unevenly distributed, and the net investment and financing of going concern enterprises has dropped significantly. In 2018, cash and cash equivalents of ZLCs reached 1147. 1 billion yuan, up 31% year-on-year. The cash and cash equivalents of 305 continuously operating enterprises reached 949. 8 billion yuan, up 9% year-on-year From the perspective of enterprise attributes, the balance of cash and cash equivalents of 144 private enterprises (accounting for 63. 16%) was 108. 34 billion yuan (accounting for 15. 51%), and each private enterprise on average had cash and equivalents of 752 million yuan; 69 state-owned enterprises (accounting for 30. 27%) had cash and cash equivalents of 579. 41 billion yuan (accounting for 82. 95%), with each central state-owned enterprise having cash and equivalents of 9. 35 billion yuan, and each local state-owned enterprise having cash and equivalents of 5. 49 billion yuan. in 2018, the net cash flow generated from the operating activities of ZLCs was 306. 7 billion yuan, up 9. 38% year-on-year. The net cash flow data generated by financing activities of 305 continuing enterprises in 2018 was 95. 8 billion yuan, down 58% year-on-year. The net cash flow data from investment activities of 305 continuing enterprises in 2018 was 369. 3 billion yuan, down 19% year-on-year.

In conclusion, zhongguancun listed companies have maintained steady growth despite the great changes in the international environment and increasing downward pressure on the economy. Although facing a series of problems such as shortage of funds and tightening financing channels in the capital market, zhongguancun listed companies are still strengthening research and development investment, improving their own technical level and scientific strength, and ensuring the development potential of enterprises. In the future, zhongguancun listed companies will become strong participants in the global competition by virtue of their technological advantages.

Contents

I General Report

Abstract: In 2018, the listed companies in zhongguancun showed great fluctuations in market performance due to the influence of macro economy, despite the overall stable development of their business conditions. The specific performance is: the number of listed companies growth slowed down, the market value dropped significantly driven by the decline in valuation. The operating income and net profit of continuously operating enterprises have both increased and the profitability has improved; Moderate solvency, low financial risk; Innovation input and output are both improved, and the international layout of patents is further improved. Faced with the above situation, this report proposes that: the interaction between listed companies in Zhongguancun and investors in the capital market should be promoted to guide the market to pay attention to the development of high-tech enterprises; Beijing should attach importance to tax and fee reduction of key industries to help form the regional aggregation effect of industrial chain; Broaden the financing channels for private enterprises and solve the financing difficulties of private listed companies in Zhongguancun.

Keywords: Zhongguancun Listed Company; Market Performance; Operation Status

II Business Capacity Reports

B. 2 Research Report on Profitability of ZLCs in 2018

ZLCA Research Department / 033

Abstract: This paper analyzes the profitability of ZLCs, and describes and analyzes the overall operation status of ZLCs from five aspects of business income, gross profit, net profit, return on total assets and ROE to reflect corporate profitability. According to the report conclusion, in 2018, the operating income, gross profit and net profit of zhongguancun listed companies still maintained a high growth rate, and the profitability was still relatively strong. At the same time, the total return on assets and return on equity index of listed companies in zhongguancun was stable but falling, and the overall asset utilization capacity needs to be further improved.

Keywords: ZLCs; Profitability; Asset Utilization Capacity

B. 3 The Analysis of Solvency of Zhongguancun Listed

Companies in 2018 *ZLCA Research Department* / 060

Abstract: This chapter mainly analyzes the solvency of Zhongguancun listed companies. Solvency analysis includes long-term solvency analysis and short-term solvency analysis. This paper analyzes the long-term solvency of Zhongguancun listed companies from the aspects of total assets, total liabilities, fixed asset ratio and asset-liability ratio. The short-term solvency is analyzed from the perspectives of current ratio, quick ratio and cash ratio. The report results show that the long-term solvency and short-term solvency of listed companies in Zhongguancun are relatively strong, but they do not make full use of leverage, which affects the profitability of enterprises to some extent.

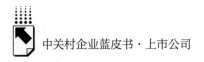
Keywords: Zhongguancun NEEQ; Long-term Solvency; Short-term Solvency

B. 4   2018 Zhongguancun Listed Company Operating Status Research Report
ZLCA Research Department / 072

Abstract: This chapter mainly analyzes the operation capacity of zhongguancun listed companies. Operating capacity analysis includes four indicators: labor efficiency, rate of stock turnover, receivable turnover and total assets turnover. According to the report results, the overall operating capacity of zhongguancun listed company improved in 2018 compared with 2017, but the receivable turnover was slightly insufficient, and there were some risks in receivables recovery.

Keywords: Zhongguancun Listed Companies; Operating Conditions; Turnover rate

B. 5   Innovation Capabilities of ZLCs in 2018
Zhongguancun State Intellectual Property Model Park / 076

Abstract: This report analyzes and studies the innovation ability of Zhongguancun listed companies from the perspectives of R&D input and innovation output. The research conclusion shows that the innovation input and output of Zhongguancun in recent five years continue to grow, and enterprises have achieved fruitful innovation results, increased innovation capacity and enhanced protection awareness of intellectual property rights. In 2018, Zhongguancun listed companies continued to stimulate the innovation vitality of enterprises, steadily increasing the number of patents granted, Zhongguancun listed companies with outstanding innovation ability and high level of innovation and research and development.

Keywords: Zhongguancun Listed Companies; Research Input; Innovation Output

B. 6   Research Report on Corporate Governance

of Zhongguancun Listed Companies in 2018①

ZLCA Research Department / 091

Abstract: This chapter refers to the ratio of executive compensation and management expenses, the proportion of the largest shareholder, the shareholding ratio of the top ten shareholders, the number of independent directors, and whether the chairman and general manager are the same person. The governance of listed companies has been analyzed and studied, and it is proposed to outline the status and characteristics of the governance of listed companies in Zhongguancun.

Keywords: Zhongguancun   Listed   Company; Shareholding   Ratio; Management Change; Independent Director

B. 7   Investment, Financing and Cash Position of ZLCs in 2018

ZLCA Research Department / 098

Abstract: This report studies and analyzes the cash and cash equivalents as well as the investment and financing capacity of Zhongguancun listed companies, and makes a detailed analysis from the three dimensions of cash and cash equivalents, cash flow changes and financing conditions. The research results show that the accumulation of cash and cash equivalents of Zhongguancun listed

---

① Considering the availability of data, the analysis objects of this chapter only include domestic listed companies in zhongguancun companies has formed a certain scale, but mainly concentrated in state-owned enterprises, private enterprises have relatively little cash. In addition, although the cash flow of operation, financing and investment activities of Zhongguancun listed companies all increased to some extent in 2018, the increase mainly came from the incremental part of newly listed companies. Except for the net cash flow from operating activities, the net cash flow from financing and investment activities of continuing operations decreased.

Keywords: Zhongguancun Listed Companies; Cash Levels; Cash Flow Changes; Financing Situation

III   Evaluation Report

B. 8   Research Report on the Competitiveness of Zhongguncun Private Listed Companies

ZLCA Research Department / 110

Abstract: This article selects the domestic private listed companies in Zhongguancun who are representative as the research object. Combining with the feature of the research object, on the basis of ability school of competitiveness theory, this report constructs the competitiveness evaluation index system of private listed companies in zhongguancun. The index system contains the asset scale, the business scale, profitability and so on 10 secondary indexes, and relative total assets, business income and return on assets and so on 21 tertiary indicators from the enterprise resource, profit ability, innovation ability, debt paying ability and operation ability of five dimensions, . Through factor analysis, the author makes a relatively objective and systematic evaluation on the competitiveness of private listed companies in zhongguancun.

Keywords: Private Listed Companies; Competitiveness; Evaluation Index System

IV Special Reports

Abstract: This report studies and analyzes the accounts receivable of Zhongguancun listed companies in recent years from the aspects of total scale, industry classification and liquidity risk of accounts receivable. The conclusion shows that the total receivables account of Zhongguancun listed companies continue to grow in recent years, but the growth rate has slowed down. The accounts receivable of private listed companies continue to increase year by year, especially the accounts receivable account for the proportion of current assets is high, long-term easy to cause liquidity risk; At present, the accounts receivable of listed companies in Zhongguancun are mainly concentrated in the five major industries of industry, information technology, materials, consumer discretionary and finance, which are closely related to the economic development at home and abroad. Currently, accounts receivable of energy and public utilities and other industries account for a high proportion of current assets in Zhongguancun's listed companies, and there are certain liquidity risks. Therefore, it is necessary for Zhongguancun to strengthen effective guidance on accounts receivable management in these industries and reduce the possibility of liquidity risks.

Keywords: Zhongguancun; Listed Company; Accounts Receivable; Current Assets; Financial Risk

Abstract: In 2018, due to the macro-economic situation and the trade war between China and the United States and other factors, domestic private enterprises generally appeared serious capital shortage problem, private listed companies equity pledge risk outbreak. After general secretary xi jinping's private entrepreneurs' forum, all sectors launched the "bailout" of private enterprises. Yet so far, the private sector has received little practical help. This report analyzes the current situation of equity pledge rate of zhongguancun private listed companies and the reasons for its rise, and puts forward targeted policy Suggestions to reduce the equity pledge risk of private enterprises.

Keywords: Private Enterprise; Equity Pledge; Bailout

V   Appendices

社会科学文献出版社

皮书系列

❖ 皮书起源 ❖

"皮书"起源于十七、十八世纪的英国,主要指官方或社会组织正式发表的重要文件或报告,多以"白皮书"命名。在中国,"皮书"这一概念被社会广泛接受,并被成功运作、发展成为一种全新的出版形态,则源于中国社会科学院社会科学文献出版社。

❖ 皮书定义 ❖

皮书是对中国与世界发展状况和热点问题进行年度监测,以专业的角度、专家的视野和实证研究方法,针对某一领域或区域现状与发展态势展开分析和预测,具备原创性、实证性、专业性、连续性、前沿性、时效性等特点的公开出版物,由一系列权威研究报告组成。

❖ 皮书作者 ❖

皮书系列的作者以中国社会科学院、著名高校、地方社会科学院的研究人员为主,多为国内一流研究机构的权威专家学者,他们的看法和观点代表了学界对中国与世界的现实和未来最高水平的解读与分析。

❖ 皮书荣誉 ❖

皮书系列已成为社会科学文献出版社的著名图书品牌和中国社会科学院的知名学术品牌。2016 年,皮书系列正式列入"十三五"国家重点出版规划项目;2013~2019 年,重点皮书列入中国社会科学院承担的国家哲学社会科学创新工程项目;2019 年,64 种院外皮书使用"中国社会科学院创新工程学术出版项目"标识。

权威报告·一手数据·特色资源

皮书数据库
ANNUAL REPORT(YEARBOOK)
DATABASE

当代中国经济与社会发展高端智库平台

所获荣誉

- 2016年，入选"'十三五'国家重点电子出版物出版规划骨干工程"
- 2015年，荣获"搜索中国正能量 点赞2015""创新中国科技创新奖"
- 2013年，荣获"中国出版政府奖·网络出版物奖"提名奖
- 连续多年荣获中国数字出版博览会"数字出版·优秀品牌"奖

成为会员

通过网址www.pishu.com.cn访问皮书数据库网站或下载皮书数据库APP，进行手机号码验证或邮箱验证即可成为皮书数据库会员。

会员福利

- 已注册用户购书后可免费获赠100元皮书数据库充值卡。刮开充值卡涂层获取充值密码，登录并进入"会员中心"—"在线充值"—"充值卡充值"，充值成功即可购买和查看数据库内容。
- 会员福利最终解释权归社会科学文献出版社所有。

社会科学文献出版社 皮书系列
SOCIAL SCIENCES ACADEMIC PRESS (CHINA)

卡号：478824587682
密码：

数据库服务热线：400-008-6695
数据库服务QQ：2475522410
数据库服务邮箱：database@ssap.cn
图书销售热线：010-59367070/7028
图书服务QQ：1265056568
图书服务邮箱：duzhe@ssap.cn

基本子库 SUB DATABASE

中国社会发展数据库（下设 12 个子库）

全面整合国内外中国社会发展研究成果，汇聚独家统计数据、深度分析报告，涉及社会、人口、政治、教育、法律等 12 个领域，为了解中国社会发展动态、跟踪社会核心热点、分析社会发展趋势提供一站式资源搜索和数据分析与挖掘服务。

中国经济发展数据库（下设 12 个子库）

基于"皮书系列"中涉及中国经济发展的研究资料构建，内容涵盖宏观经济、农业经济、工业经济、产业经济等 12 个重点经济领域，为实时掌控经济运行态势、把握经济发展规律、洞察经济形势、进行经济决策提供参考和依据。

中国行业发展数据库（下设 17 个子库）

以中国国民经济行业分类为依据，覆盖金融业、旅游、医疗卫生、交通运输、能源矿产等 100 多个行业，跟踪分析国民经济相关行业市场运行状况和政策导向，汇集行业发展前沿资讯，为投资、从业及各种经济决策提供理论基础和实践指导。

中国区域发展数据库（下设 6 个子库）

对中国特定区域内的经济、社会、文化等领域现状与发展情况进行深度分析和预测，研究层级至县及县以下行政区，涉及地区、区域经济体、城市、农村等不同维度。为地方经济社会宏观态势研究、发展经验研究、案例分析提供数据服务。

中国文化传媒数据库（下设 18 个子库）

汇聚文化传媒领域专家观点、热点资讯，梳理国内外中国文化发展相关学术研究成果、一手统计数据，涵盖文化产业、新闻传播、电影娱乐、文学艺术、群众文化等 18 个重点研究领域。为文化传媒研究提供相关数据、研究报告和综合分析服务。

世界经济与国际关系数据库（下设 6 个子库）

立足"皮书系列"世界经济、国际关系相关学术资源，整合世界经济、国际政治、世界文化与科技、全球性问题、国际组织与国际法、区域研究 6 大领域研究成果，为世界经济与国际关系研究提供全方位数据分析，为决策和形势研判提供参考。

法律声明